데일카네기
인간관계론

데일카네기

인간관계론

1판 1쇄 발행   2007년 7월 2일
개정2판 1쇄 발행   2022년 12월 1일

지은이	Dale Carnegie
옮긴이	강성복, 정택진
펴낸이	박찬영
편집	김혜경, 한미정, 리베르 편집팀
교정	리베르 편집팀
디자인	박민정
마케팅	조병훈, 박민규, 최진주, 김나영
발행처	리베르
주소	서울특별시 성동구 왕십리로58 서울숲포휴 11층
등록신고번호	제2013-17호
전화	02-790-0587, 0588
팩스	02-790-0589
홈페이지	www.liber.site
커뮤니티	blog.naver.com/liber_book(블로그)
e-mail	skyblue7410@hanmail.net
ISBN	978-89-6582-355-1(04320)
	978-89-6582-354-4(세트)

리베르(Liber 전원의 신)는 자유와 지성을 상징합니다.   photo(14p ~)   CC0 1.0 public domain

사람이 어려운 당신에게

데일카네기
인간관계론

데일 카네기 지음 | 강성복·정택진 옮김

리베르

Dale Carnegie

How To Win Friends and Influence People

자기계발서의 원전

원희룡(국토교통부 장관)

세상일이 정치가 아닌 게 있을까? 『데일 카네기 인간관계론』에도 '정치적 (Political)' 혹은 '외교적(Diplomatic)'이란 단어가 자주 나온다. 여기서 Political 이나 Diplomatic은 어떻게 해석될까? 우리는 흔히 정치나 외교를 부정적인 개념으로 본다. 일부 정치인들이 부정적인 이미지를 심어놓았기 때문일 것이다.

그러나 『데일 카네기 인간관계론』에서 쓰인 Political과 Diplomatic에는 '원 초적 갈등을 조정하는'이란 함의가 있다. 인간은 원초적으로 갈등 관계에 있을 수밖에 없다. 어차피 인간은 오해와 편견 덩어리다. 세상사는 갈등 그 자체다.

이 책은 그 갈등을 정치적, 외교적으로 해결하는 공생 코드인 '배려, 칭찬, 관심' 의 지혜를 실증적으로 보여주고 있다. 카네기는 왜 상대를 비난하면 효과가 없 는지, 왜 토론을 통해서 상대를 설득하는 것은 불가능한지, 왜 상대는 내 말대로 하지 않으려 하는지 등을 풍부한 사례를 통해 알려준다. 이 사례들이 데일 카네 기의 말에 생명을 불어넣는다.

데일 카네기의 『인간관계론(How to Win Friends & Influence People)』은 대학 시절에 감명 깊게 읽은 적이 있다. 다만 당시에 읽은 책은 발췌하고 개작 한 것이었다. 원본의 생생한 숨결이 그대로 살아있는 카네기는 이 책을 통해 비 로소 접하게 됐다. 좋은 작품의 원전을 만나는 것은 마치 좋은 사람을 만나는 것과 마찬가지로 인생의 행운이다.

이 세상 모든 자기계발서들은 이 책 한 권으로 압축되는 것 같다. 자기 계발의 원조 격인 카네기의 진면목을 여실히 느낄 수 있다. 어떤 이는 이 책을 '하버드 대학 4년 과정'과도 바꾸지 않겠다고까지 했다. 원본 카네기를 통해 세상사와 그 이치를 독자들과 함께 되새기고 싶다.

말 잘하는 사람과는 말하기 싫다고 느끼면서도 오랫동안 그 이유를 명확히 깨닫지 못했다. 하지만 『데일 카네기 인간관계론』을 읽으면서 그 이유를 명확히 깨닫게 되었다. 말 잘하는 사람들은 대체로 남의 말을 잘 듣지 않는다. 자신의 말만 늘어놓는다. 내 마음속에도 많은 말들이 표현할 기회를 기다리고 있다. 하지만 말 잘하는 사람은 나에게 그런 기회를 좀체 주지 않는다. 그러니 그 사람과 말하기 싫어지는 것이다.

대화를 잘하는 사람은 말을 잘하는 사람이 아니다. 말을 잘 들어줄 뿐 아니라 상대가 말을 잘 할 수 있도록 이끄는 사람이다. 상대의 입이 열리고 마음이 열리도록 이끄는 사람이다. 입이 열리지 않으면 마음도 열리지 않는다. 대화를 잘하는 사람은 몇 마디 말하지 않고도 내 마음의 문을 연다.

데일 카네기는 세계에서 최초로 비즈니스맨을 위한 대화술 훈련과정을 개발해서 엄청난 성공을 거두었다. 하지만 카네기는 사람들에게 대화술을 가르치다 보니 대화술보다 인간관계에 대해 가르치는 것이 더 중요하다는 것을 깨달았고, 적당한 책을 찾지 못하자 직접 이 책을 쓰게 되었다.

이 책의 원제는 『친구를 만들고 사람들을 설득하는 법(How to Win Friends and Influence People)』이다. 제목에서 알 수 있듯이 이 책에서 전하고자 하는 바는 적이 아니라 친구를 만드는 법과 다른 사람들을 설득하는 방법이다. 하지만 이 책에는 그 이상의 것이 들어 있다. 조금 과장해서 이야기하자면 이 책은 지금까지 이 책 이후에 나온 모든 자기계발서들의 뿌리이자 그 총합이라고 할 수 있다.

데일 카네기가 이 책을 쓴 해는 1936년이다. 이 책을 읽으면 20세기 초 미국의 다양한 문화도 맛볼 수 있다. 다만 그러기 위해서는 약간의 수고가 필요하다. 역자가 가능하면 독자 여러분의 수고를 덜기 위해 적절한 설명을 본문에 집어넣기는 했으나, 그래도 역시 역사적인 상상력을 발휘하는 것이 필요하다.

예를 들면, Part 6에서 데일 카네기는 행복한 가정을 꾸미기 위해 어떻게 해야 하는지를 이야기하면서 첫 마디로 '잔소리하지 말라.'라고 한다. 요즘 젊은 남녀들의 관계를 생각한다면 부적절한 말로 들리기도 한다. 하지만 너무 성급하게 판단하지 말기 바란다. 그가 하는 말의 요지는 잔소리가 적절한 수단이냐 아니냐를 생각하라는 것이다. 잔소리로 문제가 해결된다면 잔소리해도 괜찮다. 하지만 해결되지 않는다면, 다른 방법을 쓰는 게 나을 것이다.

그리고 이 책 맨 마지막 장에는 결혼의 성(性)적인 측면에 대해 많은 책을 읽어야 한다는 이야기가 들어 있다. 1930년대 초까지만 하더라도 미국의 청춘 남녀들은 결혼의 성적 측면에 대한 이해도가 떨어졌던 것 같다. 이런 이야기를 읽을 때는 가벼운 마음으로, 데일 카네기가 책을 쓰던 당시 상황에 대한 역사적 상상력을 발휘하면서 읽기를 바란다. 분명 또 다른 재미를 줄 것이다.

기존 번역본들에는 원본 텍스트에서 빠진 부분이 많을 뿐 아니라 내용을 바꾼 부분도 많아서, 원본과 기존 번역본은 사실상 다른 책이다. 문제는 기존 번역본들이 원본과 다른 것은 물론, 오역을 무비판적으로 답습한 부분도 많다는 것이다. 이 책에도 놓친 부분이 없을 수는 없겠지만, 많은 오류를 바로잡고 상황에 따른 의미를 명확히 하는 등 개선을 한 것은 나름대로 자부하고 싶다.

간단한 예를 들어보자면 'strawberries and cream', 'Public Enemy', 'Miss Perkins' 등이 그런 경우다. 'strawberries and cream'은 요리법을 찾아보면 '딸기빙수'임을 알 수 있다. 그리고 'Public Enemy'는 두 가지 의미가 있다. 처음에는 알 카포네와 같은, 말 그대로 사회 전체의 적이란 의미로 쓰인 '공공의 적'이었지만, 시간이 조금 흐른 뒤에는 그냥 'FBI의 긴급수배자'라는 의미로 사용되었다. 또 'Miss Perkins'는 그냥 퍼킨스 양이 아니라 루스벨트 내각의 농림 장관이었다.

이 책은 원본의 완역을 목표로 했기 때문에 원본과 대조하면서 읽고 싶은 사람들에게는 다른 번역서들보다 더 많은 도움이 되리라 생각한다. 수

많은 자료를 바탕으로 완성도 높은 원본 완역본이 되도록 최선을 다했지만, 검려지기(黔驢之技)의 우를 범하지는 않았는지 조심스러울 뿐이다.

끝으로 이런 좋은 책을 번역할 수 있는 기회를 주신 리베르의 박찬영 사장님과 부족한 번역을 다듬어 좋은 결과가 나올 수 있도록 도와주신 정택진 선배께 감사드린다. 더구나 후배를 위해 역자 서문을 양보해주신 점에 대해서는 다시 한번 감사를 드린다.

강성복

차례

1 사람을 다루는 기본 테크닉

2 사람의 호감을 얻는 6가지 방법

3 상대방을 설득하는 12가지 방법

지난 35년 동안 미국의 출판사들은 20만 종 이상의 책을 펴냈다. 거의 팔렸다고 할 수 없는 경우가 대부분이었고, 많은 책이 적자를 기록했다. 내가 '많은 책'이라고 했던가? 현존하는 세계 최대 규모의 한 출판사 사장이 최근 내게 고백한 바에 따르면, 출판해온 지 75년이 되었지만 아직도 출판하는 책 여덟 권 중 일곱 권은 적자를 면치 못한다고 한다.

그렇다면 나는 왜 무모하게도 또 한 권의 책을 쓴 것일까? 그리고 독자 여러분이 돈과 시간을 들여서 내가 쓴 책을 읽어야 하는 이유는 무엇일까?

둘 다 대답하기 쉽지는 않지만 매우 적절한 질문들이다. 그래서 나는 이 질문에 소신껏 대답해보고자 한다.

1912년 이래 나는 뉴욕에서 직장인과 전문직 종사자를 위한 교육강좌를 진행해왔다. 초기에는 대중연설에 대한 강좌만 진행했었다. 그 강좌의 의도는 사업상의 상담이나 대중연설 같은 상황을 직접 체험케 함으로써 강좌에 참여한 사람들이 연설할 내용을 생각해내고, 그 생각을 더 명확하고 효과적으로, 그리고 더 침착하게 전달할 수 있도록 훈련하는 것이었다.

하지만 강좌가 몇 차례 진행되면서 나는 점차 그 사람들에게 효과적인 연설 요령에 대한 훈련이 필요한 것 이상으로, 업무적으로 혹은 개인적으로 매일 접하는 사람들과 좋은 관계를 맺는 기술에 대한 훈련이 절실히 필요하다는 것을 깨닫게 되었다.

또한 나 자신부터도 그런 훈련이 절실히 필요하다는 것도 점차 깨닫게 되었다. 지난 세월을 돌이켜보며 내가 얼마나 자주 요령이나 이해가 부족한 짓을 저질렀는지를 생각하면 간담이 서늘해진다. 이런 책을 내가 20년 전에만 볼 수 있었어도 얼마나 좋았을까! 그랬다면 나는 얼마나 큰 혜택을 보았을 것인가!

아마도 사람을 다루는 일은 여러분이 부닥치는 가장 큰 문제일 것이다. 특히 여러분이 사업을 하는 경우라면 더욱 그렇다. 여러분이 가정주부이거나 건축가이거나 엔지니어인 경우도 사정은 다르지 않다.

몇 년 전 카네기 교사 육성재단의 후원으로 이루어진 연구로 매우 중요하고도 의미심장한 사실 하나가 밝혀졌다. 그 사실은 카네기 기술연구소의 추가적인 연구를 통해서도 입증되었다.

이 조사들이 밝혀낸 바에 따르면 엔지니어링 같은 기술적인 분야에서도 기술적 지식이 경제적 성공에 이바지하는 바는 15%에 불과하고 나머지 85%는 인간관계의 기술, 즉 성격과 통솔력에 달려 있다고 한다.

수년 동안 나는 매 시즌 필라델피아 엔지니어 클럽을 대상으로 한 강좌와 미국 전기기사 협회 뉴욕 지부를 대상으로 한 강좌를 동시에 진행했다.

내 강좌에 참여했던 엔지니어가 대략 천오백 명은 넘었을 것이다. 그들이 내게 온 이유는 오랜 관찰과 경험을 통해 엔지니어링 분야에서 가장 높은 소득을 올리는 사람들이 그 분야의 전문지식을 가장 많이 가진 사람이 아닌 경우가 많다는 점을 마침내 깨달았기 때문이다.

예를 들면, 엔지니어링이나 회계, 건축 등 전문 분야의 경우라도 단순히 기술적인 능력을 지닌 사람을 고용하는 데는 주급 25달러에서 50달러만 들이면 된다. 시장에는 그런 사람들이 쌓이고 쌓여 있다. 하지만 기술적 지식에 더해서 자기 생각을 표현하고 리더십이 있으며, 다른 사람들의 열정을 불러일으킬 수 있는 능력이 있는 사람, 이런 사람에게는 더 보수가 높은 일자리가 기다리고 있다.

한참 왕성히 활동하던 시절에 존 D. 록펠러는 매튜 C. 브러시에게 이렇게 말했다.

사람을 다루는 능력도 설탕이나 커피와 마찬가지로 사고파는 상품이라네. 나라면 이 세상 그 어떤 것보다도 그 능력을 사는 데 더 많은 값을 치르겠네.

존 데이비슨 록펠러(John Davison Rockefeller)
미국의 사업가이다. 석유 사업으로 미국에서 손꼽히는 대부호가 되었다.

가장 값비싼 능력을 계발하는 강좌라면 이 세상 모든 대학이 개설하려 할 것이라는 생각이 들지 않겠는가? 하지만 내가 소식에 어두워서인지 몰라도 이 글을 쓰고 있는 지금까지도 나는 어느 한 대학에서도 성인들을 대상으로 이런 종류의 실제적이고 상식적인 강좌를 하나라도 개설했다는 이야기를 들어본 적이 없다.

시카고 대학과 YMCA 연합학교는 성인들이 정말로 공부하고 싶은 게 무엇인지 알아보기 위한 조사를 진행했다. 조사에는 2만 5천 달러의 자금과 2년이라는 시간이 소요되었다. 마지막으로 조사가 진행된 곳은 코네티컷 주 중부의 도시 메리덴이었다. 전형적인 미국의 도시라는 이유로 그곳이 선정되었다. 메리덴의 모든 성인을 대상으로 면담이 진행되었고 156개 항목에 대한 설문이 진행되었다. 항목에는 다음과 같은 질문들이 들어 있었다.

"당신의 직업은 무엇인가? 당신의 학력은 어느 정도인가? 당신은 여가 활용을 어떻게 하는가? 당신의 소득은 얼마인가? 당신의 취미는 무엇인가? 당신의 포부는 무엇인가? 당신의 고민은 무엇인가? 당신이 가장 공부하고 싶은 주제는 무엇인가?"

조사 결과 성인들의 가장 큰 관심사는 건강이었다. 두 번째 관심사는 사람, 즉 어떻게 하면 다른 사람을 잘 이해하고 좋은 관계를 맺을 수 있는가, 어떻게 하면 사람들이 나를 좋아하게 만들 수 있는가, 그리고 어떻게 하면 다른 사람을 설득할 수 있는지였다.

이 조사를 진행한 위원회에서는 메리덴의 성인들을 대상으로 그런 과정의 강좌를 진행하기로 했다. 그리고는 그 주제에 대해 실제로 사용 가능한 교재를 열심히 찾아보았으나 하나도 찾을 수 없었다. 위원회는 마침내 성인 교육에 관한 세계적인 권위자를 찾아내 그에게 이런 사람들의 요구를 충족시킬 수 있는 책이 있느냐고 물었다. 그의 대답은 이러했다. "그런 책은 없습니다. 그 성인들이 어떤 것을 원하는지 압니다만, 그들이 원하는 책은 지금껏 쓰인 적이 없습니다."

경험을 통해 나는 이 말이 사실이라는 것을 알고 있었다. 나 자신도 인간 관계에 관한 실용적인 실행 지침서를 찾기 위해 오랫동안 노력해 왔기 때문이었다.

그런 책이 없었기 때문에 나는 내 강좌에서 사용할 수 있는 책을 쓸 마음을 먹게 되었다. 그리고 그 결과가 이 책이다. 이 책이 여러분의 마음에도 들기를 바란다.

나는 도로시 딕스와 이혼 재판 기록, <페어런츠 매거진>에서부터 오버스트리트 교수와 알프레드 아들러, 윌리엄 제임스에 이르기까지 이 책의 주제와 관련해 구할 수 있는 모든 글을 섭렵했다. 이에 그치지 않고 자료조사 전문가의 도움을 받아 가며 1년 반 동안 다양한 도서관을 뒤져 내가 놓친 모든 것을 읽었을 뿐 아니라 심리학에 관한 두터운 전문 서적들도 통독했다.

또한 잡지에 실린 수백 개의 글을 검토하고, 셀 수 없이 많은 전기를 뒤지며 모든 시대의 위인들은 어떻게 사람을 다루었는가를 알아보았다. 그리고 우리는 모든 시대의 위인들에 대한 전기를 읽었다. 율리우스 카이사르에서부터 토머스 에디슨에 이르기까지 모든 위대한 지도자들의 생애에 관한 이야기를 읽었다.

돌이켜보면 시어도어 루스벨트 한 사람에 대해서만도 1백 권 이상의 전기를 읽은 것 같다. 우리는 고대에서부터 오늘날에 이르기까지 친구를 사귀고 사람들을 설득하기 위해 사용했던 모든 실제적인 아이디어를 찾아내는 일에 시간과 비용을 아낌없이 투자했다.

개인적으로 나는 수십 명의 성공한 사람들을 면담하며 그들이 인간관계에서 사용했던 기술을 찾아내고자 노력했다. 그들 중에는 마르코니 같은 발명가와 프랭클린 D. 루스벨트 같은 정치가, 오웬 D. 영 같은 사업가, 클라크 게이블이나 메리 픽포드 같은 영화배우, 마틴 존슨 같은 탐험가 등 세계적인 유명인들도 있었다.

나는 이런 자료로부터 짧은 강연을 준비하고는 '친구를 사귀고 사람들을 설득하는 법'이라는 제목을 붙였다. 나는 '짧은 강연'이라고 말했다. 그것은 처음에는 진짜로 '짧은' 강연이었다. 하지만 지금은 한 시간 반 동안 진행하는 강의로 확대되어버렸다. 벌써 수년째 나는 뉴욕에 있는 카네기 연구소의 강좌에서 성인들을 대상으로 시즌마다 이 강의를 진행하고 있다.

강의를 마치면서 나는 수강생들에게 현실 생활에서 접촉하는 사람들에게 배운 것을 적용해보고 난 뒤, 그 경험과 결과를 다음 강좌에서 발표해달라고 요청했다. 얼마나 재미있는 과제인가! 자기 계발을 갈망하면서 강좌에 참가한 그 수강생들은 이런 새로운 방식의 실험에 동참한다는 것을 매우 재미있게 받아들였다. 성인들을 대상으로 인간관계 실험을 하는, 현존하는 최초의, 그리고 유일한 실험이었기 때문이다.

이 책은 우리가 일반적으로 생각하는 '쓴다'라는 말과는 다른 의미로 쓰였다. 이 책은 마치 아이가 커가듯이 자라났다. 이 책은 새로운 의미의 실험에서, 성인 수천 명의 경험 속에서 자라나고 성장했다.

수년 전 우리는 몇 가지 규칙을 엽서 크기의 종이에 인쇄하는 것으로 시작했다. 하지만 시즌이 지날수록 크기와 내용이 확대되어 그다음 시즌에 엽서는 조금 큰 카드가 되었고, 그다음엔 낱장으로 된 인쇄물이 되었으며, 또 그다음엔 소책자의 형태가 되었다. 그리고 15년의 실험과 연구가 쌓인 지금, 드디어 책의 형태로 나오게 되었는데, 바로 이 책이다.

이 책에 적혀 있는 규칙들은 단순한 이론이나 추론의 산물이 아니다. 그 규칙들은 마법 같은 효과가 있다. 이상하게 들리겠지만 나는 이 원칙들을 사용하고서 말 그대로 인생에 혁명 같은 변화가 일어난 사람들을 많이 보았다.

예를 들어보겠다. 지난 시즌 314명의 종업원을 거느린 사람이 강좌를 들으러 왔다. 오랫동안 그는 아무 때나 함부로 종업원들을 몰아붙이고 비판하고 야단쳐왔다. 친절함이나 감사, 격려의 말 같은 건 그와는 거리가 먼 것들이었다. 그러던 그가 이 책에서 주장하는 원칙들에 대해 배우고 나서는 자기 삶의 철학을 대폭 수정했다. 그 결과 그의 회사에는 다시금 충성심, 열의, 팀워크 정신이 넘쳐나게 되었다. 314명의 적이 314명의 친구로 바뀌었다. 그는 강좌에 와서 자랑스럽게 이렇게 말했다.

"예전에는 회사에서 내가 지나가도 인사하는 사람이 한 명도 없었습니다. 내가 오는 것을 보면 종업원들이 고개를 돌려 외면했었지요. 하지만 지금은 그들 모두가 내 친구가 되었습니다. 수위까지도 내 이름을 친근하게 부릅니다."

지금 이 사람은 예전보다 더 많은 이익을 내고 있고 더 많은 여가를 즐기고 있다. 그리고 그 어떤 것과도 비교할 수 없을 정도로 중요한 점을 이야기하자면, 그는 사업과 가정생활에서 더 큰 행복을 만끽하고 있다.

여기에 나온 원칙들을 활용함으로써 판매를 급격히 신장시킨 세일즈맨들 또한 수없이 많다. 많은 사람은 그간 아무리 노력을 해도 이루어지지 않던 거래를 마침내 맺게 되었다. 또 경영진에 있던 사람들은 더 확고한 권위를 확보했고, 보수도 더 많이 받게 됐다. 지난 시즌 강좌에서 어떤 회사의 한 임원은 여기서 배운 진리를 실천했더니 연봉이 5천 달러나 인상되었다고 말하기도 했다. 필라델피아 가스 웍스컴퍼니의 임원 한 사람은 사람들과 자꾸 다투고 사람들을 능수하게 이끌지 못한다는 이유로 좌천낭할 위기에 처해 있었는데, 이 강좌에서 훈련을 받고 난 후 65세의 고령에도 불구하고 좌천은커녕 승진하면서 보수도 더 많이 받게 되었다.

강좌가 끝나고 나면 연회가 열리는데, 거기에 참석한 부인들로부터 남편이 이 강좌에 참가한 이후 가정에 행복이 넘치게 되었다는 말을 들은 경우는 이루 셀 수도 없다.

사람들은 종종 자신들이 거둔 새로운 결과를 보고 깜짝 놀란다. 그건 정말 마법과도 같다. 너무 흥분한 나머지 48시간 후에나 있는 정규 강좌 시간까지 도저히 기다릴 수 없다며 일요일에 내 집으로 전화를 걸어 자신이 거둔 결과를 전하는 경우도 가끔 있었다.

어떤 사람은 지난 시즌 이 원칙들에 대한 강의에서 너무 큰 충격을 받은 나머지, 다른 수강생들과 함께 밤늦게까지 이 주제에 관한 토론을 계속했다. 새벽 3시가 되자 다른 사람들은 자리를 떴다. 하지만 그는 자신의 실수를 깨달은 충격이 너무 강했고, 자신 앞에 열릴 새롭고 풍요로운 세계에 대한 전망으로 가슴이 벅찼기에 잠을 이룰 수 없었다. 그는 그날 밤에도, 그다음 날 낮에도, 그리고 그다음 날 밤에도 잠을 자지 않고 깨어 있었다.

그는 어떤 사람이었을까? 자신에게 다가온 새로운 이론이라면 어떤 것이든 가리지 않고 받아들여서 떠들어대는 순진하고 세상 물정 모르는 사람이었을까? 전혀 그렇지 않다. 그 반대의 사람이다. 그는 논리적이고 냉정한 미술품 거래상으로, 사교계의 단골손님이며 두 군데의 외국 대학 학위를 갖고 있고 3개 국어에 능통한 사람이다.

이 서문을 쓰는 사이 호엔촐레른 왕가 치하의 독일에서 대대로 직업 장교를 배출한 명문 귀족 집안 출신의 한 독일 사람으로부터 편지를 받았다. 그가 편지를 쓴 곳은 대서양을 건너 유럽으로 돌아가는 증기선 안이었다. 그가 보낸 편지에는 이 책에서 말하는 원칙들을 적용한 경험이 적혀 있었는데, 거의 종교적인 열정에 가까울 정도로 고양된 분위기가 느껴졌다.

또 다른 사람은 뉴욕 토박이로 커다란 카펫 공장을 갖고 있으며 사교계에서도 이름을 날리고 있는 부유한 사업가다. 그는 하버드 대학 졸업생이었지만 카네기 교육 과정에서 14주 동안 배운 인간관계의 기술이 대학에서 4년 동안 배운 것보다 훨씬 많다고 단언했다. 말도 안 되는 것 같은가? 웃기는 소리인가? 너무 허황한 이야기로 들리는가? 어떻게 생각하든 그건 여러분 자유다.

나는 다만 1933년 2월 23일 목요일 저녁, 뉴욕 예일 클럽에서 대단한 성공을 거둔 점잖은 하버드 대학 졸업생 한 사람이 약 6백 명의 청중 앞에서 한 연설에서 밝힌 말을 아무런 설명도 덧붙이지 않고 인용했을 뿐이다.

유명한 윌리엄 제임스 하버드 대학교수는 이렇게 말했다.

"우리가 가진 잠재성에 비추어볼 때 우리는 단지 절반 정도만 깨어 있다. 우리는 우리가 가진 육체적 정신적 사원의 일부만을 사용하고 있을 뿐이다. 이것을 일반화해 이야기해 보자면 개개인의 인간은 그럼으로써 자신의 한계에 한참 못 미치는 삶을 영위하고 있다. 인간은 습관상 활용하지 못하고 있는 다양한 종류의 능력을 소유하고 있다."

여러분이 '습관상 활용하지 못하고 있는' 그 능력들! 이 책이 가진 유일한 목적은 그 능력, 즉 여러분이 그 활용되지 않은 채 잠자고 있는 자산을 발견하고 개발함으로써 이익을 얻을 수 있도록 도와주는 것이다.

'교육이란 살아가면서 생기는 다양한 상황들에 대처하는 능력'이라고 프린스턴 대학 총장을 지낸 존 G. 히번 박사는 이야기했다.

여러분이 이 책을 Part 3까지 읽고 나서도 살아가면서 생기는 다양한 상황들에 대처하는 능력에 조금의 진전도 없다면, 여러분에 대해서만큼은 이 책이 완전한 실패임을 인정하겠다.

하지만 허버트 스펜서가 이야기한 대로 '교육의 가장 큰 목표는 지식이 아니라 행동'이며, 이 책은 바로 행동의 책이다.

데일 카네기

이 책으로 최대의 효과를 얻기 위한
8가지 제안

1 인간관계의 원칙을 익히겠다는 진지하고 적극적인 욕구를 가져라.

2 다음 Part로 넘어가기 전에 각 Part를 두 번씩 읽어라.

3 읽는 도중에 제시해놓은 각 제안을 어떻게 적용할 것인지에 대해 자신에게 자주 물어보라.

4 중요한 구절에 밑줄을 그어두라.

5 매달 이 책을 다시 읽어라.

6 기회가 생길 때마다 여기에 나온 원칙들을 적용하라. 이 책을 일상의 문제들을 해결하는 실행 지침서로 활용하라.

7 여러분이 여기에 나온 원칙을 어길 때마다 친구들에게 스스로 벌금을 물겠다고 함으로써 게임을 하듯 즐겁게 배워라.

8 매주 여러분 자신의 진전을 체크해 보라. 여러분이 어떤 잘못을 했는지, 어떤 진전이 있었는지, 그리고 미래를 위해 어떤 교훈을 깨달았는지 확인하라.

사람을 다루는
기본 테크닉

Fundamental Techniques In Handling People

I

꿀을 얻으려면
벌집을 건드리지 말라

IF YOU WANT TO GATHER HONEY,
DON'T KICK OVER THE BEEHIVE

1931년 5월 7일, 뉴욕시가 탄생한 이래 가장 관심을 끈 범인 검거 작전이 한창 벌어지고 있었다. 수 주 동안 경찰의 추적을 피해 도망치던 일명 '쌍권총 크로울리'가 웨스트 앤드 애버뉴에 있는 자기 애인의 아파트에 숨어 있다가 발각되어 체포되기 직전이었다. 그는 술도 마시지 않고 담배도 피우지 않는 사람이지만, 총으로 사람을 죽인 살인범이었다.

150명이나 되는 경찰과 형사들이 그가 숨어 있는 꼭대기 층을 포위했다. 경찰은 지붕에 구멍을 내고 최루가스를 투입해 '경찰 살해범'인 크로울리를 집 밖으로 끌어내는 작전을 펼치고 있었다. 주변 빌딩에는 기관총이 설치되었다. 뉴욕시에서 가장 멋진 주거지역인 이 거리에는 권총과 기관총이 총알을 뿜어내는 시끄러운 소리가 한 시간 이상이나 계속되었다. 크로울리는 두툼한 의자를 방패로 삼아 끊임없이 경찰을 향해 총을 쏴댔다. 1만여 명의 시민들이 잔뜩 긴장한 표정으로 이 총격전을 지켜보았다. 지금과 같은 거리의 광경은 당시에는 전혀 볼 수 없었다.

마침내 크로울리가 체포되었다. 뉴욕 경찰국장 멀루니는 이 쌍권총의 악당이 뉴욕시 역사상 가장 위험한 범죄자에 속한다고 발표했다. 경찰국장의 표현에 따르면 '그는 닥치는 대로 살인을 저지르는 놈'이었다.

그런데 '쌍권총 크로울리'는 자신을 어떻게 생각하고 있었을까? 경찰이 크로울리가 숨어 있는 아파트에 사격을 가하고 있었을 때 그는 '관계자 여러분께'로 시작하는 편지를 썼다. 그가 편지를 쓰고 있는 동안에도 총에 맞은 상처에서는 피가 흘러나와 편지지에 붉은 핏자국을 남기고 있었다. 크로울리는 편지에 이렇게 썼다. '내 마음은 지치고 피곤하긴 하지만 착한 마음이다. 그 누구도 해치고 싶어 하지 않는 착한 마음이다.'

이 일의 발단은 이랬다. 이 총격전이 벌어지기 얼마 전, 크로울리는 롱아일랜드에 있는 한적한 시골길에 차를 세워놓고 애인의 목을 애무하며 즐겁게 지내고 있었다. 그때 갑자기 경찰 한 명이 나타나 차로 오더니 이렇게 말했다.

"면허증 좀 보여주시겠습니까?"

대답 대신에 크로울리는 총을 뽑아 들고 경찰에게 총알 세례를 퍼부었다. 경찰이 중상을 입고 쓰러지자 크로울리는 차에서 내려 경찰의 권총을 주워들고 경찰의 몸에 다시 한 발의 총을 쏘아 확인 사살까지 했다. 이런 흉악한 범죄를 저지른 살인범이 자신을 두고 이렇게 말을 했다. "내 마음은 지치고 피곤하긴 하지만 착한 마음이다. 그 누구도 해치고 싶어 하지 않는 착한 마음이다."

크로울리는 사형을 선고받았다. 사형이 집행되던 날 그가 전기의자에 앉았을 때 "살인을 했으니, 이렇게 되는 게 당연하지."라고 말했을까? 전혀 그렇지 않다. 그는 이렇게 말했다. "나는 정당방위를 했을 뿐인데, 어떻게 이럴 수가 있나?"

이 이야기의 요점은 이것이다. '쌍권총 크로울리'는 결코 자기가 잘못했다고 생각하지 않았다. 이런 태도는 범죄자들에게 흔치 않은 것일까? 만일 그렇게 생각한다면, 이 말을 들어보아야 한다.

"나는 다른 사람들에게 많은 즐거움을 주고, 좋은 시간을 보내도록 도우면서 내 인생의 황금기를 보냈다. 하지만 내게 돌아온 건 비난과 전과자라는 낙인뿐이다."

이것은 알 카포네가 한 말이다. 바로 그 사람, 미국 역사상 가장 악명 높은 공공의 적, 시카고의 암흑가를 장악했던 가장 냉혹한 갱단 두목인 그 알 카포네 말이다. 알 카포네는 자신이 잘못했다고 생각하지 않았다. 그는 오히려 자신이 자선 사업을 하고 있다고 생각했다. 다만 사람들이 인정해주지 않고 자신을 오해하고 있을 뿐이라고 생각했다.

이 점은 뉴어크에서 벌어진 폭력 조직 간의 총격전에서 목숨을 잃은 더치 슐츠도 마찬가지였다. 그는 뉴욕에서 가장 악명 높은 조직폭력배의 두목이었지만, 언론과의 인터뷰에서 자신을 자선사업가라고 밝혔다. 그리고 자신도 실제로 그렇다고 믿고 있었다.

나는 뉴욕에서도 악명 높은 싱싱 교도소의 소장으로 오랫동안 재직한 워든 로즈와 서신을 주고받으면서 이 주제에 대해 아주 흥미로운 대화를 나누었다. 로즈 소장은 이렇게 말했다.

싱싱 교도소에서 복역 중인 죄수들 가운데 자신이 나쁜 사람이라고 여기는 죄수는 거의 없습니다. 그들도 당신이나 나처럼 인간이기는 마찬가지입니다. 그러므로 그들도 자신을 합리화하고, 변명거리를 만들어냅니다. 그들은 왜 자신이 금고를 털지 않으면 안 되었는지, 왜 총을 쏘지 않으면 안 되었는지 너무나 많은 이유를 댈 수 있습니다. 논리적이냐 아니냐를 떠나 그들은 그럴듯한 이유로 자신을 합리화하고, 자신들의 반사회적 행동이 정당했다고 여기며, 감옥에 갇힐 이유도 없다는 생각을 버리려 하지 않습니다.

알 카포네가, '쌍권총 크로울리'가, 더치 슐츠가, 그리고 교도소 담장 안의 범죄자들이 자신들에게는 아무런 잘못이 없다고 믿는 것은 그렇다 치고, 여러분이나 내 주변에 있는 사람들의 경우는 어떠할까?

자신의 이름을 딴 백화점을 설립할 정도로 성공한 사업가 존 워너메이커는 언젠가 이렇게 고백했다.

> 나는 30년 전에 다른 사람을 비난하는 것은 어리석은 일이라는 사실을 배웠다. 30년 이상이나 미몽의 세계에서 실수를 거듭하고 나서야 비로소 사람들은 자신이 아무리 큰 잘못을 저질렀다 하더라도 100명 중 99명은 자신의 잘못을 전혀 인정하지 않는다는 점을 깨달았다.
> 나는 왜 하느님이 지적인 능력을 공평하게 나누어주지 않았을까 하고 개탄하기보다는 나 자신의 부족함을 극복하기 위해 노력을 기울였다.

존 워너메이커(John Wanamaker)
미국의 기업가이다. 광고와 마케팅의 선구자로 인정받고 있다.

비판은 쓸데없는 짓이다. 왜냐하면 비판은 다른 사람이 자신을 방어하도록 만들고, 일반적으로 자신을 정당화하기 위해 안간힘을 쓰게 만들기 때문이다. 또한 비판은 위험한 일이다. 왜냐하면 비판은 사람들의 소중한 자존심에 상처를 입히고, 자신의 가치에 대해 회의감을 가지게 하며, 원한만 불러일으키기 때문이다.

독일 군대는 불만스러운 일이 생기더라도 병사들이 곧바로 그 불만을 보고해서는 안 된다고 규정하고 있다. 병사는 불만이 있더라도 반드시 하룻밤 동안 열을 가라앉혀야 한다.

즉시 불만을 보고하는 병사는 처벌을 받는다. 문명사회라면 이와 같은 법률이 반드시 있어야 한다고 믿어 의심치 않는다. 야단치는 부모들이나 잔소리하는 아내들 혹은 질책하는 고용주들처럼, 다른 사람의 잘못을 지적하는 백해무익한 짓을 하는 모든 사람을 위한 법 말이다.

역사를 살펴보면 다른 사람의 허물을 들춰내 비난하는 것이 무익하다는 사실을 보여주는 사례가 여기저기서 발견된다. 그중에서도 루스벨트 대통령과 그의 후계자인 태프트 대통령 사이의 논쟁은 매우 유명하다. 이 논쟁으로 말미암아 공화당은 분열되었고, 그 결과 민주당의 우드로 윌슨이 대통령에 당선됨으로써 제1차 세계 대전에 참전하게 되는 등 세계 역사의 흐름에 매우 큰 변화가 일어났다.

우선 역사적 사실을 확인해보자. 1908년 시어도어 루스벨트 대통령은 대통령직에서 물러나면서 태프트를 지지했고, 태프트는 대통령에 당선되었다. 선거가 끝난 뒤 루스벨트는 아프리카로 사자 사냥을 떠났다. 루스벨트는 여행에서 돌아온 후 보수적인 정책을 펴고 있는 태프트 정부를 맹비난했다. 그가 차기 대통령 후보 지명권을 확보하기 위해

진보적인 정당인 불 무스당을 조직하면서 공화당은 분열의 위기에 빠졌다. 이러한 상황에서 선거를 치른 태프트 대통령과 그가 속한 공화당은 버몬트와 유타, 2개 주에서만 지지를 받았을 뿐 전례 없는 참패를 당하고 말았다. 공화당 창당 이후 최악의 정치적 패배였다.

루스벨트는 참패의 원인이 태프트라고 비난했다. 그러면 태프트 대통령은 자신의 잘못을 인정했을까? 물론 그렇지 않다. 눈물을 글썽이면서 태프트 대통령은 이렇게 말했다. "그때는 그럴 수밖에 없었다."

그렇다면 누구의 잘못인가? 루스벨트인가, 태프트인가? 솔직히 말해 알 수도 없을뿐더러, 알고 싶지도 않다. 내가 말하고자 하는 요지는 루스벨트가 태프트를 아무리 심하게 질책했다 하더라도 태프트가 자신의 잘못을 인정하도록 만들 수 없었을 것이라는 점이다. 루스벨트의 질책 결과는 태프트가 자신을 합리화하면서 눈물을 글썽이며 "그때는 그럴 수밖에 없었다."라는 말을 되풀이하게 만드는 것뿐이었다.

또 다른 사례로 티포트 돔 유전 스캔들을 들어보자. 이 사건은 1920년대 초 발생하여 미국 전역을 발칵 뒤집어놓은 커다란 부정 사건으로, 그 후 수년 동안이나 신문 지상에 오르내리며 사회적으로 엄청난 파문을 일으켰다. 세인들의 기억 속에서 미국 역사상 이처럼 커다란 사건은 거의 없었다고 해도 과언이 아니었다. 사실관계를 중심으로 그 스캔들의 경위를 살펴보기로 하자.

하딩 행정부에서 내무장관을 맡고 있던 앨버트 B. 펄은 당시 정부 소유였던 엘크 힐과 티포트 돔 유전지대의 임대에 대한 실권을 쥐고 있었다. 이 유전지대는 향후 해군용으로 활용하기 위해 특별히 보존되어 있었는데, 펄은 이곳을 임대하면서 공개입찰 절차도 거치지 않고

자기 친구인 에드워드 L. 도헤니에게 수의계약을 통해 임대하였다. 물론 계약 조건은 도헤니에게 상당히 유리한 것이었다.

그럼 도헤니는 그 대가로 어떻게 했을까? 도헤니는 펄 장관에게 '임대금' 명목으로 10만 달러를 제공했다. 그 후 펄 장관은 해병대에 명령하여 엘크 힐 주변의 군소 유전업자들을 몰아내도록 했다. 그들 유전의 석유 채굴로 인해 엘크 힐의 석유 매장량이 감소할 것을 우려한 조치였다. 총검에 의해 강제로 자신의 사업장에서 쫓겨난 군소 유전업자들이 억울함을 법정에 호소함으로써 이 사건은 만천하에 드러났다. 티포트 스캔들은 이렇게 터졌다.

이 스캔들은 온 국민이 메스꺼움을 느낄 정도로 지독한 악취를 풍겼고, 미국 전역에서 공분을 자아냈다. 그 결과 하딩 행정부뿐만 아니라 공화당까지 위기에 빠지게 되었고, 결국 앨버트 B. 펄은 투옥되었다.

펄은 현직 관리로서는 전례가 없을 정도로 무거운 형을 받았다. 그러면 펄은 자신의 죄를 뉘우쳤을까? 천만의 말씀이다. 그로부터 몇 년 뒤 허버트 후버 대통령은 어느 강연회에서 하딩 대통령의 죽음은 측근에게 배신을 당한 정신적 충격 때문이었다고 술회했다. 그 이야기를 들었을 때 펄 부인은 자리에서 벌떡 일어서더니 눈물을 흘리면서 주먹을 불끈 쥐고 소리쳤다.

"아니, 뭐라고? 하딩이 펄에게 배신을 당했다고? 천만에! 남편은 그 누구도 배신한 적이 없어. 이 집을 황금으로 도배해준다 해도 남편은 나쁜 짓을 할 사람이 아니야. 배신을 당해 희생양이 된 건 오히려 남편이란 말이야."

바로 이런 게 인간 본성이다. 잘못을 저질러놓고도 남을 탓하고 결코 자신의 잘못은 인정하지 않는 게 인간이다. 그것은 누구나 마찬가지다. 그러므로 만일 여러분이나 내가 다른 사람을 비난하고 싶어질 때는 알 카포네와 '쌍권총 크로울리'와 앨버트 펄을 떠올리면 된다.

비난이란 귀소본능을 지닌 비둘기와 같다는 점을 명심해야 한다. 비난은 언제나 다시 돌아온다. 우리가 바로잡아 주고 싶거나 비난하려는 사람은 자신을 정당화할 뿐만 아니라, 오히려 거꾸로 우리에게 비난을 퍼부을 것이라는 점을 명심해야 한다. 우리를 비난하지 않는 경우라 하더라도 태프트처럼 이렇게 말할 뿐이다. "그때는 그럴 수밖에 없었다."

1865년 4월 15일 토요일 아침, 에이브러햄 링컨 대통령은 포드 극장 앞에서 존 윌크스 부스로부터 저격을 당한 뒤, 길 건너편에 있는 싸구려 하숙집의 문간방으로 옮겨져 죽음을 기다리고 있었다. 그 방 침대는 가운데가 푹 꺼진 아주 낡은 것이었고, 링컨의 키에 비해 너무 작았다. 그래서 링컨은 침대 위에 대각선으로 뉘어져 있었다. 침대 머리맡에는 로자 보뇌르의 유명한 그림 '마시장'의 싸구려 복사판이 걸려 있었고, 노란빛을 뿌리는 가스등 불이 희미하게 흔들리고 있었다.

링컨 대통령의 임종을 지켜보면서 스탠턴 국방장관은 이렇게 말했다. "인류 역사상 인간의 마음을 가장 잘 움직인 사람이 여기 누워 있다."

사람들을 움직이는 데 있어서 링컨이 거둔 성공의 비결은 무엇일까? 나는 10년간이나 에이브러햄 링컨의 생애를 연구했으며, 『세상에 알려지지 않은 나의 멘토 링컨』이라는 책을 저술하고 수정하는 데 꼬박 3년을 들였기 때문에, 링컨의 인간성과 가정생활에 대해서는 어떤 사람 못지않게 자세하고 철저하게 연구했다고 믿고 있다. 그중에서도 링컨이 사람을 다루는 방법에 대해서는 특별한 관심을 기울였다.

링컨도 비난하기를 좋아했느냐고 묻는다면, 그렇다고 답할 수 있다. 적어도 그가 어떤 깨달음을 얻기 전까지는 그랬다.

예를 들면, 인디애나주의 피전 크리크 밸리에서 살던 젊은 시절에 링컨은 곧잘 다른 사람을 비판했을 뿐만 아니라, 그 사람을 조롱하는 편지나 시를 지어 사람들 눈에 잘 띄는 길가에 놓아두곤 했다. 이런 편지 때문에 평생 링컨에 대한 반감을 품게 된 일도 있었을 정도였다.

그리고 일리노이주의 스프링필드에서 변호사로 개업한 이후에도 링컨은 신문 투고를 통해 상대방을 공개적으로 공격하곤 했는데, 한번은 너무 지나쳐 큰 말썽을 일으켰다.

1842년 가을, 링컨은 허세를 잘 부리고 시비 걸기 좋아하는 제임스 쉴즈라는 아일랜드 출신의 정치인을 조롱하는 익명의 투고를 〈스프링필드 저널〉에 보냈다. 그 글이 신문에 실리자 사람들은 온통 쉴즈를 비웃었다. 자존심이 강하고 성격이 예민한 쉴즈는 화가 머리끝까지 났다. 링컨이 그 편지를 썼다는 사실을 알아내고는 곧장 말을 타고 달려가 링컨에게 결투를 신청했다.

싸우고 싶은 마음도 없고 원래 '결투'라는 것을 반대하는 링컨이었지만, 당시로서는 결투를 하지 않을 수 없었다. 자신의 명예가 걸린 문제였기 때문이다.

링컨에게 결투 도구의 선택권이 주어졌다. 팔이 길었던 링컨은 기병 대용 장검을 택했다. 그리고 육군 사관 학교를 졸업한 사람에게서 장검을 사용한 결투에 대한 교습도 받았다.

드디어 결투하기로 약속한 날, 두 사람은 미시시피강 강변의 모래사장에서 만났다. 그리고 목숨을 건 결투를 시작하려는 순간, 쌍방 입회인의 적극적인 중재로 결투는 중지되었다.

이 사건은 링컨의 개인사에서 가장 끔찍한 사건이었다. 이 사건으로 인해 링컨은 사람을 다루는 방법에 대해 소중한 교훈을 얻었고, 그 후 다시는 남을 조롱하는 편지를 쓰지 않았다. 또한 그때부터 결코 어떤 일로도 다른 사람을 비난하지 않았다.

남북전쟁이 한창일 때의 일이었다. 당시 링컨은 포토맥 지구의 전투 사령관으로 몇 번씩이나 새로운 장군을 임명하지 않으면 안 되었는데, 매클래런, 포프, 번사이드, 후커, 미드 등 새로이 임명된 장군마다 참패를 거듭해 링컨은 참담한 심정을 금할 수 없었다. 북부에 속한 모든 사람은 이 장군들이 무능하다고 비난했지만, 링컨은 '누구에게도 악의를 품지 말고, 모든 사람을 사랑으로 대하자.'라고 굳게 마음먹고 있었기에 침묵을 지켰다.

남의 비판을 받고 싶지 않으면, 남을 비판하지 말라.
Judge not, that ye be not judged.

링컨이 가장 좋아하는 문구 가운데 하나가 바로 이것이었다.

또한 자기 부인과 주변 사람들이 대치 중이던 남부 사람들에 대해 나쁘게 이야기할 때도 링컨은 이렇게 말했다. "그 사람들 비난할 것 없습니다. 우리가 그들의 처지였다면 우리도 역시 그렇게 했을지 모르니까요."

링컨에게 비난할 만한 상황이 드물었나 하면 전혀 그렇지 않다. 오히려 링컨이야말로 비난하지 않을 수 없는 상황에 무척 많이 부닥쳤다. 하나 더 예를 들어보자.

1863년 7월 1일에 시작한 게티즈버그 전투는 3일간이나 계속되고 있었다. 7월 4일 밤, 남부군의 리 장군은 그 지역에 폭풍우가 몰려오자 남쪽으로 후퇴하기 시작했다. 리 장군이 패잔병이나 다름없는 군대를 이끌고 포토맥강에 이르렀다. 그는 불어난 물로 도저히 건널 수 없는 강을 앞에 두고, 뒤로는 기세가 오를 대로 오른 북부의 군대가 쫓아오는 위급한 상황을 맞게 되었다. 리 장군은 독 안에 든 쥐의 형세였다. 달아날 길이 없었다.

링컨 대통령도 그 사실을 알았다. 그때야말로 리 장군을 사로잡음으로써 전쟁을 단숨에 끝낼 수 있도록 하늘이 준 절호의 기회였다. 링컨은 희망에 부풀어 미드 장군에게 작전회의로 시간을 끌지 말고 즉각 리 장군을 공격하라는 명령을 내렸다. 링컨은 자신의 명령을 전문으로 전송하고 나서 즉각적인 전투 개시를 요구하는 특사까지 파견했다.

그럼 미드 장군은 어떻게 했는가? 그는 자신에게 내려온 명령과는 정반대의 행동을 취했다. 그는 작전회의를 소집하지 말라는 링컨의 명령을 정면으로 위반하여 작전회의를 소집했다. 그는 망설였다. 그는 시간을 끌었다. 이런저런 핑계를 전문으로 전송했다. 리 장군을 공격하라는 명령을 정면으로 거부했다. 결국 강물은 줄어들었고, 리 장군은 병력과 함께 포토맥강을 건너 무사히 퇴각할 수 있었다.

링컨은 격노하여 마침 곁에 있던 아들 로버트에게 도대체 어떻게 이럴 수가 있느냐고 소리 질렀다. "도대체 어떻게 이럴 수가 있나. 다 잡아놓았는데, 손만 뻗으면 우리 손에 들어오는데. 내가 할 수 있는 것을 다해도 정작 군대를 움직이지 못하다니. 그 상황이라면 어떤 장군을 갖다 놓아도 리 장군을 이겼을 것 아닌가? 내가 거기 있었어도 리 장군을 혼내줄 수

게티즈버그 전투를 묘사한 그림(Currier & Ives, 미국 매트로폴리탄 미술관)

있었을 거야.”

극심한 실망으로 마음이 쓰라린 링컨은 책상에 앉아 미드 장군에게 아래와 같은 편지를 썼다. 편지를 읽기 전에 이 시기의 링컨은 언사에 극도로 조심스러웠음을 기억하고 있어야 한다. 링컨이 1863년에 쓴 이 편지는 사실 매우 엄중한 질책에 해당했다.

친애하는 미드 장군,

이번에 리 장군을 놓친 것이 얼마나 큰 불행인지 장군은 짐작조차 하지 못하고 있는 것 같습니다. 남부군은 궁지에 몰려 있었고, 최근 승리한 기세를 몰아 조금만 더 밀어붙였다면 이번 전쟁은 끝났을지도 모릅니다. 하지만 이제 전쟁은 언제 끝날지 알 수 없게 되었습니다. 장군은 지난 4일 밤 아군에게 유리한 전투도 제대로 수행하지 못했습니다. 그렇다면 어떻게 강 건너 저편에서 작전을 제대로 수행할 수 있겠습니까? 더구나 보유한 병력의 3분의 2밖에 활용하지 못할 텐데 말입니다. 그러기를 기대하기 어려울 듯합니다. 장군이 효율적으로 부대를 통솔할지에 대해서도 자신이 없습니다. 장군은 천재일우의 기회를 살리지 못했습니다. 그로 인해 내가 받는 심적 고통은 이루 말로 표현할 수 없을 정도입니다.

이 편지를 읽고서 미드 장군은 어떤 생각을 했을 것이라고 보는가?

미드 장군은 이 편지를 보지 못했다. 링컨이 편지를 부치지 않았다. 편지는 링컨 사후 그의 서류함 속에서 발견되었다.

이건 추측에 불과하지만, 링컨은 이 편지를 쓴 뒤 창밖을 한 번 내다본 다음 이렇게 중얼거렸을 것이다.

잠깐만. 이렇게 서두르는 게 잘하는 일인지 잘 모르겠군. 여기 조용한 백악관에 편히 앉아서 미드 장군에게 공격 명령이나 내리는 것은 쉬운 일이지. 하지만 내가 만일 게티즈버그에 있었다면, 그래서 지난주에 미드 장군이 겪은 것처럼 피를 철철 흘리는 부상자들의 신음과 비명을 듣고, 전사자들의 참상을 직접 보았다면, 어쩌면 나도 쉽게 공격 결정을 내리지 못했을지도 모르지. 더구나 미드 장군처럼 소심한 성격의 소유자라면 더욱 그랬겠지. 어쨌든 이미 엎질러진 물. 이 편지를 부치고 나면 내 속이야 다소 후련해지겠지만 미드 장군은 자신을 정당화하기 위해 노력하며 오히려 나를 비난할지도 모르지. 장군이 나에 대한 반감을 보이게 되면 향후 사령관직을 제대로 수행할 수 없을 테고, 그렇게 되면 장군이 퇴역하는 수밖에 없게 될지도 모르겠군.

이런 생각으로 링컨은 이미 이야기한 대로 결국 편지를 보내지 않았다. 쓰라린 경험을 통해 신랄한 질책이나 비난이 대부분 아무 소용이 없음을 깨닫고 있었다.

시어도어 루스벨트의 말에 따르면 대통령 재임 시절 어려운 문제에 부닥치면 의자를 뒤로 기대고 벽에 걸린 링컨 대통령의 커다란 초상화를 보면서 이렇게 묻곤 했다고 한다. "이 상황에서 링컨이라면 어떻게 했을까? 그는 이 문제를 어떻게 해결했을까?" 앞으로 누군가를 심하게 질책하고 싶은 마음이 생길 때는, 지갑을 열고 링컨의 초상화가 그려져 있는 5달러짜리 지폐 한 장을 꺼내서 그의 얼굴을 보면서 이렇게 물어보자. "이 상황에서 링컨이라면 어떻게 했을까?"

주변에 있는 누군가를 변화시키고 개선하고 싶은가? 그럼 그렇게 하라. 좋은 생각이다. 나도 적극 찬성이다. 그런데 그것에 앞서 자기 자신을 먼저 개선하는 게 어떤가? 순전히 이기적인 관점에서 보더라도 남을 개선하는 것보다 자신을 개선하는 것이 훨씬 더 수지가 맞는 일이다. 또한 훨씬 덜 위험한 일이기도 하다.

브라우닝은 "사람은 자기 자신과의 싸움을 시작할 때 비로소 가치 있는 사람이 된다."라고 말했다. 자신을 완성하는 데는 오랜 시간이 걸린다. 어쩌면 크리스마스가 되어야 끝날지도 모른다. 만일 그렇게 된다면 여러분은 연말 연휴를 푹 쉬고 나서 새해에 다른 사람들을 훈계하고 비판할 수 있을지도 모른다. 하지만 모든 것은 자신을 완성한 다음의 일이다.

공자님 말씀에 "내 집 앞이 더러운 주제에 옆집 지붕에 눈 쌓인 것을 탓하지 말라."라고 했다.

한때 젊었던 시절, 나는 사람들에게 강한 인상을 남기기 위해 상당히 노력하는 편이었는데, 그러다가 한번은 리처드 하딩 데이비스에게 편지를 쓰면서 주제넘은 짓을 했던 적이 있다. 당시 데이비스는 미국 문학계의 중견 작가였기에 문학잡지의 작가 소개란에 실을 글을 준비하던 나는 그에게 자기소개를 요청하는 편지를 보냈다.

그런데 그 몇 주 전에 나는 내게 온 편지 끝부분에 '요청을 받았으나 미처 읽어보지 못함.'이라는 어구가 들어 있는 것을 본 적이 있었다. 그 구절은 정말 인상적이었다. 보낸 사람이 바쁘고 중요한 거물급 인사라는 느낌이 들게 했다. 나는 바쁜 것과는 거리가 멀었지만, 데이비스에게 멋진 인상을 남기고 싶은 생각에 내 짧은 편지 끝에 그 구절을 넣어 보냈다. '요청을 받았으나 읽어보지 못함.'

데이비스는 답장을 쓰는 것도 번거로웠던 모양이다. 그는 그냥 내 편지 끝부분에 다음과 같이 몇 자 휘갈겨 쓰고서 되돌려보냈다. '참으로 무례하기 짝이 없는 사람일세.' 맞는 말이었다. 나는 주제넘은 짓을 했고, 이런 꾸지람을 들을 만했다. 하지만 나도 인간인지라 분한 마음이 앞섰다. 어찌나 분한 마음이 깊었는지 그로부터 10년 정도 지나 데이비스가 작고했다는 소식을 전해 들었을 때, 가장 먼저 떠오른 생각은 부끄럽게도 그에게서 받은 마음의 상처였다.

크건 작건 간에 누군가의 아픈 곳을 찌르는 비판을 하면 거기서 생긴 분노는 수십 년이 지나도 누그러지지 않고 죽을 때까지 이어진다. 그 비판이 정당하냐 아니냐 하는 것은 문제가 되지 않는다.

사람들을 대할 때 상대방을 논리의 동물이라고 생각하면 큰 오산이다. 상대방은 감정의 동물이며 편견으로 가득 차 있고, 자존심과 허영심에 의해 움직인다는 사실을 명심해야 한다.

비판은 위험한 불씨다. 비판은 자존심이란 화약고에 폭발을 일으키기 쉬운 그런 불씨다. 이런 폭발은 때로는 수명을 단축하기도 한다.

예를 들면, 레너드 우드 장군은 때 이른 죽음을 맞이했는데, 그 이유는 그에게 쏟아진 비난과 프랑스 출정에 참여하는 것을 거부당했다는 사실이 그의 자존심에 상처를 입혔기 때문이라고 추정하고 있다.

그리고 영국 문학을 풍부하게 만든 최고의 소설가 중 한 사람인 토머스 하디는 뜻하지 않은 혹평을 받고는 다시는 소설을 쓰지 않았다. 영국의 시인 토머스 채터튼을 자살로 몰고 간 것도 그에 대한 비난이었다.

청년 시절 사교술이 없기로 유명했던 벤저민 프랭클린은 훗날 뛰어난 외교적 기교를 배워 사람들을 다루는 데 능수능란했기에 프랑스 주재 미국 대사로 임명되었다. 그의 성공 비결은 무엇이었을까? 프랭클린은 이렇게 말했다.

다른 사람의 험담은 절대 하지 않습니다. 다만 누구든지 장점을 찾아내 칭찬하지요.
I will speak ill of no man, and speak all the good I know of everybody.

벤저민 프랭클린(Benjamin Franklin)
"미국 건국의 아버지"로 불리는 인물 중 한 명이다. 특별한 공직에 오르지는 않았지만, 프랑스군과의 동맹에서 중요한 역할을 하였고, 미국의 독립에도 기여하였다.

사람을 비판하거나 비난하거나, 불평이나 잔소리를 늘어놓는 건 어떤 바보라도 할 수 있다. 그리고 실제로 바보들은 대부분 그렇게 하고 있다. 하지만 이해하고 용서하는 것은 뛰어난 품성과 자제력을 갖춘 사람만이 할 수 있다.

칼라일은 이렇게 말했다.

> 위대한 사람의 위대함은 평범한 사람들을 대하는 태도에서 드러난다.
> A great man shows his greatness by the way he treats little men.

토머스 칼라일(Thomas Carlyle)
영국의 평론가, 역사가이다. 혁명을 지배계급의 악정(惡政)에 대한 천벌로 여겨 지지하였으며, 영웅적 지도자의 필요성을 제창하였다.

사람들을 비난하기 이전에 그들을 이해하려고 노력하자. 그들이 왜 그런 행동을 하는지 곰곰이 생각해보자. 이러는 편이 비판보다 훨씬 더 유익하며, 흥미롭기도 하기 때문이다. 또한 이렇게 할 때 우리는 사람들에 대해 공감할 수 있고, 관용을 보이고 또 친절을 베풀 수 있다. "모든 것을 알게 되면 모든 것을 용서하게 된다."

영국의 위대한 문호 사무엘 존슨 박사는 다음과 같이 말했다.

> 하느님도 죽기 전까지는 사람을 심판하시지 않는다.
> God Himself, sir, does not propose to judge man until the end of his days.

새뮤얼 존슨(Samuel Johnson)
영국의 문학가, 평론가이다. 《워싱턴 포스트》에서 1,000년 동안 최고의 업적을 남긴 저자로 선정할 만큼 영문학에 뛰어난 사람으로 알려져 있다.

하느님도 이럴진대, 우리야 말해 무엇하겠는가!

- **사람들에 대한 비판, 비난, 불평을 삼가라.**

  Don't criticize, condemn and complain.

인간관계의
핵심 비결

THE BIG SECRET OF
DEALING WITH PEOPLE

누군가에게 어떤 일을 하게 만드는 방법은 이 세상에 단 하나뿐이다. 혹시 그게 무엇인지 생각해본 적이 있는가? 그렇다. 단 한 가지 방법뿐이다. 그것은 바로 그 사람이 그 일을 하고 싶어 하도록 만드는 것이다. 이 밖에 다른 방법은 없음을 명심해야 한다.

물론 누구든 옆구리에 총을 들이대서 시계를 풀도록 만들 수 있다. 해고라는 무기를 적절히 쓰면 돌아서서 어쩔지는 모르지만, 적어도 보이는 데서는 직원들이 여러분에게 협력하도록 만들 수도 있다. 위협하거나 회초리를 들어서 자녀들을 여러분이 원하는 대로 행동하게 만들 수 있다. 하지만 이런 강제적인 방법들은 전혀 바람직스럽지 않고, 반발만 불러일으키게 마련이다.

사람을 움직이려면 상대가 원하는 것을 해주는 게 유일한 방법이다.

여러분이 원하는 것은 무엇인가?

20세기가 낳은 세계 최고의 심리학자 지그문트 프로이트 박사는 인간 행동의 동기에 대해 이렇게 주장했다.

사람들의 모든 행동에는 두 가지 동기가 있다. 그것은 성적 충동과 위대한 사람이 되려는 욕망이다.
You and I do springs from two motives: the sex urge and the desire to be great.

지그문트 프로이트(Sigmund Freud)
오스트리아의 심리학자, 정신과 의사로, 정신분석학을 창시했다.

미국 역사상 가장 심오한 철학자 중 한 사람인 존 듀이는 이것을 약간 다르게 표현했다. 듀이 박사는 인간 본성에 존재하는 가장 깊은 충동은 '인정받는 인물이 되고자 하는 욕망(The desire to be important)'이라고 말했다. 이 구절을 기억해두기를 바란다. '인정받는 인물이 되고자 하는 욕망'. 이것은 의미심장한 말이다. 그리고 이 책에서 여러분이 여러 번 접하게 될 말이기도 하다.

사람들이 원하는 것은 무엇인가? 많은 것에 대해서는 힘들지 모르겠지만, 사람들은 자신이 정말로 원하는 몇 가지에 대해서는 아무도 막을 수 없을 만큼 강하게 갈망한다. 사람 대부분이 원하는 욕구에는 다음과 같은 것들이 있다.

1. 건강과 장수

2. 음식

3. 수면

4. 돈과 돈으로 살 수 있는 것들

5. 내세의 삶

6. 성적 충족

7. 자녀들의 행복

8. 인정받고 있다는 느낌

이상의 욕구 중 대부분은 일반적으로 충족된다. 하지만 예외가 하나 있다. 즉, 음식이나 수면에 대한 욕구만큼이나 기본적이고 필수적이면서도 좀처럼 충족되지 않는 욕구가 하나 있다는 말이다. 프로이트의 표현을 빌리면 '위대한 사람이 되고자 하는 욕구', 듀이의 표현으로는 '인정받는 인물이 되고자 하는 욕구'가 그것이다.

링컨이 보낸 편지 중의 하나는 이렇게 시작한다. '칭찬을 싫어하는 사람은 없다.' 윌리엄 제임스는 "인간 본성에서 가장 기본적인 원리는 인정받고자 하는 갈망이다."라고 말했다. 주목해야 할 것은 그가 인정받고자 하는 '소망'이나 '욕구', '바람'이라고 하지 않고, '갈망(Craving)'이라고 했다는 점이다.

이것이야말로 결코 참을 수 없는, 그리고 절대 사라지지 않는 인간적인 갈구다. 이러한 심적 갈구를 제대로 충족시켜주는 소수의 사람은 사람들을 자신이 원하는 대로 움직일 수 있으며, 심지어는 장의사조차 그의 죽음을 아쉬워할 것이다.

자신의 가치를 인정받고자 하는 욕망은 인간과 동물을 구분해주는 중요한 차이점 중의 하나다. 예를 들기 위해 내 이야기를 하나 하겠다. 나는 어려서 미주리주 외곽에 있던 농장에서 아버지 일을 도우며 자랐다. 아버지는 당시 괜찮은 두록저지종 돼지들과 혈통이 좋은 흰머리 소를 사육하고 있었다. 우리는 중서부 각지의 축제와 가축 품평회에 우리가 기르는 돼지와 흰머리 소를 출품했고, 1등 상도 수십 차례나 받았다. 아버지는 1등에게 주어지는 파란 리본을 하얀 모슬린 천에 부착해두었다가 친구나 손님들이 찾아올 때마다 꺼내서 자랑하곤 했다. 아버지가 파란 리본을 내보일 때면 기다란 모슬린 천의 한쪽 끝은 아버지가 잡고 다른 쪽 끝은 내가 잡았다.

돼지들은 1등 상을 받건 말건 상관하지 않았다. 하지만 아버지는 그렇지 않았다. 아버지는 1등 상을 통해 자신이 인정받는 사람이라는 느낌을 받았다.

우리 선조들이 인정받는 존재가 되고자 하는 뜨거운 욕구가 없었다면 문명이란 불가능했을 것이다. 그런 욕구가 없었다면 우리도 하등동물과 다를 바 없었을 것이다.

가난에 찌들고 교육받지도 못한 채소가게 종업원이 우연히 손에 들어온 법률책으로 공부에 매달린 것도 인정받는 존재가 되고자 하는 욕망 때문이었다. 이 채소가게 종업원의 이름은 여러분도 아마 들어보았을 것이다. 그의 이름은 링컨이었다.

찰스 디킨스가 불멸의 소설을 쓰도록 영감을 불어넣은 것도, 19세기 영국의 건축가 크리스토퍼 렌 경이 위대한 석조 건축물을 설계하도록 만든 것도, 록펠러에게 평생 쓸 수도 없을 만큼의 부를 축적하게 한 것도

크리스토퍼 렌이 설계한 세인트 폴 대성당

'인정받는 존재'가 되고자 하는 바로 이 욕망이었다.

여러분이 사는 동네 최고의 부자가 필요 이상으로 커다란 저택을 짓는 것도 다름 아닌 이 욕망 때문이다. 사람들이 명품을 걸치고, 외제 차를 타고, 침을 튀겨가며 자식 자랑을 하는 것도 바로 이런 욕망에 기인한다.

많은 젊은이가 갱단에 가입하여 범죄 활동을 하도록 유혹하는 것도 바로 이 욕망이다. 뉴욕시 경찰국장을 지낸 E. P. 멀루니의 말에 따르면 범죄를 저지르는 젊은이들은 일반적으로 자아(Ego)가 과잉인 경우가 많아서 체포되고 나서 가장 먼저 요청하는 게 자신의 범죄행각이 대문짝만하게 실린 신문을 달라는 것이라고 한다. 그들은 자기 사진이 유명한 운동선수나 배우, 연예인, 정치인들과 나란히 실린 것을 보는 기쁨을 누릴 수만 있다면, 전기의자에 앉을지도 모른다는 두려운 미래 따위는 전혀 안중에 두지도 않는다.

당신이 어떤 경우에 자신의 존재 가치를 느끼는지 말해준다면 나는 당신이 어떤 사람인지 대답해줄 수 있다. 그것이 당신이란 사람을 결정하는 것이며 그것이 당신을 이해하는데 가장 의미심장한 것이다.

예를 들면, 존 D. 록펠러는 중국 베이징에 최신식 병원을 건립하여 그가 만난 적도 없고 앞으로 만나지도 않을 수백만 명의 가난한 사람들이 치료받을 수 있도록 돈을 기부하는 데서 자신의 존재 가치를 느꼈다.

이와는 정반대로 딜린저는 강도질하고 은행을 털고 살인을 하는 데서 자신의 존재 가치를 느꼈다. FBI 수사관들이 그를 추적하자 그는 미네소타주의 한 농가로 뛰어 들어가 이렇게 외쳤다. "나는 딜린저다!" 그는 자신이 공개수배자 명단 맨 위에 있다는 사실이 자랑스러웠다. "해칠 생각은 없다. 하지만 나는 딜린저다!" 그는 이렇게 외쳤다.

그렇다. 딜린저와 록펠러 사이의 가장 중요한 차이는 그들이 자신의 존재 가치를 어디에서 느꼈느냐 하는 점이다.

이름을 떨친 사람들조차 인정받는 존재가 되기 위해 애를 썼다는 흥미로운 사례들을 역사 곳곳에서 찾아볼 수 있다. 미국 초대 대통령인

딜린저의 수배지(왼쪽)와 딜린저가 총에 맞아 사망한 극장(오른쪽)

조지 워싱턴조차 '미합중국 대통령 각하'라고 불리길 원했으며, 콜럼버스는 '해군 제독 겸 인도 총독'이라는 호칭을 부여해달라고 청원했다. 러시아의 예카테리나 여제는 '여왕 폐하'라는 칭호를 사용하지 않은 편지는 거들떠보지도 않았다. 영부인 시절의 링컨 여사는 그랜트 장군의 부인에게 발끈 화를 내며 이렇게 소리쳤다. "감히 내 앞에서 허락도 없이 자리에 앉다니!"

1928년 버드 제독이 남극 탐험을 나설 때 미국의 백만장자들은 산맥을 이루는 빙산들에 자신들의 이름을 붙여준다는 조건으로 자금을 지원했다. 빅토르 위고는 파리시의 이름을 자신의 이름으로 바꾸려는 야심을 품기까지 했다. 위대한 작가 셰익스피어조차 자기 가문이 사용할 수 있는 문장(紋章)을 확보함으로써 자신의 이름에 영광을 더하려 했다.

셰익스피어와 셰익스피어 가문의 문장

사람들은 종종 동정심과 주목의 대상이 되고, 자신의 존재 가치를 드러내기 위해 환자를 자처하기도 했다. 매킨리 여사의 예를 보자. 매킨리 여사는 자신이 인정받는다고 느끼기 위해 미국 대통령인 남편이 중요한 국무회의에 참석하는 것도 막고, 침대 곁에 앉아서 자기가 잠들 때까지 몇 시간이고 간호하게 했다. 그녀는 또한 치과 의사에게 치료를 받는 동안에도 남편을 꼼짝 못 하게 붙잡아둠으로써 주목받고자 하는 참을 수 없는 욕구를 충족시켰다. 어느 날인가 남편이 국무장관 존 헤이와 만날 약속을 지키기 위해 자신을 병원에 남기고 가자 한바탕 소동을 벌이기도 했다.

간호사 경력을 가진 소설가인 매리 로버츠 라인하트는 언젠가 내게 똑똑하고 활기 넘치는 젊은 여성이 인정받는다고 느끼기 위해 환자가 된 경우를 이야기해주었다.

어느 날, 이 여성은 갑자기 어떤 문제에 봉착했습니다. 아마 나이 문제였겠지요. 그녀는 앞으로 결혼할 가능성이 별로 없다는 것을 알게 되었습니다. 앞으로 남아 있는 건 외로운 날들뿐이고 기대할 만한 것은 거의 없었습니다. 그녀는 결국 몸져눕고 말았습니다. 그 후 10년 동안이나 그녀의 늙은 어머니가 3층까지 오르내리면서 음식 수발을 하며 그녀를 돌봐주었습니다. 그러던 어느 날 그녀의 어머니가 병간호에 지쳐 쓰러지더니 그만 돌아가시고 말았습니다. 그 후 그 환자는 야위어갔습니다. 그렇게 몇 주 정도 지난 어느 날 그녀는 갑자기 벌떡 일어나서 옷을 갈아입고는 다시 평범한 생활을 시작했습니다.

전문가들 의견에 따르면, 사람들은 각박한 현실에서 자신의 존재 가치가 부인되면 환상의 세계에서라도 인정받는 존재가 되기 위해 실제로 미칠 수도 있다고 한다. 미국에서는 다른 모든 질병으로 아픈 환자를 합친 것보다 정신 질환으로 고통받는 환자의 수가 훨씬 많다. 만일 여러분이 열다섯 살을 넘겼고 뉴욕에 살고 있다면 앞으로 여러분이 정신병원에 7년 동안 들어가 있을 가능성은 5%에 이른다.

정신이상의 이유는 무엇일까?

이렇게 포괄적인 질문에 대답할 수 있는 사람은 아무도 없지만, 우리는 특정한 질병, 예를 들면 매독과 같은 질병은 뇌세포를 파괴하여 정신이상을 일으킨다는 것을 알고 있다. 실제로 모든 정신 질환의 절반가량은 뇌 조직 장애, 알코올, 약물, 외상과 같은 신체적인 원인에 의해 발생한다고 할 수 있다. 그러나 나머지 절반, 사실 이 점이 무서운 일인데, 나머지 절반의 경우 뇌세포에는 분명히 아무런 조직적 결함이 없는데도 정신이상에 걸린다. 사후 부검을 통해 최고 성능의 현미경으로 살펴보아도 그들의 뇌 신경은 정상인의 뇌 신경과 조금도 다름없이 너무나 건강하다는 것을 알 수 있다. 그렇다면 이 사람들이 정신이상이 되는 이유는 도대체 무엇일까?

나는 정신 질환 방면으로 가장 뛰어나다는 병원의 원장에게 이에 관해 물어보았다. 이 방면에서 최고의 권위를 지니고 있고 또 이 분야의 대가에게 주는 최고의 상을 받은 의사였지만, 그의 솔직한 대답은 자신도 사람들이 왜 정신이상이 되는지 알 수 없다는 것이었다. 아무도 확실히 알지 못한다. 하지만 그의 말에 따르면 정신이상이 되는 많은 사람이 현실 생활에서 얻지 못한 자신의 존재 가치에 대한 느낌을 정신이상 상태에서는 느낀다고 한다. 그러면서 그 의사는 다음과 같은 이야기를 들려주었다.

"제가 지금 돌보고 있는 환자 중 결혼생활에 실패한 사람이 있습니다. 그녀는 사랑과 성적 만족, 자녀, 그리고 사회적 지위를 원했는데, 실제 삶에선 모든 희망이 깨어지고 말았습니다. 남편은 그녀를 사랑하지 않았습니다. 심지어 식탁에서 함께 식사하는 것도 거부하고 그녀에게 2층에 있는 자기 방으로 식사를 두고 오게 하고는 식사하는 동안 시중을 들게 했습니다. 그녀는 자녀도 없었고 사회적 지위도 누릴 수 없었습니다. 그녀는 정신이상에 걸렸습니다. 그리고 상상 속에서 그녀는 이혼하고는 처녀 때의 이름을 되찾았습니다. 지금은 영국 귀족과 재혼을 했다고 믿고 있어서 언제나 자신을 스미스 백작 부인이라고 불러달라고 합니다.

자녀에 관한 이야기를 하자면, 지금 그녀는 매일 자신이 아기를 낳는다고 생각하고 있습니다. 내가 갈 때마다 그녀는 '의사 선생님, 어젯밤에 제가 아기를 낳았어요.'라고 이야기합니다."

실제 인생에서는 그녀의 꿈을 실은 모든 배가 현실이란 날카로운 암초에 부딪혀 좌초하고 말았지만, 정신이상에 걸린 후 따뜻한 상상의 섬에서는 그녀의 모든 범선이 노래하듯 돛대를 스치는 바람에 돛을 펄럭이며 꼬리에 꼬리를 물고 항구로 들어오고 있다.

비극적이라고 해야 할까? 글쎄, 나는 잘 모르겠다. 그녀를 담당한 의사는 이렇게 말했다. "가령 제가 능력이 뛰어나서 그녀의 정신이 돌아오게 할 수 있다 해도 저는 그렇게 하지 않겠습니다. 그녀는 지금 그대로가 훨씬 더 행복하니까요."

집단으로 볼 때 정신이상에 걸린 사람들이 여러분이나 나보다 더 행복하다. 많은 사람이 정신이상에 걸린 상태에 만족해한다. 왜 그럴까? 그들은 자신들의 문제를 해결했기 때문이다. 그들은 여러분에게 1백만 달러짜리 수표를 끊어줄 수도 있고, 이슬람교 시아파 교주인 아가 칸에게 추천장을 써줄 수도 있다. 그들은 자신들이 만든 몽환의 세계에서 절실하게 원하던 인정받는 존재로서의 자신을 발견한 것이다.

인정받고 있다는 느낌에 대한 갈망이 너무 커서 그 느낌을 얻으려고 실제로 정신이상이 되는 사람들이 있을 정도라면, 제정신을 가진 사람들을 솔직하게 칭찬하면 어떤 기적을 이룰 수 있을지 상상이 되는가?

내가 아는 한 역사상 1백만 달러의 연봉을 받은 사람은 월터 크라이슬러와 찰스 슈워브, 단 두 명뿐이다.

앤드루 카네기가 찰스 슈워브에게 연봉 1백만 달러, 하루 3천 달러 이상의 임금을 지급한 이유는 무엇일까? 그 이유가 무엇일까?

카네기는 찰스 슈워브에게 연봉 1백만 달러를 주었다. 슈워브가 천재였기 때문에? 슈워브가 제철의 최고 권위자였기 때문에? 천만의 말씀이다. 그는 내게 자기보다 강철의 제조 공정을 더 잘 아는 사람들이 회사에 많이 있다고 실토한 적이 있다.

슈워브는 그렇게 높은 연봉을 받는 이유는 다름 아닌 자신이 사람을 다루는 능력을 갖추고 있기 때문이라고 말했다. 나는 그에게 그런 능력의 비결이 무엇이냐고 물어보았다. 그는 자신의 비결을 아래와 같이 이야기해주었다. 그의 이 말이야말로 동판에 새겨 모든 학교와 가정, 모든 가게와 사무실에 걸어두어야 한다. 학생들은 라틴어의 동사 변화나 브라질의 연간 평균 강우량을 기억하는 데 시간을 낭비하는 대신 이 말을 기억해야 한다. 이 말대로 실천하기만 하면 여러분과 나의 삶이 통째로 변화할 것이기 때문이다. 그는 이렇게 말했다.

"제가 소유한 최고의 자산은 사람들로부터 열정을 불러일으키는 능력이라고 여기고 있습니다. 그리고 사람들이 최대의 능력을 발휘할 수 있도록 하는 방법은 칭찬과 격려입니다.

윗사람의 질책만큼 사람들의 의욕을 심하게 꺾어놓는 것도 없습니다. 나는 결코 누구도 질책하지 않습니다. 그보다는 사람들에게 일할 동기를 부여하는 것이 낫다고 믿습니다. 그래서 항상 칭찬하려고 노력하며, 결점을 들추어내기를 싫어합니다. 누군가 한 일이 마음에 들면 진심으로 인정해주고 아낌없이 칭찬합니다."

슈워브는 바로 이렇게 했다. 그러면 보통 사람들은 어떻게 하는가? 정확히 그 반대로 한다. 어떤 일이 마음에 들지 않으면 부하들을 몰아붙이지만, 마음에 드는 일에 대해서는 아무런 칭찬도 하지 않는다. 슈워브는 이렇게 단언한다.

앤드루 카네기(왼쪽), 카네기 철강 회사(가운데), 찰스 슈워브(오른쪽)

"세계 각국의 뛰어난 사람들을 많이 만나 보았지만, 인정받을 때보다 비난받을 때 더 열심히 일하고 더 좋은 실적을 내는 사람은 만나본 적이 없습니다. 이 점은 아무리 훌륭하고 지위가 높은 사람도 마찬가지였습니다."

사실 앤드루 카네기의 놀라운 성공 비결도 바로 여기에 있었다. 카네기는 공석에서나 사석에서나 동료들에 대한 칭찬을 아끼지 않았다. 카네기는 심지어 자신의 묘비에다가도 부하들에 대한 칭찬을 새기고 싶어 했다. 그가 직접 작성한 묘비명은 이렇게 되어 있다.

'자기보다 현명한 사람들을 주변에 모이게 하는 법을 터득한 자, 이곳에 잠들다.'

진심으로 칭찬하는 것은 존 D. 록펠러가 사람들을 다루는 데 성공한 비결이기도 했다. 예를 들어보자. 한번은 그의 사업상 동료인 에드워드 T. 베드포드가 남미에서 물건을 잘못 구매하는 바람에 회사에 1백만 달러의 손실을 입혔다. 록펠러가 비난을 해도 할 말이 없는 상황이었다. 하지만 그는 베드포드가 나름대로 최선을 다했다는 사실을 알고 있었고, 이미 사건은 끝나 있었다. 그래서 록펠러는 거꾸로 상대를 칭찬할 방법을 생각해냈다. 그는 베드포드가 투자한 돈 가운데 60%를 회수한 것을 축하해주었다. "굉장하군. 그만큼 회수할 정도로 머리를 쓰는 게 쉬운 일이 아니거든."

플로렌즈 지그펠트는 브로드웨이에서 명멸했던 수많은 제작자 중 가장 유명한 사람에 속했다. 그의 명성은 주로 '평범한 소녀를 스타로 만드는' 뛰어난 능력에서 기인했다. 아무도 두 번 볼 것 같지 않은 볼품없는 소녀가 그의 손길을 거쳐 무대에 서기만 하면 신비롭고 유혹적인 여인의 모습으로 돌변했다. 칭찬과 자신감의 가치를 알고 있던 그는 몇 마디 말과 약간의 배려의 힘만 가지고도 여자들이 스스로 아름답다고 느끼도록 만들었다. 그는 현실적인 사람이기도 했다. 그는 주당 30달러에 불과하던 코러스 걸들의 급여를 175달러로 인상했다. 또한 그는 기사도적인 멋을 아는 사람이라 공연이 시작되는 날이면 주연 배우들에게 축전을 보내고, 모든 코러스 걸들에게도 값비싼 장미를 선사했다.

언젠가 단식이 유행이던 시절 나도 유행에 휩쓸려 꼬박 6일 동안 물 한 모금 마시지 않았던 적이 있다. 그리 어렵지는 않았다. 6일이 지날 무렵 느껴지는 배고픔은 단식을 시작한 다음 날보다도 약했다. 여러분이나 나는 사람들이 자기 가족이나 직원에게 6일 동안 음식을 주지 못하면 심한 죄책감에 시달리라는 것을 알고 있다. 그런데 사람들은 음식만큼이나 사람들에게 필요한 진심 어린 칭찬은 6일이나 6주, 심지어는 60년 이상이나 해주지 않고도 아무런 죄책감을 느끼지 않는다.

한 시절을 풍미했던 배우 알프레드 런트는 〈빈에서의 재회〉라는 유명한 연극에서 주연을 맡았을 때 이런 말을 남겼다. "나에게 가장 필요한 것은 나 자신을 높이 평가할 수 있도록 격려해주는 말이다."

우리는 아이들과 친구들, 직원들의 육체에 영양분을 제공하지만 그들의 자부심은 얼마나 채워주고 있는가? 그들에게 쇠고기와 감자를 주어 에너지를 비축하게 만들지만, 앞으로 수년 동안이나 샛별들이 불러주는 노래처럼 그들의 기억 속에 남아 있을 따뜻한 칭찬의 말은 너무 부족하게 하고 있다.

여기까지 읽은 독자 중에는 지금쯤 이렇게 말하는 사람도 있을 것이다. "이렇게 낡아빠진 이야기를 한다니. 결국 아첨밖에 더 되겠어? 이미 다 해봤는데, 하나도 소용없어. 적어도 똑똑한 사람들에게는 말이야."

물론 아첨은 웬만큼 분별력이 있는 사람들에게는 통하지 않는다. 아첨은 얄팍하고 이기적이며 진심이 담겨 있지 않다. 그것은 실패해야 하고 실제로 대개 실패한다. 하지만 너무나 칭찬에 굶주리고 목마른 나머지 진짜인지 가짜인지 구별도 하지 않고 무조건 좋아하는 사람도 있는 것도 사실이다. 굶어 죽어가는 사람이 풀이건 지렁이건 가리지 않고 삼키는 것과 똑같이 말이다.

예를 들어보자. 수많은 결혼 전력이 있는 엠디바니 형제기 결혼 시장에서 그렇게 인기가 있었던 이유가 무엇이었을까? 이른바 '왕자'라고 불리던 이들은 어떻게 해서 두 명의 미인과 유명 여배우들, 세계적인 성악 가수, 그리고 저가 물건을 파는 것으로 유명한 '파이브 앤 텐 센트' 체인점의 백만장자 바버라 허튼 같은 여자들과 결혼할 수 있었을까? 어떤 이유가 있었을까? 그들은 어떻게 했던 것일까?

〈리버티〉 지에 기고한 글에서 유명한 여성 기자 아델라 로저스 세인트 존은 이렇게 말하고 있다.

여자들이 엠디바니 형제에게 매력을 느끼는 이유가 무엇인지는 오랫동안 많은 사람에게 수수께끼였다. 뛰어난 예술가이면서 사교계에 정통하고 남자들을 잘 이해하는 여성인 폴라 네그리가 언젠가 이렇게 설명해주었다. "그들은 내가 아는 어떤 남자보다도 아부하는 기술을 잘 이해하고 있더군요. 아부하는 기술은 요즘처럼 현실적이면서도 유머가 넘치는 세상에서는 거의 사라진 기술이지요. 내가 보기에는 그게 여자들이 엠디바니에게서 느끼는 매력임이 확실해요."

심지어 빅토리아 여왕도 아첨에 상당히 약했다. 당시 총리인 벤저민 디즈레일리는 여왕을 알현할 때 아첨을 상당히 많이 사용했다고 고백했다. 그의 말을 그대로 옮기자면, 그는 '흙손으로 벽을 바르듯' 아첨으로 자신의 말을 감쌌다. 하지만 디즈레일리는 대영제국을 다스렸던 총리들 가운데 가장 세련되고 능숙하며 빈틈이 없는 사람이었다. 그는 자기 방식을 활용하는 데는 천재였다. 그에게 유용했던 방법이 우리에게도 유용하다는 법은 없다. 길게 보면 아첨을 하면 득보다 실이 많다. 아첨은 가짜이기 때문에 마치 위조지폐를 사용했을 때와 마찬가지로 다른 사람에게 건넸을 경우 언젠가는 문제가 생기고 만다.

그러면 칭찬과 아첨의 차이는 어디에 있을까? 그것은 간단하다. 칭찬에는 진심이 담겨 있지만, 아첨에는 진심이 담겨 있지 않다. 칭찬은 가슴으로부터 우러나오지만, 아첨은 입술로부터 나올 뿐이다. 칭찬은 이기적이지 않지만, 아첨은 이기적이다. 칭찬은 모든 사람이 환영하지만, 아첨은 모든 사람이 비난한다.

나는 최근 멕시코시티에 있는 차풀테펙 궁에서 오브레곤 장군의 흉상을 보았다. 흉상 밑에는 오브레곤 장군의 철학이 담겨 있는 경구가 새겨져 있었다.

너를 공격하는 적을 두려워하지 말라. 네게 아첨하는 친구를 두려워하라.
Don't be afraid of the enemies who attack you. Be afraid of the friends who flatter you.

알바로 오브레곤 살리도(Álvaro Obregón Salido)
멕시코의 군인·정치인이다. 멕시코 혁명에 참여했고 1920년 12월 멕시코의 대통령으로 선출되었다.

그러니 절대 안심하라. 나는 아첨을 권장하는 것이 아니다. 오히려 정반대다. 나는 새로운 삶의 방식에 대해 말하고 있다. 다시 한번 말하거니와, 나는 새로운 삶의 방식에 대해 말하고 있다.

조지 5세는 버킹엄 궁전에 있는 자신의 서재 벽에 6개의 격언을 걸어놓았다. 그중 하나는 이것이다. '값싼 칭찬을 하지도 말고 받지도 말게 하소서.' 아첨이란 값싼 칭찬, 바로 이것일 뿐이다. 예전에 아첨에 대해 기억할 만한 정의를 본 적이 있는데, 그것을 여기에 적어보겠다. '아첨이란 상대방의 자기 평가와 일치하는 말을 해주는 것이다.'

또한 미국의 사상가인 랠프 왈도 에머슨은 이렇게 말했다.

당신이 무슨 말을 하든지 간에 그 말에는 당신의 모습이 그대로 담겨 있다.
Use what language you will, you can never say anything but what you are.

랠프 왈도 에머슨(Ralph Waldo Emerson)
미국의 학자, 시인이다. 다양성과 자유를 중시하여 개인주의적 사상을 주장하였고, 자연·신·인간이 합일하는 범신론적인 초월주의 철학을 주도하기도 하였다.

아첨을 하는 것으로 모든 것이 해결된다면 누구나 아첨꾼이 될 것이고, 우리가 모두 대인 관계의 달인이 될 것이다.

어떤 특정한 일에 대해 생각하는 상황이 아닌 경우, 사람들은 대개 시간의 95%를 자기 자신에 관한 생각을 하며 보낸다고 한다. 이제 자신에 관한 생각을 잠시 멈추고 상대방의 장점에 대해 생각해보자. 이렇게

한다면 입에서 나오는 순간 거짓이라는 게 너무도 뻔하게 드러나는 값
싼 아첨은 더는 하지 않아도 될 것이다. 에머슨은 다음과 같이 말했다.

모든 사람은 나보다 나은 점을 갖고 있다. 그런 의미에서
나는 모든 사람에게서 배울 수 있다.
Every man I meet is my superior in some way. In that,
I learn of him.

에머슨처럼 대단한 사상가가 이렇다면 여러분이나 나 같은 경우야
무슨 말이 필요하겠는가? 우리 자신의 장점이나 단점에 대해 생각하는
것을 멈추고, 다른 사람들의 장점을 찾아내려고 노력하자. 아첨은 잊어
버려라. 솔직하고 진지하게 칭찬하자. "진심으로 인정하고 아낌없이
칭찬하자." 그러면 사람들은 그 말을 가슴속 깊이 소중히 간직하고
아끼며 평생을 두고 되풀이할 것이다. 당신이 그 말을 잊어버린 뒤에도
오랫동안 두고두고 그 말을 되풀이할 것이다.

📋 사람을 다루는 기본 테크닉 2

- **솔직하고 진지하게 칭찬하라.**
  Give honest, sincere appreciation.

상대방의 관점에서
사물을 보지 못하면
외로운 길을 가리라

HE WHO CAN DO THIS HAS THE WHOLE WORLD WITH HIM.
HE WHO CANNOT WALKS A LONELY WAY.

매년 여름 나는 메인주로 낚시 여행을 간다. 개인적인 이야기를 하자면 나는 딸기를 넣은 빙수를 매우 좋아한다. 그런데 어느 날 물고기들은 참 이상하게도 나와는 달리 지렁이를 좋아한다는 것을 알게 되었다. 그 이후 나는 낚시를 하러 갈 때 내가 원하는 것에 대해 생각하지 않는다. 물고기가 원하는 것에 대해 생각한다. 낚싯바늘에 딸기빙수를 매달지 않는다. 물고기 앞에 지렁이나 메뚜기를 매달아 놓고 이렇게 말한다. "한번 먹어 보지 그래?"

사람을 낚으면서도 바로 이런 상식을 활용하지 못할 게 무엇인가?

제1차 세계 대전 당시 영국 총리이던 로이드 조지가 바로 이 방법을 활용한 사람이다. 누군가 그에게 "당신은 미국의 윌슨, 이탈리아의 올랜도,

프랑스의 클레망소 등 제1차 세계 대전 당시의 쟁쟁한 지도자들이 다 실각하거나 잊힌 뒤에도 어떻게 권력을 잃지 않을 수 있었느냐?"라고 물었다. 그러자 그는 자신이 최고 권력을 유지한 비결을 하나만 대면, 그건 자신이 물고기에 맞춰 미끼를 바꾸는 게 필요하다는 점을 알고 있었기 때문일 거라고 대답했다.

왜 우리는 자신이 원하는 것에 대해 이야기하고 있는가? 자신이 좋아하는 것만 이야기하는 것은 철부지 같은 짓이다. 물론 여러분은 여러분이 원하는 것에 관심을 기울인다. 영원히 그럴 것이다. 하지만 다른 사람은 아무도 여러분이 원하는 것에 관심을 기울이지 않는다. 모든 사람이 다 똑같이 그렇다. 그들은 자신이 원하는 것에만 관심을 기울인다.

파리 강화 회의 당시 4대 연합국의 지도자들. 왼쪽부터 영국의 로이드 조지, 이탈리아의 비토리오 올랜도, 프랑스의 조르주 클레망소, 미국의 우드로 윌슨.

그러므로 다른 사람을 움직일 수 있는 유일한 방법은 그가 원하는 것에 대해 이야기를 나누고, 그것을 어떻게 얻을 수 있는지 보여주는 것이다. 지금이라도 누군가를 움직여 어떤 일을 하게 만들고 싶다면 이 점을 명심해야 한다.

가령 여러분의 자녀가 담배를 피우지 않도록 만들고 싶다면, 자녀에게 설교를 늘어놓거나 여러분이 원하는 것에 대해 이야기해봐도 소용이 없다. 그보다는 자녀에게 담배를 피우면 그들이 원하는 야구팀에 들어갈 수 없다든지, 미식축구를 할 때 달리기 훈련에서 꼴찌를 할 수도 있다는 것을 말해주는 편이 낫다.

이 방법은 자녀를 대할 때뿐만 아니라 송아지나 침팬지와 같은 동물을 다룰 때도 똑같이 유용하다. 예를 들면, 랠프 왈도 에머슨은 어느 날 아들과 함께 송아지를 외양간에 들이려고 하고 있었다. 그런데 에머슨은 다른 사람들처럼 자신이 원하는 것만 생각하는 실수를 저지르고 있었다. 즉, 에머슨은 뒤에서 송아지를 힘껏 밀었고, 아들은 앞에서 힘껏 잡아당겼다. 문제는 송아지 역시 그들과 똑같았다는 점이다. 송아지도 자기가 원하는 것만 생각하였다. 송아지는 완강히 버티고 서서 도무지 풀밭을 떠나려 하지 않았다. 아일랜드 출신의 한 하녀가 오지도 가지도 못하는 이 상황을 보았다. 그녀는 글을 쓰거나 책을 낼 만큼 많이 배운 사람은 아니었다. 하지만 적어도 지금의 상황에서는 그녀가 에머슨보다 더 지혜롭게 행동했다. 그녀는 송아지가 무엇을 원하는지 생각해보았다. 그러고는 자신의 부드러운 손가락을 송아지 입에 물려 빨게 했다. 그녀의 손에 이끌려 송아지는 쉽게 외양간으로 들어갔다.

이 세상에 태어난 뒤 여러분이 하는 모든 행위는 여러분이 무언가를 원했기 때문이다. 적십자사에 100달러를 기부하는 것도 그런지 묻고 싶은가? 물론이다. 여기에 예외란 없다. 여러분이 100달러를 기부하는 건 누군가를 도와주고 싶거나, 아무런 사심 없이 아름다운 선행을 하고 싶기 때문이다. 성경에 이런 가르침이 있음을 여러분도 알고 있을 것이다. '너희가 여기 내 형제 중 지극히 작은 자 하나에게 한 것이 곧 나에게 한 것이니라.'(마태복음 25 : 40)

선행하고 싶은 마음보다 100달러가 아깝다는 생각이 더 크다면 여러분은 결코 그 돈을 기부하지 않을 것이다. 물론 거절하기 어려워서 기부할 수도 있고, 고객이 기부를 요청하기 때문에 어쩔 수 없이 기부할 수도 있다. 하지만 그런 때에도 한 가지는 분명하다. 여러분은 무언가 원하는 것이 있으므로 기부를 한다는 것이다.

해리 A. 오버스트릿 교수는 그의 혜안이 들어 있는 『인간 행동에 영향을 미치는 법』이라는 책에서 다음과 같이 말했다.

행위란 인간에게 근본적으로 욕망이 있어서 일어난다. …… 그러므로 회사에서, 가정에서, 학교에서, 정치판에서, 그 어디에서건 남을 설득 하고자 하는 사람들에게 가장 유용한 충고는 '우선 상대방의 가슴속에 강한 욕구를 불러일으켜라.'라는 것이다. 이렇게 할 수 있는 사람은 세상을 얻을 것이고, 그렇지 않은 사람은 외로운 길을 갈 수밖에 없다!

앤드루 카네기는 처음에는 시간당 2센트의 급여를 받고 일하던 스코 틀랜드 출신의 가난한 아이였을 뿐이었지만 결국은 3억 6천 5백만 달 러라는 거금을 기부할 정도로 성공한 사람이 되었다. 이런 그의 성공은,

헤리 A. 오버스트릿 교수(왼쪽)와 서서 『인간 행동에 영향을 미치는 법』(오른쪽)

그가 다른 사람을 움직일 수 있는 유일한 방법은 그 사람이 원하는 것에 대해 이야기하는 것임을 일찍 깨달았기 때문에 가능했다. 그가 학교에 다닌 기간은 4년에 불과하지만, 그는 사람 다루는 법을 깨닫고 있었다.

한 가지 예를 보자. 카네기의 형수는 두 아들 때문에 골치가 아팠다. 둘 다 예일대에 다니고 있었는데 제 앞가림하느라 바쁜지 안부 편지 한 장 써 보내는 일이 없었고, 참다못한 엄마가 편지를 보내도 신경을 쓰는 둥 마는 둥 했다.

카네기는 자신이 답장을 달라고 하지 않아도 답장을, 그것도 곧바로 받을 수 있다고 장담했다. 과연 그렇게 할 수 있느냐를 놓고 100달러 내기가 걸렸다. 그래서 카네기는 조카들에게 이런저런 허물없는 내용의 편지를 보냈다. 물론 추신에는 5달러 지폐 2장을 동봉하니 나눠서 유용하게 쓰라는 말도 빼놓지 않았다. 다만, 실제로 돈을 넣는 것은 '깜빡'했다.

답장이 왔다. 그것도 곧바로 말이다. '보고 싶은 삼촌에게'라고 시작하는 편지에는 연락해주셔서 고맙다는 말이 들어 있었다. 나머지 내용이 무엇인지는 여러분도 짐작할 수 있을 것이다.

지금이라도 여러분은 누군가에게 어떤 일을 하도록 설득해야 할 상황을 맞이할 수도 있다. 그러면 말을 꺼내기 전에 잠시만 멈추고 생각해보라. '어떻게 하면 저 사람이 그 일을 하고 싶게 만들 수 있을까?'

이 질문은 여러분이 무작정 사람을 만나 여러분의 욕망에 대해서만 열심히 이야기하다가 아무런 소득도 없이 끝내고 마는 상황을 피할 수 있도록 해줄 것이다.

나는 매 시즌 강연을 위해 뉴욕에 있는 한 호텔 연회장의 저녁 시간을 20일간 예약한다. 한번은 강연 날짜가 며칠 남지 않았는데 갑자기 이전에 비해 세 배에 가까운 임대료를 내야 한다는 통보를 받았다. 나는 이미 강연 입장권을 제작 배포한 상태였고, 최종 공지가 나간 이후라서 임대료 인상을 반영할 수 없는 상황이었다.

당연히 나는 인상된 가격으로 지불하고 싶은 생각이 없었다. 하지만 내 바람에 관해 이야기하는 게 무슨 소용이 있겠는가? 그들은 오로지 그들이 원하는 것에만 관심이 있을 뿐일 텐데 말이다. 그래서 이틀 정도 지난 뒤 지배인을 찾아가서 이렇게 이야기했다.

편지를 받고 사실 적잖이 놀랐습니다. 하지만 당신 탓을 할 생각은 조금도 없습니다. 제가 지배인님 처지였어도 비슷한 편지를 보냈을지 모른다고 생각합니다. 이 호텔 지배인으로서 당신의 임무는 가능한 많은 이익을 내야 하니까요. 그렇게 하지 않는 지배인이라면 해고되어야 마땅하겠죠. 그럼 이제 호텔 측에서 대여료를 올리겠다는 생각을 바꾸지 않을 경우, 호텔에 어떤 이익과 손해가 생기는지 좀 구분해서 종이 위에 적어볼까요?

그런 뒤 나는 편지지를 한 장 꺼내서 가운데에 줄을 긋고 왼편에는 '이익', 오른편에는 '손해'라고 제목을 적었다. 나는 '이익'이란 제목이 있는 쪽에 또 이렇게 적었다. '연회장 예약 없음'. 그러고는 이렇게 말을 이었다.

연회장에 예약이 없으니까 무도회나 회의를 유치해 대여료를 받을 수 있을 것입니다. 이건 큰 이익이죠. 왜냐하면 그런 모임은 강연에 빌려주는 경우보다 더 많은 대여료를 받을 수 있을 테니까요. 제가 이번 시즌에 20일 정도 저녁 시간을 장기 예약해버리면 당신의 처지에선 상당히 수지가 맞는 기회를 놓칠 게 분명하죠.

이제 어떤 손해가 발생하는지도 볼까요? 우선 나로 인해 발생하는 수입이 많아지는 게 아니라 줄어들 겁니다. 솔직히 말하면 올린 임대료를 낼 생각이 없으므로 수입이 아예 없어지겠지요. 나는 어디 다른 곳을 찾아 강연해야 하고요.

손해가 그것만이 아닙니다. 이 강연을 듣기 위해 교양 있고 세련된 사람들이 이 호텔로 많이 몰려들게 되어 있습니다. 광고 효과가 꽤 나지 않을까요? 사실 신문에 5천 달러짜리 광고를 실어도 제 강연에 오는 사람들만큼 많은 사람을 모으진 못할 겁니다. 그러면 호텔로서도 상당한 가치가 있는 것 아닌가요?

이 말을 하면서 나는 이 두 가지 '손해'를 오른쪽 칸에 적어넣었다. 그러고는 종이를 지배인에게 건네며 이렇게 말했다. "앞으로 발생할 이익과 손해를 모두 잘 살펴보시고 마지막 통보를 해주시기 바랍니다."

바로 다음 날 편지가 왔는데, 거기에는 임대료를 세 배 인상하는 대신에

50%만 인상하겠다는 내용이 들어 있었다.

여기서 주목할 것은 나는 내가 무엇을 원하는지 한마디도 말하지 않고도 원하는 것을 얻어냈다는 점이다. 나는 계속 상대방이 무엇을 원하는지, 그리고 그것을 어떻게 얻을 수 있는지만 이야기했다.

이에 반해 내가 인간적인, 자연스러운 반응을 보였다고 생각해보라. 지배인 사무실로 쳐들어가서는 이렇게 말했다고 생각해보라. "입장권은 이미 팔렸고 최종 공지까지 나간 상황인데 갑자기 임대료를 세 배나 올린다니 대체 이게 어떤 경우입니까? 세 배라고요? 웃기네요. 말도 안 되는 소립니다. 그렇게는 절대 내지 못합니다!"

이랬다면 어떤 일이 벌어졌겠는가? 논쟁이 계속되면서 점차 뜨거워지고 격해지면……. 이런 논쟁이 어떻게 끝나는지 여러분도 다 알 것이다. 혹시라도 지배인이 자신이 틀렸다고 생각하게 되더라도 자존심이 있어서 그는 결코 굽히고 들어오지 않았을 것이다.

인간관계라는 고도의 기술에 관해 금과옥조로 삼을 만한 말이 있어 들려드리겠다. 다음은 헨리 포드가 한 말이다.

성공을 위한 비결이 하나 있다면 그것은 상대방의 관점을 이해하고, 내 관점뿐만 아니라 상대방의 관점에서 사물을 보는 능력이다.

헨리 포드(Henry Ford)
미국의 기술자, 기업인으로, 포드 자동차 회사를 설립하였다.

참으로 소중한 말이라 한 번 더 되풀이하겠다. "성공을 위한 비결이 하나 있다면 그것은 상대방의 관점을 이해하고, 내 관점뿐만 아니라 상대방의 관점에서 사물을 보는 능력이다."

이 말은 단순하고 명쾌하므로 누구든 한눈에 그 안에 담긴 진리를 알아볼 수 있다. 하지만 세상 사람들 열 명 중 아홉 명은 열 번 중 아홉 번 이 진리를 무시하고 만다.

실제 사례로 어떤 게 있을까? 멀리 갈 것도 없다. 내일 아침 회사에 가서 당신 앞으로 온 편지를 살펴보라. 대부분의 편지가 상식적이라 할 만한 이 최고의 원칙을 위반하고 있음을 알게 될 것이다. 실제 사례를 보자. 아래의 편지는 전국적인 영업망을 갖춘 광고대행사의 라디오 광고 국장이 보낸 편지다. 수신자는 전국의 지역 라디오 방송국의 국장들이다. (괄호 안에는 편지의 각 구절에 대한 내 반응을 적어놓았다)

블랭크 국장 귀하

당사는 라디오 광고 분야에서 선도 광고대행사로서의 위치를 공고히 하고자 합니다.

(당신네 회사가 무얼 바라는지 내가 알 게 뭐야. 내 문제도 골치 아파 죽겠구먼. 은행에선 집 살 때 받은 대출 갚으라고 난리지, 화단에 있는 접시꽃에는 벌레가 바글바글하지, 어제도 주식은 떨어지고, 아침엔 버스 놓쳐서 지각하고, 엊저녁엔 날 빼놓고 회식을 하질 않나, 병원에서는 고혈압에, 신경통에 비듬까지 있다고 하고. 그런데 지금 이게 뭐야. 아침 출근길부터 그러잖아도 심란했는데, 뉴욕에 있다는 건방진 놈 하나가 자기네 회사가 뭘 어떻게 하겠다느니 하고 보낸 편지나 보고 앉아 있고. 에잇, 짜증 나! 자기 편지가 어떤

인상을 주고 있는지 안다면, 이 친구 광고회사 때려치우고 나와서 짜증 날 때 씹는 껌이나 만들어 파는 게 훨씬 낫겠다.)

당사는 전국에 수많은 광고주를 고객으로 갖고 있어 최고의 네트워크를 자랑합니다. 그 결과 각 네트워크 방송사의 방송 스케줄에 대해서도 철저하게 조사하고 있으므로, 당사는 매년 최고 광고대행사의 자리를 놓치지 않고 있습니다.

(당신네 회사가 대기업이고, 돈도 많고, 실적도 좋다고? 그래서 뭐? 그 회사가 GM이나 GE, 미 육군 참모본부를 다 합친 것만큼 크다고 해도 눈 하나 깜짝할 줄 알아? 당신이 이 미련한 벌새만큼이라도 눈치가 있다면 말이야, 당신네 회사가 얼마나 큰지가 아니라 내가 얼마나 크냐라는 게 중요하다는 것을 알아야 할 거 아냐. 당신네 회사가 엄청난 성공을 했다는 이야기를 자꾸 들으니까 내가 점점 작고 하찮게 여겨지잖아.)

당사는 광고주들에게 라디오 방송 편성과 관련한 최신 정보를 제공하기를 원하고 있습니다.

(너희들 바람이지, 너희들 바람. 정말 고집불통이군. 나는 너희들이 뭘 원하는지, 아니면 무솔리니가 뭘 원하는지, 아니면 빙 크로스비가 뭘 원하는지는 관심 없다니까. 마지막으로 딱 한 번만 더 이야기해주지. 나는 내가 원하는 것에 관심이 있어. 근데 너희가 보낸 이 웃기는 편지에는 내가 원하는 것에 관한 이야기는 한마디도 없군.)

따라서 당사를 귀사의 특별관리 대상에 포함해 당사가 주간 편성표와 함께, 광고대행사가 광고 시간을 현명하게 예약하는 데 도움이 될 만한 상세한 사항을 하나도 빠짐없이 받을 수 있도록 조치해주시기 바랍니다.

('특별관리 대상!' 정말 뻔뻔스럽기도 하군. 자기네 회사가 얼마나 큰 회사인지 자랑해서 나를 하찮아 보이게 하더니, 이제는 '특별관리' 대상에 넣어달라고 요청을 해? 더구나 요청하는 주제에 '부탁합니다.'라든가 뭐 그런 정중한 말 한마디 없이!)

편지 수신 후 즉각적인 답장과 함께 귀사의 최신 정보를 제공해주시면 양사 간에 유익한 일이 되리라 믿습니다.

(바보 아냐? 나한테는 아무 문방구에서나 구할 수 있는 싸구려 편지지에 대량 발송용 기계를 이용해서 편지를 보내고서, 나보고는 자리에 앉아서 잘 받았다는 답장을 쓰라고? 그것도 '즉각적으로?' 더군다나 은행 대출이며, 화단이며, 고혈압이며, 그러잖아도 심란한 상황인데. '즉각적으로'라니, 도대체 정신이 있는 거야? 나도 그쪽만큼이나 바쁜 사람이라는 거 모르나 보지? 적어도 바쁜 척이라도 하고 싶은 사람이야. 그리고 일에 대해서도 말이야, 도대체 누가 그쪽에게 나를 이래라저래라 할 수 있는 권리를 주시던가? 마지막을 보니 '양사 간에 유익'할 것이라고 했더군. 마침내, 마침내 내 생각도 조금 해주려나 보네. 그래도 내게 생기는 이득이 뭔지 뚜렷하게 이야기를 못하고 있잖아.)

라디오 광고 국장
존 블랭크 올림

추신. 관심 있으실 것 같아서 〈블랭크빌 저널〉을 복사해 동봉합니다. 필요하시면 방송에 활용하시기 바랍니다.

(이제야, 편지 맨 끝에서야 내 골칫거리를 해결하는 데 도움이 될 만한 이야기를 하는군. 이 이야기부터 할 것이지! 말해 봐야 입만 아프지. 당신처럼 쓸데없는 이야기를 끝까지 늘어놓는 광고장이들은 숨골에 문제가 있는 게

분명해. 당신이 필요한 건 우리 회사의 최근 정보가 아니야. 정말 필요한 건 당신의 갑상선 치료에 좋은 요오드 한 통이라니까.)

광고업에 평생을 바치고 사람들을 움직여 구매하게 만드는 기술의 전문가로 자처하는 사람이 이런 편지를 썼다면 정육점이나 제과점, 인테리어 가게에서 일하는 사람들의 경우는 어떠하겠는가?

다른 편지를 한 통 더 보자. 이 편지는 대형 화물 터미널 소장이 카네기 강좌 수강생인 에드워드 버밀렌 씨에게 보낸 편지다. 이 편지가 편지를 받은 사람에게 어떤 영향을 끼쳤겠는가? 일단 편지를 읽은 다음 내 이야기를 들어보기를 바란다.

뉴욕시 브루클린 프론트가 28번지

A. 제레가즈 선즈 주식회사

참조: 에드워드 버밀렌 부장

안녕하십니까?

물량 대부분이 오후 늦게야 폐사에 도착하고 있어 폐사 수출용 화물 터미널의 작업이 지체되고 있습니다. 그 결과 화물 체증, 연장근무, 배차 지연 등이 발생하고 있으며, 심하면 배송 지연으로까지 이어지고 있습니다. 지난 11월 10일 귀사에서 보내주신 510개나 되는 화물이 터미널에 도착한 시간은 오후 4시 20분이었습니다.

화물의 접수 지연으로 인해 발생하는 바람직하지 못한 결과를 방지하는 데 귀사의 협조를 희망하는 바입니다. 그러기 위해 지난번과 같이 대량의 화물을 선적하는 날에는 트럭이 터미널에 조금 일찍 도착하도록 조치해주십시오. 화물 일부를 오전 중에 미리 터미널로 운반하는 것도 방법이라 여겨집니다.

이런 조처를 하실 경우, 귀사 트럭의 대기 시간이 단축되고 귀사 화물이 접수 당일 발송되는 등의 이익이 발생할 것으로 여겨집니다.

그럼 이만 줄이겠습니다.

J. B. 소장 올림

이 편지를 받고 A. 제레가즈 선즈사의 영업부장인 버밀렌 씨는 다음 과 같은 코멘트를 나에게 보내왔다.

"이 편지는 의도와는 정반대의 효과를 가져왔습니다. 이 편지는 터미 널의 어려움을 설명하는 것으로 시작합니다. 하지만 일반적으로 말해 그 점은 우리의 관심사가 아닙니다. 그런 다음 우리의 협조를 요청했는 데, 그럼으로써 우리가 얼마나 불편해질지는 전혀 고려하지도 않고 있 습니다. 결국 마지막 문단에 가서야 우리가 협조하면 우리 트럭의 대기 시간이 줄어들고, 접수된 우리 화물에 대한 당일 발송이 보장된다는 사 실을 이야기합니다. 달리 이야기하자면 우리가 가장 관심을 가지는 내 용이 맨 끝에 나오기 때문에 결과적으로 협조하고 싶은 생각보다는 반 감만을 불러일으킨 셈이죠."

이 편지를 고쳐 써서 개선할 수 있는지 한번 보자. 우리의 문제를 이야기하면서 시간 낭비하지 말고, 헨리 포드의 충고대로 '다른 사람의 관점을 이해하고, 내 관점뿐만 아니라 상대방의 관점에서 사물을 보도 록' 해보자.

아래는 편지를 고쳐 쓴 한 예다. 최선이 아닐지는 모르지만, 분명히 휠씬 나은 편지로 보이지 않는가?

뉴욕시 브루클린 프론트가 28번지

A. 제레가즈 선즈 주식회사

친애하는 버밀렌 씨,

지난 14년 동안 변함없는 귀사의 성원에 깊은 감사를 드립니다. 성원에 보답하고자 언제나 신속하고 효율적인 서비스를 제공하기 위해 노력하고 있습니다. 하지만 지난 11월 10일의 경우처럼 귀사의 대량 화물을 실은 트럭이 오후 늦게 터미널에 도착하는 경우, 만족스러운 서비스를 제공하지 못하는 것에 대해서는 안타까운 마음을 금할 수 없습니다. 이유는 많은 타사 화물들 또한 오후 늦게야 접수되기 때문입니다. 자연히 화물 체증이 발생하고, 그러면 귀사의 트럭이 부두에서 대기하는 시간이 연장되고, 심한 경우 화물 배송이 지연되는 경우도 발생합니다.

이런 일은 무척 유감스러운 경우로서, 미리 예방 조치를 취하는 편이 현명할 것입니다. 한 가지 방법은 가능하면 오전에 귀사의 화물을 부두로 이동시키는 것입니다. 이러면 트럭 대기 시간이 단축되고, 귀사의 화물은 즉각 처리되며, 저희 직원들도 일찍 퇴근해 귀사에서 생산하는 파스타로 요리해서 맛있는 저녁을 즐길 수 있게 될 것입니다.

이 의견을 불평이나 귀사의 운영방침에 대한 간섭으로 여기지 않아주시면 고맙겠습니다. 이 편지는 전적으로 귀사에 더 효율적인 서비스를 제공하려는 의도에서 작성되었습니다.

화물이 언제 도착하더라도 기꺼이 전력을 다해 귀사에 즉각적인 서비스를 제공할 것입니다.

바쁜 시간 내서 읽어주셔서 감사합니다. 답장은 주지 않으셔도 무방합니다.

그럼 이만 줄입니다.

J. B. 소장 올림

오늘도 수천의 세일즈맨들이 박봉에 시달리면서 별다른 의욕도 없이 피곤하게 거리를 누비며 다니고 있다. 왜 그럴까? 그들은 언제나 자신들이 원하는 것만 생각하고 있기 때문이다. 그들은 여러분이나 내가 아무것도 사고 싶지 않다는 것을 깨닫지 못한다. 사고 싶은 게 있으면 쇼핑하러 가서 사 오면 그만이다.

고객인 우리는 우리에게 닥친 문제를 해결하는 데 언제나 관심을 쏟는다. 만일 어떤 세일즈맨이 자신이 제공하는 서비스나 제품이 우리의 문제를 어떤 식으로든 해결해준다는 것을 우리에게 보여줄 수 있다면 그는 굳이 팔려고 애쓰지 않아도 될 것이다. 우리가 그것을 살 것이기 때문이다. 고객은 자신이 판매의 대상이 아니라 구매의 주체라고 느끼고 싶어 한다.

그런데도 많은 사람이 고객의 시각에서 사물을 보는 법을 깨닫지 못하고 평생을 보내고 만다. 예를 들어보자. 나는 포리스트 힐즈라고 하는 뉴욕시 한가운데 있는 아담한 단독주택 단지에 살고 있다. 하루는 지하철로 급히 가다가 길에서 롱아일랜드에서 오랫동안 부동산업에 종사해온 부동산 중개인을 만났다. 그는 포리스트 힐즈를 잘 알고 있었다. 그래서 나는 재빨리 그에게 내가 사는 집의 벽이 안에 철망을 넣고 마감한 것인지 아닌지 물어보았다. 그는 잘 모르겠다고 대답하면서 내가 이미 알고 있는 사실을 다시 들려주었다. 포리스트 힐즈 조경협회에 전화하면 알 수 있다는 것이다.

다음 날 아침 나는 그가 보낸 편지를 받았다. 그는 내가 필요한 정보를 주었을까? 전화하면 1분 안에 알 수 있었을 텐데도 그는 그러지 않았다. 내가 전화하면 단지 정보를 얻을 수 있다는 사실을 다시 한번 말했을 뿐이다. 그러고는 내 보험을 자신에게 맡겨달라고 부탁했다. 그는 내게 도움이 되는 것이 아니라, 자신에게 도움이 되는 것에만 관심이 있었다.

나는 그에게 『나누는 기쁨』과 『함께 나누는 행운』이라는 책을 주었다. 바쉬 영이 쓴 짧으면서도 훌륭한 책들이다. 만일 그가 그 책들을 읽고 그 안에 담긴 철학대로 실천했다면, 내 보험을 가져가는 것보다 수천 배 많은 이익을 챙길 수 있었을 것이다.

전문가라는 사람들도 이와 똑같은 실수를 저지른다. 나는 몇 년 전 필라델피아에서 유명한 이비인후과 의사에게 진료를 받으러 간 적이 있다. 입 안을 살펴보기도 전에 그는 우선 내 직업이 뭐냐고 물었다. 그는 내 편도선 상태가 어떤지는 관심이 없고 내 수입에만 관심이 있었다. 그의 주된 관심은 나를 어떻게 도와줄 것인지에 있지 않았다. 오로지 내게서 얼마나 뜯어낼 수 있는지가 그의 주된 관심사였다. 그 결과 그는 한 푼도 벌지 못했다. 그의 인간성을 경멸하며 나는 그의 병원 문을 박차고 나와버렸다.

세상은 이처럼 욕심에 눈이 멀어 자기 잇속만 챙기려는 사람들로 가득 차 있다. 그러므로 드물게도 사심 없이 다른 사람을 도와주려 애쓰는 사람들은 대단히 유리한 처지에 있다. 경쟁자가 거의 없는 것이다. 오웬 D. 영은 이렇게 말했다.

다른 사람의 사고방식을 이해하고, 그 사람의 처지에서 사물을 볼 줄 아는 사람은 미래를 걱정할 필요가 전혀 없다.

오웬 D. 영(Owen D. Young)
미국의 기업가로, 라디오 회사인 RCA(Radio Corporation of America)를 설립하였다.

이 책을 읽고서 여러분이 항상 상대방의 처지에서 생각하고 그의 시각으로 사물을 보려는 태도가 강해진다면, 그것은 분명 여러분의 인생에 커다란 이정표가 될 것이다.

대부분의 사람은 대학에 가서 버질을 읽고 수학의 비밀을 탐구하지만, 정작 자신의 마음이 어떻게 움직이는지는 깨닫지 못한다. 예를 들어 보겠다.

언젠가 캐리어사에 입사 예정인 대학 졸업생들을 대상으로 '효과적인 화술'이라는 강의를 한 적이 있다. 캐리어사는 뉴저지주의 뉴어크에 있는 회사로, 오피스 빌딩과 극장용 공기 냉방장치를 생산했다. 수강생 중 한 명이 다른 사람들에게 같이 농구 하자고 설득하면서 이렇게 말하였다. "나랑 같이 농구 하러 가지 않을래? 난 농구를 좋아해서 농구장에 자주 가는데, 최근에는 사람들이 별로 없어 게임을 할 수 없었거든. 얼마 전에는 밤에 서너 명이 공을 돌리다가 눈에 공을 맞아 멍이 들었지 뭐야. 내일 밤에 몇 명 나와주면 좋겠다. 농구가 정말 하고 싶거든."

그의 이야기 속에 여러분이 원하는 게 들어 있는가? 여러분은 다른 사람들이 가지 않는데 혼자 농구장에 가고 싶지는 않을 것이다. 그 친구

에어컨을 발명하고 캐리어사를 설립한 윌리스 캐리어(왼쪽)와 캐리어사의 카탈로그(오른쪽)

가 무얼 원하는지는 알 바 아니다. 눈에 멍이 들고 싶지도 않을 것이다.

그는 농구장을 이용해 여러분이 원하는 것을 얻는 방법을 제시할 수 있었을까? 물론이다. 활력이 생긴다, 식욕이 왕성해진다, 머리가 맑아진다, 재미가 있다, 승부를 즐긴다, 농구를 한다 등을 제시할 수 있다.

오버스트릿 교수의 현명한 조언을 다시 한번 들어보자. "우선 상대방의 가슴속에 강한 욕구를 불러일으켜라. 이렇게 할 수 있는 사람은 세상을 얻을 것이고, 그렇지 않은 사람은 외로운 길을 갈 수밖에 없다!"

카네기 강좌에서 내 강의를 듣는 사람 가운데 아들 때문에 고민을 하는 사람이 있었다. 그 사람의 아이는 저체중인 데다 편식 습관이 있었다. 아이의 부모는 사람들이 흔히 하는 대로 야단치고 잔소리했다. "엄마는 네가 이것도 먹고 저것도 먹었으면 좋겠는데." "아빠는 네가 쑥쑥 자랐으면 좋겠다."

아이가 이런 애원에 눈길이라도 주었을까? 눈곱만치도 신경 쓰지 않았다. 상식적인 사람이라면 아무도 세 살배기 어린애가 서른 살인

아빠의 생각을 이해하고 따를 수 있다고 기대하지 않을 것이다. 하지만 아빠는 바로 그것을 기대하고 있었다. 말이 안 되는 이야기였다. 결국 아빠도 그걸 깨달았다. 그래서 그는 이렇게 생각해보았다. '아이가 원하는 게 뭘까? 내가 원하는 것과 아이가 원하는 것을 어떻게 결합할 수 있을까?'

이렇게 생각하기 시작하자 문제는 쉽게 해결되었다. 브루클린에 살던 그 아이는 세발자전거를 타고 자기 집 앞길에서 왔디 갔다 하는 것을 좋아했다. 그런데 그 근처에 사는 덩치 큰 '악동'이 종종 아이의 세발자전거를 빼앗아 타곤 했다. 그러면 아이는 엉엉 울면서 엄마에게 달려왔고, 엄마는 '악동'에게서 자전거를 되찾아 아이를 다시 태웠다. 이런 일이 거의 매일 일어났다.

아이가 원하는 게 무엇일까? 셜록 홈스가 아니더라도 이 질문에 쉽게 답을 할 수 있을 것이다. 자존심, 분노, 인정받고 싶은 욕망 등 그의 기질 가운데 가장 강력한 감정들이, 복수하라고 그 '악동'의 콧대를 납작하게 해주라고 아이를 충동질하고 있었다. 그래서 아빠는 아이에게 이렇게 말했다. "엄마가 먹으라는 걸 잘 먹기만 하면 언젠가는 저 덩치 큰 녀석보다 더 크게 자랄 수 있어. 아빠가 약속할게." 그러자 편식 문제는 깨끗이 해결되었다. 아이는 자기를 그렇게나 괴롭히는 그 나쁜 녀석을 혼내줄 정도로 덩치가 커질 수만 있다면 시금치, 독일식 김치, 고등어 가리지 않고 뭐든 먹어 치웠을 것이다.

이 문제를 해결하고 나서 아빠는 또 다른 문제에 도전했다. 그 아이에게는 밤에 오줌을 싸는 버릇이 있었다. 아이는 할머니와 함께 잤는데, 아침에 침대가 젖어 있는 걸 보고 할머니가 "이런, 이런. 존, 간밤에 또 실수했구나?" 하면, 아이는 "아뇨, 제가 안 그랬어요. 할머니가 그랬잖아요."라고 대꾸하곤 했다.

엄마가 아무리 야단을 치고, 매를 들고, 창피를 주면서 다시는 그러지 말라고 해도 아이의 버릇을 고칠 수 없었다. 그래서 아이의 부모는 이렇게 생각해보았다. '어떻게 하면 아이가 침대를 적시고 싶지 않게 만들 수 있을까?'

아이가 바라는 것은 무엇이었을까? 우선 아이는 할머니처럼 나이트 가운을 입는 게 아니라 아빠처럼 파자마를 입고 싶었다. 할머니가 밤마다 이부자리에 실수하는 손자에게 질린 나머지, 버릇을 고치기만 한다면 기꺼이 파자마를 사주겠다고 나섰다. 둘째로 아이가 원한 건 자기 침대 였는데, 할머니도 섭섭하신 눈치는 보였지만 반대하진 않으셨다.

엄마가 아이를 데리고 브루클린에 있는 백화점으로 가서 침대 판매 장의 아가씨에게 슬쩍 윙크하며, "이 어린 신사께서 쇼핑하실 게 있답 니다." 하고 말을 건넸다.

점원도 아이의 어깨가 으쓱할 수 있도록 말을 받았다. "어서 오십시오, 꼬마 신사님. 어떤 걸 보여드릴까요?"

아이가 조금이라도 키가 커 보이려고 애를 쓰며 이야기했다. "내가 쓸 침대를 사러 왔어요."

엄마는 아이에게 사주고 싶은 침대를 보여줄 때가 되자 점원에게 눈짓을 보냈다. 그 뜻을 알아챈 점원이 아이를 설득하자 아이는 그 침대를 사기로 했다.

침대는 다음 날 배달되었다. 그리고 그날 밤 아빠가 집으로 돌아오자 아이는 문으로 달려가며 소리쳤다. "아빠, 아빠, 올라와서 '내'가 고른

'내' 침대를 보세요." 침대를 보고 난 아빠는 찰스 슈워브의 가르침대로 진정으로 인정해주고 아낌없이 칭찬했다.

"이 침대를 적실 생각은 아니겠지?" 아빠가 이렇게 물었다.

"아뇨, 절대 이 침대를 적시지 않을 거예요." 아이는 약속을 지켰다. 자신의 자존심이 걸려 있었기 때문이다. 그것은 '자신의' 침대였다. '자기가', 그리고 '자기' 혼자서 그 침대를 샀다. 또한 어른처럼 파자마도 입고 있었다. 그러니 어른처럼 행동하고 싶었다. 그리고 실제로 그렇게 했다.

내 강좌의 수강생 가운데 또 다른 아빠인 K. T. 더치만은 세 살 난 딸이 아침을 먹지 않아서 고민이었다. 남들 하는 대로 야단도 치고 애원도 하고, 살살 달래기도 해보았지만, 소용이 없었다. 그래서 아이의 부모는 이런 질문을 해보았다. "어떻게 하면 아이가 아침을 먹고 싶어 하도록 만들 수 있을까?"

그 꼬마는 엄마 흉내를 내서 어른이 된 것처럼 느끼는 것을 좋아했다. 그래서 어느 날 아침 엄마는 아이를 부엌으로 데리고 가 아침에 먹을 음식을 만들게 했다. 그리고 아이의 기분이 절정에 달한 순간 아빠가 부엌에 나타났다. 아이는 아침 식사를 준비하다가 아빠를 보고는 이렇게 말했다. "앗, 아빠! 보세요. 제가 오늘 아침 식사를 만들고 있어요."

먹으라는 이야기를 하지 않았는데도 아이는 그날 아침 자기가 만든 시리얼을 두 접시나 먹어 치웠다. 아침 식사에 관심을 가지게 되었기 때문이다. 아이는 자기가 인정받았다고 느꼈다. 아침 식사를 준비하는 데서 자기를 표현할 방법을 발견했다.

윌리엄 윈터는 언젠가 이런 말을 했다. "자기표현의 욕구는 인간 본성의 중요한 필수요소다." 같은 심리를 사업에 활용하지 못할 이유가 무엇인가? 정말 멋진 아이디어가 떠올랐을 때, 내가 생각해냈다고 하지 말고 다른 사람이 그 아이디어를 지지고 볶고 할 수 있도록 하는 게 어떤가? 그러면 그는 자신이 그 아이디어를 냈다고 생각할 것이고, 그 결과 그 아이디어를 좋아하게 되고 어쩌면 꿀떡 삼킬지도 모르는 일이다.

명심하자. "우선 상대방의 가슴속에 강한 욕구를 불러일으켜라. 이렇게 할 수 있는 사람은 세상을 얻을 것이고, 그렇지 않은 사람은 외로운 길을 갈 수밖에 없다!"

📋 사람을 다루는 기본 테크닉 3 ─────────────────

- **상대방의 가슴속에 강한 욕구를 불러일으켜라.**
  Arouse in the other person an eager want.

사람을 다루는 기본 테크닉

1. 사람들에 대한 비판, 비난, 불평을 심가라.

2. 솔직하고 진지하게 칭찬하라.

3. 상대방의 가슴속에 강한 욕구를 불러일으켜라.

PART 2

사람의
호감을 얻는
6가지 방법

Six Ways to Make People Like You

어디서나 환영받는
사람이 되는 비결

친구를 사귀는 방법을 알기 위해 이 책을 읽고 있는가? 그렇다면 왜 세상에서 친구를 가장 잘 사귀는 그의 기술을 연구하지 않는가? 그가 누구일까? 여러분은 지금이라도 길을 가다 그를 만날 수도 있다. 그와 어느 정도 가까운 거리에 가기만 하면 그는 꼬리를 살랑거리기 시작할 것이다. 여러분이 멈춰 서서 등을 두드려주기라도 한다면, 그는 여러분을 얼마나 좋아하는지 보여주기 위해 펄쩍펄쩍 뛰며 좋아할 것이다. 그리고 여러분은 그의 애정 표현 뒤에 아무런 속셈도 없음을 알고 있다. 그는 여러분에게 부동산을 팔고 싶은 것도 아니고, 결혼하자 그러는 건 더욱 아니다.

혹시 한 번이라도 먹고 살기 위해 일하지 않아도 되는 유일한 동물이 개라는 것을 생각해본 적이 있는가? 암탉은 알을 낳아야 한다. 젖소는 우유를 만들어야 한다. 카나리아는 노래를 불러야 한다. 하지만 개는 단지 사람들에게 사랑을 주는 것만으로 먹고 산다.

내가 다섯 살이었을 때 아버지는 50센트를 주고 노란 털북숭이 강아지 한 마리를 사 왔다. 어린 시절 그 강아지는 내 빛이었고, 내 즐거움이었다. 매일 오후 4시 반이면 그 강아지는 앞마당에 나와 예쁜 눈으로 거리를 지켜보다가 내 목소리가 들리거나, 나무 사이로 도시락 가방을 흔들며 오는 내 모습이 보이기만 하면, 마치 총알같이 단숨에 언덕 위로 달려와서 나를 반기며 펄쩍펄쩍 뛰고 너무나 기쁜 듯 멍멍거리곤 했다.

내 강아지 티피는 5년간 내 단짝 친구였다. 그러던 어느 날 밤, 그 밤을 나는 영원히 잊지 못할 것이다. 티피는 내 주위에서 놀다가 벼락을 맞아 죽고 말았다. 티피의 죽음은 내 유년 시절의 비극이었다.

'티피야, 너는 심리학에 관한 책을 읽은 적도 없지. 그럴 필요가 없었어. 너는 타고난 본능으로 다른 사람에게 진심으로 관심을 가지면, 다른 사람의 관심을 끌려고 노력하는 사람들이 2년 동안 사귈 수 있는 것보다 더 많은 사람을 두 달 안에도 사귈 수 있다는 것을 알고 있었어.'

한 번 더 이야기해 보자. 다른 사람에게 진심으로 관심을 가지면, 다른 사람의 관심을 끌려고 2년 동안 노력한 것보다 더 많은 친구를 두 달 안에도 사귈 수 있다.

하지만 다른 사람들의 관심을 끌기 위해 별별 노력을 하면서 평생 실수를 거듭하는 사람들이 있음을 나도 알고 여러분도 안다.

물론 그런 방법은 통하지 않는다. 다른 사람들은 여러분이나 내게 관심이 없다. 그들은 아침에도, 점심에도, 저녁에도 자기 자신에게만 관심이 있다.

뉴욕 전화 회사에서 자세한 연구를 통해 전화 통화에서 가장 빈번하게 사용되는 단어를 찾아보았더니, 여러분의 짐작대로 그것은 일인칭 대명사 '나'였다. '나', '나'. '나'라는 말은 500번의 통화에서 3,990번 사용되었다. '나'. '나'. '나'. '나'. '나'.

여러분은 여러분이 들어 있는 단체 사진을 볼 때 가장 먼저 누구의 얼굴을 찾는가? 만일 다른 사람이 여러분에게 관심 있다고 생각한다면, 다음 질문에 한 번 대답해보라. 오늘 밤 여러분이 죽는다면, 장례식에 몇 명이나 올 것 같은가?

당신이 먼저 다른 사람에게 관심을 두지 않는데, 그 사람이 당신에게 관심을 가져야 할 이유가 무엇인가? 연필을 들고, 아래에 답을 적어보라.

만일 내게 관심을 두게 하려고 다른 사람에게 깊은 인상을 남길 궁리만 하고 있다면 결코 진정한 친구를 사귈 수 없다. 친구는, 그것도 진정한 친구는 결코 그런 식으로 생기지 않는다.

나폴레옹이 그러려고 했다. 조세핀을 마지막으로 만난 자리에서 그는 이렇게 이야기했다. "조세핀, 나는 이 세상 그 누구보다도 운이 좋은 사람이었소. 하지만 지금 이 순간 내가 믿을 수 있는 사람은 오로지 당신밖에 없소." 하지만 역사가들은 과연 나폴레옹이 조세핀이라도 믿을 수 있었는지에 대해 의문을 제기한다.

빈 출신의 저명한 심리학자 알프레드 아들러는 자신이 쓴 『당신 인생의 의미는 무엇인가』라는 책에서 이렇게 말한다.

다른 사람에게 관심을 두지 않는 사람들이 인생에서 가장 큰 고난을 겪으며, 다른 사람에게 가장 큰 상처를 입힌다. 인간이 겪는 모든 실패는 이런 유형의 사람들로부터 발생한다.

알프레드 아들러(Alfred Adler)
오스트리아의 정신의학자이다. 개인심리학을 창시하여 현대의 상담 이론과 심리 치료에 영향을 주었다.

심리학에 관한 현학적인 책들을 수십 권 읽더라도 여러분이나 내게 이만큼 의미 있는 구절을 찾기는 쉽지 않다. 반복을 좋아하진 않지만, 아들러의 말은 풍부한 의미를 담고 있으므로 다시 한번 특별히 강조해 말하고자 한다.

"다른 사람에게 관심을 두지 않는 사람들이 인생에서 가장 큰 고난을 겪으며, 다른 사람에게 가장 큰 상처를 입힌다. 인간이 겪는 모든 실패는 이런 유형의 사람들로부터 발생한다."

예전에 뉴욕대에서 단편소설 창작에 관한 강의를 들었는데, 초청 강사로 <콜리어스> 지의 편집장이 온 적이 있다. 그는 자신의 책상 위에 매일 굴러다니는 수십 편의 소설 중에 어떤 것이든 집어 들고 처음 몇 구절만 읽어보면 작가가 사람들에게 애정을 가졌는지 아닌지 알 수 있다고 말했다. 그러고는 이렇게 이야기했다. "작가가 사람들에게 애정을 품고 있지 않으면 사람들도 그 사람의 작품을 좋아하지 않습니다."

이 딱딱한 편집장은 소설 작법에 관해 강의하다가 두 번이나 중간에 멈추고는 너무 설교하는 듯한 이야기를 해서 미안하다고 하면서 이렇게 이야기했다. "제가 하는 이야기는 설교 시간에 듣는 이야기와 똑같은 이야기입니다. 하지만 명심하십시오. 성공적인 소설 작가가 되고 싶다면 사람들에게 관심을 가져야만 합니다."

소설을 쓰는 데 이 말이 맞다면, 얼굴을 맞대고 만나는 사람들을 다루는 데는 세 배는 더 맞다고 해도 과언이 아니다.

나는 하워드 서스턴이 브로드웨이에서 마지막 공연을 하는 날 저녁, 그의 분장실에서 시간을 보냈다. 서스턴은 누구나 인정하는 마술의 대가이며 특히 손 마술의 제왕이다. 그는 40년 동안 몇 차례나 지구를 순회하며 환상을 불러일으키고 관중을 현혹하며, 숨이 막힐 정도로 놀라운 장면을 보여주었다. 돈을 내고 그의 쇼를 보러온 사람이 6천만 명이 넘었으며, 그가 벌어들인 돈만 해도 거의 2백만 달러에 이르렀다.

나는 서스턴 씨에게 성공의 비밀이 무엇이냐고 물었다. 확실히 학교 교육은 아무런 상관도 없었다. 그는 어릴 때 가출해서 부랑아가 되었다. 화차에 몰래 숨어들어 건초더미에서 자기도 하고, 이집 저집 다니며 얻어먹기도 하면서 철길을 따라 서 있는 기차역 표지판을 보고 간신히 글 읽는 법을 배웠을 뿐이다.

그에게 마술에 대한 뛰어난 지식이 있었을까? 그렇지 않다. 그는 내게 손 마술에 대해 수백 권의 책이 있으며, 자기만큼 손 마술을 잘 아는 사람도 열댓 명은 될 것이라고 이야기했다. 하지만 그는 다른 사람이 갖지 못한 자질 두 가지를 갖고 있었다. 첫째로 그는 무대 위에서 자신의 개성을 펼칠 수 있는 능력을 갖추고 있었다. 그는 쇼의 대가였다. 둘째로 그는 인간의 본성을 알고 있었다. 동작, 억양, 심지어는 눈썹의 움직임 하나에 이르기까지 그가 하는 모든 것은 미리 치밀하게 연습한 것들이었고, 그의 움직임들은 몇 분의 1초까지 계획된 것이었다.

하지만 여기에 더해 서스턴은 사람들에게 진정한 관심이 있었다. 서스턴의 말에 따르면 많은 마술사가 관객을 보고 이렇게 생각한다고 한다. '좋아. 오늘도 얼뜨기, 촌뜨기들이 많이 왔군. 이런 녀석들 속이기야 누워서 떡 먹기지.' 하지만 서스턴은 이와는 전혀 달랐다. 그는 무대에 올라갈 때마다 속으로 이렇게 이야기한다고 말했다. '나를 보기 위해 와주다니 이 사람들은 정말 고마운 사람들이다. 이 사람들이 있어서 내가 이렇게 편안하게 살 수 있는 것이다. 이 사람들에게 내가 할 수 있는 최고의 것을 보여주겠다.'

그는 조명 앞으로 나서기 전에 몇 번이고 스스로 이렇게 되뇐다고 이야기했다. '나는 관객을 사랑한다. 나는 관객을 사랑한다.' 우스운가? 이상한가? 여러분이 어떤 식으로 생각하든 상관없다. 나는 다만 역대 최고로 유명했던 마술사가 사용하던 비법을 아무 대가도 없이 여러분에게 제시하고 있을 뿐이다.

하워드 서스턴의 포스터(왼쪽)와 마술 공연 장면(오른쪽)

슈만 하인크 부인도 이와 비슷한 이야기를 해주었다. 배고픔과 슬픔, 아이들과 동반 자살하려고 했을 정도로 비극으로 가득 찼던 인생, 이 모든 것에도 불구하고 그녀는 노래를 계속했고, 마침내 청중에게 감동을 선사하는 최고의 바그너 가수가 되었다. 그녀 또한 자신의 성공에 비결이 있다면, 그것은 사람들에게 깊은 관심이 있었다는 사실을 털어놓았다.

그것은 또한 시어두어 루스벨트 대통령이 엄청난 인기를 누린 비결이기도 하다. 하인에게는 존경할 만한 위인이 없다지만, 그의 경우에는 하인들조차 그를 사랑했다. 그의 하인이었던 제임스 E. 아모스는 『시종의 영웅인 루스벨트 대통령』이라는 책에서 다음과 같은 감동적인 일화를 전하고 있다.

언젠가 내 아내가 대통령께 메추라기에 대해 여쭈어보았다. 내 아내는 한 번도 메추라기를 본 적이 없었기에 대통령께서는 아주 상세히 설명해

오페라 가수 슈만 하인크(왼쪽)와 바그너의 오페라 〈니벨룽겐의 반지〉에서 발키리 발트라우트 역을 맡은 슈만 하인크(오른쪽)

주셨다. 얼마 지나지 않아 우리가 사는 오두막으로 전화가 왔다(아모스와 그의 부인은 오이스터 베이에 있는 대통령 관저 안의 조그만 집에 살고 있었다). 아내가 전화를 받았는데, 대통령께서 직접 거신 전화였다. 대통령께서 말씀하시길, 지금 우리가 사는 집 창밖에 메추라기가 있으니 메추라기를 보고 싶으면 창밖을 보라는 이야기를 하기 위해 전화를 주셨다는 것이다. 대통령은 이렇게 세심하게 챙겨주시는 분이셨다. 대통령께서 우리 집 근처를 지나가실 때면 우리가 눈에 띄지 않더라도 이렇게 우리를 부르곤 하셨다. "여어, 애니!" "여어, 제임스!" 지날 때마다 이렇게 친근하게 우리 이름을 불러주셨다.

고용인들이 이런 사람을 어떻게 좋아하지 않을 수 있겠는가? 이런 사람을 좋아하지 않을 사람이 어디 있겠는가?

어느 날 루스벨트가 백악관에 들렀는데, 마침 태프트 대통령 내외는 자리에 없었다. 그는 예전에 자기를 모시던 백악관의 모든 하인에게 이름을 불러가며 인사말을 건넸다. 그중에는 부엌에서 식기를 닦는 하녀까지 포함되어 있었다. 이런 행동은 그가 평범한 사람들에게 얼마나 진실한 애정을 품고 있었는지 보여준다. 이때의 일을 아치 버트는 이렇게 적고 있다.

루스벨트는 부엌에서 일하는 하녀 앨리스를 보자 아직도 옥수수빵을 만드느냐고 물었다. 앨리스가 아직도 빵을 만들기는 하는데 시종들만 먹지 다른 분들은 드시지 않는다고 대답했다. 그랬더니 루스벨트가 큰 소리로 이렇게 이야기했다. "그 사람들 맛있는 게 뭔지 모르는 사람들이로군. 대통령을 만나면 그렇게 이야기하겠네." 루스벨트가 사무실로 가려고 하자 앨리스가 쟁반에 빵 한 조각을 담아왔다. 루스벨트는 그 빵을 먹으며 사무실로 걸어갔다. 가는 길에 정원사와 일꾼들을 만나면 그들에게 인사를 건넸다.

루스벨트는 사람들에게 전에 하던 것과 조금도 다름없이 말을 건넸다. 그들은 아직도 그 일에 관해 이야기한다. 아이크 후버 같은 친구는 눈물을 글썽이며 이렇게 말했다. "최근 2년 사이 그날이 유일하게 행복한 날이었습니다. 수만금을 준다 해도 그날과 바꿀 사람은 아무도 없을 것입니다."

찰스 W. 엘리엇 박사를 역사상 가장 성공적인 대학 총장으로 만든 것도 바로 이와 같은, 다른 사람의 문제에 대한 깊은 관심이었다. 박사는 남북전쟁이 끝난 지 4년째 되는 해(1869)부터 제1차 세계 대전이 일어나기 5년 전(1909)까지 하버드 대학의 총장을 지냈다. 하루는 L. R. G. 크랜던이라는 신입생이 학자금 50달러를 대출받기 위해 총장실을 찾아왔다. 대출은 승인되었다.

저는 진심으로 감사하다고 말씀드리고 일어서려 했습니다. 그때 총장님이 "잠깐 앉아보게." 하시더군요. 그러시더니 놀랍게도 이런 요지의 말씀을 해주셨습니다. "자네가 혼자 자취한다고 들었네. 음식을 제때 잘 먹기만 하면 그것도 나쁜 건 아니야. 대학 다닐 적에 나도 자취를 했네. 혹시 쇠고기로 요리해본 적 있나? 충분히 숙성된 쇠고기를 사다가 제대로 요리만 잘하면 그게 자네에게 최고의 요리가 될 거야. 하나도 버릴 게 없거든. 내가 요리하던 방법을 가르쳐주지." 그러시더니 총장님은 쇠고기를 잘 골라야 한다, 국물을 조려서 젤리가 될 정도로 천천히 요리해야 한다,

잘게 자르려면 이렇게 해라, 누를 때는 냄비 안에 작은 냄비를 넣고 눌러라, 그리고 식혀서 먹어라 등등의 이야기를 해주셨습니다.

세상에서 제일 바쁜 사람이라 하더라도 진정으로 그 사람에게 관심을 기울이면, 그 사람으로부터 관심과 시간과 협력을 끌어낼 수 있다는 것을 나는 개인적인 경험을 통해 깨달았다. 그 경험에 관해 이야기해보겠다.

몇 해 전 나는 브루클린 예술 과학 재단에서 소설 작법 강의를 진행했다. 나와 학생들은 작가들의 경험에서 교훈을 얻고자 캐서린 노리스, 페니 허스트, 아이다 타벨, 앨버트 페이슨 터훈, 루퍼트 휴스 등 많은 저명 작가들을 브루클린으로 모셔오기로 했다. 그래서 우리는 작가들에게 당신의 작품을 좋아하며, 당신의 충고를 듣고 성공의 비결을 배우기를 간절히 원하고 있다는 내용이 담긴 편지를 썼다.

편지마다 150명의 학생이 서명했다. 그리고 당신이 바빠서 강의를 준비할 시간이 없으리라는 것을 알고 있으므로, 당신과 당신의 창작 방식에 대한 설문지를 동봉하니 답변해주시기 바란다고 적었다. 그들은 이 점을 마음에 들어 했다. 누가 싫어하겠는가? 이렇게 해서 그들은 시간을 내어 브루클린으로 와 강의에 응해주었다.

대중연설에 관한 강의 시간에도 같은 방법으로, 시어도어 루스벨트 대통령 아래서 재무장관을 지낸 레슬리 M. 쇼, 태프트 대통령 시절 법무장관이던 조지 W. 위커샵, 윌리엄 제닝스 브라이언, 프랭클린 D. 루스벨트 등 많은 저명인사를 초청하여 강의하도록 했다.

사람들은 정육점에서 일하건 빵집에서 일하건 아니면 왕좌에 앉아

있건 간에 누구나 자신을 존경해주는 사람을 좋아하기 마련이다. 독일 황제 빌헬름을 예로 들어보자. 제1차 세계 대전이 끝날 무렵 그는 이 세상 모든 사람이 가장 경멸해 마지않는 인물이었을 것이다. 그가 목숨을 부지하기 위해 네덜란드로 도망치자 국민까지도 등을 돌렸다. 그에 대한 증오심이 불타올라 수많은 사람이 그를 갈기갈기 찢어 죽이거나 화형에 처하고 싶어 할 정도였다. 온 세상이 분노로 미쳐 날뛰는 가운데 한 소년이 황제에게 친근함과 존경심이 담뿍 담긴, 짧지만 정성 어린 편지를 보냈다. 소년은 다른 사람들이 황제에 대해 무슨 말을 할지라도 자신은 언제나 당신을 황제로 여기고 사랑하겠노라고 말했다. 황제는 그 편지에 깊이 감동하고 소년을 자기 집으로 초청했다. 소년은 자기 어머니와 함께 황제를 알현했는데, 후에 황제는 그 소년의 어머니와 결혼했다. 그 소년은 친구를 사귀고 사람들을 움직이는 법에 관한 책을 읽을 필요가 없었다. 소년은 본능적으로 그 방법을 알고 있었다.

친구를 만들고 싶다면 다른 사람을 위해 뭔가 해주려고 노력해야 한다. 거기에는 시간과 정력, 이타심, 신중함 등이 필요하기 마련이다. 윈저 공이 영국의 왕세자이던 시절 남미를 순방할 계획이 생겼다. 그는 상대방의 언어로 대화를 나누기 위해 몇 달 동안 스페인어를 공부했다. 남미 사람들은 그의 노력에 반해 그를 좋아하게 된 것은 말할 필요도 없다.

나는 친구들의 생일을 알아내기 위해 수년간 노력했다. 어떻게 했을 것 같은가? 나는 점성학에 관해 아는 바가 전혀 없지만, 우선 상대에게 생일이 성격이나 기질과 관계가 있다는 걸 믿느냐고 물어본다. 그런 다음 상대방에게 태어난 날을 알려달라고 한다. 예를 들어 상대가 11월 24일이라고 하면 나는 속으로 '11월 24일, 11월 24일' 이렇게 되뇐다.

그리고 상대방이 자리를 뜨는 순간 수첩을 꺼내 상대의 이름과 생일을 기록해놓았다가 나중에 생일 기록장으로 옮겨적는다. 그리고 매년 초 이 생일을 달력에 표시해놓기 때문에 때가 되면 자동으로 그들의 생일을 알게 된다. 생일이 다가오고, 상대방은 내 축하 편지를 받는다. 효과 만점이지 않겠는가? 세상에서 그 사람의 생일을 기억하고 축하해주는 유일한 사람이 나인 경우가 적지 않으니 말이다.

친구를 만들고 싶다면 활기 넘치고 적극적인 태도로 사람들을 맞이하라. 전화를 받을 때도 마찬가지다. "여보세요." 한마디에 상대방의 전화를 받게 되어 당신이 얼마나 기뻐하는지가 드러나야 한다. 뉴욕 전화회사는 교환원들이 "번호를 말씀해주세요."라는 말을 할 때 "안녕하세요? 전화 주셔서 감사합니다."라는 어감을 전달할 수 있도록 하는 훈련과정을 운영하고 있다. 앞으로 전화를 받을 때 우리도 그렇게 하려고 노력해보자. 이런 원리가 사업에서도 적용될까? 수십 개의 사례가 있지만 지면 관계상 다음의 2가지만 소개하기로 하겠다.

뉴욕시에 있는 대형 은행에 근무하는 찰스 R. 월터스에게 어떤 회사에 대한 비밀 보고서를 작성하라는 임무가 맡겨졌다. 그가 알기로 그 당시 긴급하게 필요한 정보를 가지고 있는 사람은 단 한 사람밖에 없었다. 월터스 씨는 제조업을 경영하는 대기업 사장인 그 사람을 찾아갔다. 월터스 씨가 막 사장실로 들어가는 참에 젊은 여비서가 문틈으로 머리를 들이밀고 오늘은 갖다 드릴 우표가 없다고 보고했다.

"열두 살 난 아들을 위해 우표를 수집하고 있습니다." 사장이 월터스 씨에게 이야기했다.

월터스 씨는 찾아온 용건을 설명하고 몇 가지 질문을 했다. 하지만 사장은 모호하며 구체적인 내용이 없는 두루뭉술한 대답만 했다. 사장은 답변해 줄 마음이 없었고, 대답을 끌어낼 만한 방법 또한 하나도 없어 보였다. 면담은 아무런 소득도 없이 짧게 끝났다.

나중에 카네기 강좌에서 그는 이렇게 이야기했다.

사실 어떻게 해야 할지 막막했습니다. 그런데 그때 비서가 한 말이 떠오르더군요. 우표, 열두 살 난 아들 …… 그리고 우리 은행 외환 파트에서 우표를 수집한다는 사실이 떠올랐습니다. 전 세계 각국에서 날아오는 편지에 붙어 있는 우표들이죠.

다음 날 오후 그 사람을 다시 찾아갔습니다. 그러고는 아드님에게 드릴 우표를 조금 가지고 왔다는 메모를 넣었습니다. 당장 면담이 이루어졌냐고요? 그야 물론이죠. 그는 국회의원 선거에 출마하는 사람보다도 더 열렬히 내 손을 꼭 쥐고 흔들어댔습니다. 얼굴에 웃음이 넘치고, 무엇이든 해주려 하더군요. 우표를 보물 다루듯 들춰보며 그가 말했습니다. "우리 아들 조지가 너무 좋아하겠는걸. 이것 좀 봐. 이건 정말 보물이야."

우표 이야기도 하고 그의 아들 사진도 보면서 30분 정도가 지났습니다. 그런 후 그는 한 시간 이상을 들여 제가 필요한 모든 정보를 세세하게 제공해주었습니다. 그래 달라고 요청하지도 않았는데 말입니다. 그는 자신이 아는 것을 이야기해주고는 부하 직원도 불러서 물어보았습니다. 자기 동료들에게 전화해서 물어보기도 하고요. 그는 내게 사실들, 숫자, 보고서, 공문 등을 잔뜩 안겨주었습니다. 언론계에서 쓰는 용어로 말하면 특종을 잡은 셈이죠.

이제 다른 예를 보자.

필라델피아에 사는 C. M. 크나플 주니어는 대형 체인점에 연료를 공급하기 위해 수년 동안 애를 썼다. 하지만 그 체인점은 계속 다른 지역 공급업자로부터 연료를 샀고, 연료 트럭들은 보란 듯이 그의 사무실 앞을 지나다녔다. 어느 날 저녁, 카네기 강좌에 다니던 그는 수강생들 앞에 나서서 체인점에 대한 악담을 퍼부으며 체인점은 국가적인 재앙이라고 낙인찍어 말했다. 하지만 여전히 자신이 왜 연료를 공급하지 못하는지에 대한 의문은 풀리지 않았다.

나는 그에게 다른 전략을 써보라고 권했다. 간략하게 이야기하자면 다음과 같다. 강좌 수강생들을 둘로 나누어 '체인점의 확장은 국가적으로 이익보다는 손실이 크다.'라는 주제로 찬반 토론을 하게 만들었다. 그리고 나는 크나플 씨에게 이 주제에 반대하는 편에서 토론하도록 권유했다. 체인점을 옹호하는 편에 서기로 동의한 크나플 씨는 곧장 자신이 그동안 그토록 경멸하던 체인점의 임원을 찾아가 이렇게 이야기했다. "오늘은 연료를 구매해달라고 온 게 아닙니다. 부탁드릴 일이 있어서 왔습니다." 그러고는 토론에 관해 설명한 후 "내가 필요한 사실에 대해 당신만큼 알고 있는 사람이 없다고 생각하기 때문에 도움을 요청하러 왔습니다. 이번 토론에서 정말 이기고 싶습니다. 약간이라도 도움을 주시면 정말 감사하겠습니다."라고 말했다.

그 이후에 대해서는 크나플 씨가 직접 하는 이야기를 들어보자.

저는 그에게 딱 1분만 내달라고 요청했습니다. 그가 저를 만나준 것도 그런 조건 때문이었습니다. 제가 상황을 설명하자 그는 저를 자리에 앉게 하고는 정확히 1시간 47분 동안 이야기를 하더군요. 그는 체인점에 관한 책을 쓴 다른 임원을 오게 했습니다. 또한 전국 체인점 협회에 공문을 보내 같은 주제로 벌였던 토론에 대한 자료를 구할 수 있도록 해주었습니다. 그는 체인점이 사람들에게 참다운 봉사를 하고 있다고 믿고 있었으며, 수백 개의 공동체를 위해 자신이 하는 일에 대해 자부심이 있더군요. 이야기하는 동안 그의 눈은 반짝반짝 빛이 났습니다. 그로 인해 그동안 제가 꿈도 꾸지 못하던 것에 대해 눈을 뜨게 되었다고 고백하지 않을 수 없습니다. 그는 저의 정신과 태도 전부를 바꿔놓았습니다.

용건을 마치고 제가 일어서자 그는 문까지 저를 따라 나와 제 어깨에 팔을 두르고는 토론 잘하고, 다시 한번 들러서 어떻게 되었는지 알려 달라고 하더군요. 그러고는 이렇게 말을 맺었습니다. "봄이 되면 한번 들르세요. 연료를 구매하게 될지도 모르겠습니다."

그건 제게 기적과 같았습니다. 제가 요청하지도 않았는데 그가 연료를 구매하겠다고 나선 겁니다. 그와 그의 문제에 관심을 기울인 두 시간이 나와 연료에 대해 그의 관심을 끌려고 한 10년보다 더 나은 결과를 만들어낸 것입니다.

'당신이 새로운 진리를 발견한 게 아닙니다, 크나플 씨. 아주 오래전에, 즉 예수가 태어나기 100여 년 전에 로마의 유명한 시인 푸블릴리우스 시루스는 이렇게 말했습니다. "우리는 우리에게 관심을 두는 사람들에게 관심을 둔다."'

그러므로 사람들의 호감을 사고 싶다면, 다음 방법처럼 해보라!

📋 사람의 호감을 얻는 방법 1 ─────────────────────

• **다른 사람들에게 진정한 관심을 가져라.**

  Become genuinely interested in other people.

───

더 호감이 가는 성격을 갖고 싶고 인간관계에서 더 뛰어난 기술을 갖고 싶다면, 헨리 링크 박사의 『종교에의 귀의』라는 책을 읽기를 권한다. 제목에 겁먹지 말라. 이 책은 착한 사람이 되라고 설파하는 그저 그런 종교 서적이 아니다. 이 책의 저자는 매우 유명한 심리학자로, 3천 명 이상의 사람들에게 성격 문제에 관해 상담을 진행한 경험이 있다. 링크 박사는 자신의 책 제목을 '성격 개선의 방법'이라고 하는 것도 어려운 일은 아니었을 것이라고 말했다. 주제가 그것이기 때문이다. 이 책은 흥미로우면서도 깨우침을 준다. 이 책을 읽고 그 제안대로 한다면 여러분의 사람을 다루는 기술은 틀림없이 나아질 것이다.

II

좋은 인상을 주는
간단한 방법

A SIMPLE WAY
TO MAKE A GOOD IMPRESSION

최근 나는 뉴욕에서 열린 한 저녁 모임에 참석했다. 손님 중에는 꽤 많은 재산을 물려받은 상속녀가 한 명 있었는데, 그녀는 모든 사람에게 좋은 인상을 주려고 애쓰고 있었다. 그녀는 검은 모피 코트와 다이아몬드, 진주 등으로 온몸을 휘감고 있었다. 하지만 얼굴에는 전혀 신경을 쓰지 않은 것 같았다. 얼굴은 심술과 이기심으로 가득 차 있었다. 그녀는 다른 사람들이 다 아는 사실, 즉 여인의 표정이 몸에 걸치고 있는 옷이나 패물보다 백배는 더 중요하다는 사실을 모르고 있는 것 같았다.

찰스 슈워브는 내게 자신의 미소는 백만 불짜리라고 이야기했다. 그것은 정말이었다. 왜냐하면 그가 그렇게 어마어마한 성공을 거둔 것은 전적으로 그의 인격, 매력, 자신을 좋아하게 만드는 능력 덕분이었기 때문이다. 그리고 그가 가진 개성 중에서도 가장 매력적인 부분은 매혹적인 그의 미소였다.

언젠가 인기 가수이자 배우인 모리스 슈발리에와 함께 오후를 보낸 적이 있는데, 처음엔 솔직히 실망했다. 무뚝뚝하고 말도 없던 그의 모습은 내가 기대했던 것과는 너무나 달랐기 때문이다. 하지만 그가 미소를 짓자 모든 게 달라졌다. 그건 마치 구름이 걷히고 햇살이 비치는 것 같았다. 이 미소가 아니었다면 모리스 슈발리에는 파리에서 아버지와 형제들처럼 가구 만드는 신세를 벗어나지 못했을 것이다.

행동이 말보다 더 많은 것을 전한다. 그중에서도 미소는 다음과 같은 뜻을 전달한다. '당신을 좋아한다. 당신은 나를 행복하게 만든다. 당신을 만나게 되어 기쁘다.'

이것이 바로 개들이 사랑받는 이유다. 개들은 우리를 보면 반가워 어쩔 줄 몰라 이리 뛰고 저리 뛰고 난리를 친다. 그러니 자연스럽게 우리도 개들을 보면 반가운 마음이 들게 된다.

모리스 슈발리에가 출연한 영화 〈Love Me Tonight〉

거짓 웃음? 이걸로는 안 된다. 거기에 넘어갈 사람은 하나도 없다. 우리는 그것이 기계적이라는 것을 알기에 조금도 반갑게 느끼지 않는다. 지금 이야기하는 건 진짜 미소, 마음을 따뜻하게 하는 미소, 마음속에서 우러나오는 미소, 시장에서 좋은 값을 받을 만큼 순도가 높은 그런 종류의 미소다.

뉴욕의 대형 백화점에서 인사를 담당하는 어떤 사람이 말하기를, 무뚝뚝한 표정이 철학박사보다는 비록 초등학교도 못 나온 판매직 여사원이라도 아름다운 미소를 지녔다면 그녀를 채용하겠다고 했다.

미국 굴지의 고무 제조회사 회장은 언젠가 자신이 계속 관찰해온 경험담을 털어놨다. 그에 따르면 자기가 하는 일에서 재미를 느끼지 못하는 사람은 결코 성공하지 못한다는 것이었다. 이 산업계 지도자는 열심히 일하는 것만이 우리가 가진 욕망의 문을 여는 만능열쇠라는 오랜 격언을 그다지 신뢰하지 않는 모양이었다. 그는 이렇게 말했다. "마치 파도를 타듯 신나게 사업을 즐겼기 때문에 성공한 사람을 몇 명 알고 있네. 나중에 보니 그 사람들도 직업적으로 '일'을 시작하게 되더구먼. 단조로워진 거지. 사업에 재미를 못 느끼니까 실패하고 말더군."

다른 사람들이 여러분을 만나서 좋은 시간을 보내기를 원한다면, 여러분 스스로가 사람들을 만나서 좋은 시간을 보내야 한다.

나는 수천 명의 사업가에게 한 사람을 정해서 그 사람에게 1주일 내내 미소를 지은 후 강의에 와서 결과를 말해달라고 요청했다. 결과가 어땠을까? 한번 살펴보자. 뉴욕에 사는 증권 중개인 윌리엄 B. 스타인하트의 편지를 소개하겠다. 그의 사례는 예외적인 것이 아니다. 오히려 수많은 사람에게서 전형적으로 보이는 사례라고 할 수 있다.

저는 결혼한 지 이제 18년이 넘었습니다. 그 사이 아내에게 미소를 지은 적이 별로 없고, 아침에 일어나서 출근할 때까지 아내에게 건네는 말도 몇 마디 되지 않았습니다. 뉴욕 사람 중에서 가장 무뚝뚝한 남자였다고나 할까요.

이 강의에서 미소를 지은 후 결과를 발표하라는 요구를 받고 한 1주일 노력해봐야지 하고 생각했습니다. 그래서 다음 날 아침 머리를 빗으면서 거울 속에 비친 무뚝뚝한 제 얼굴을 보고는 속으로 이렇게 이야기했습니다. "빌, 오늘은 짜증스러운 얼굴 좀 지워버리자고. 넌 이제 웃을 거야. 자, 바로 지금부터 그럴 수 있어." 그러고는 아침 식탁에 앉으면서 아내에게 "잘 잤어, 여보?" 하고 말을 건네고는 미소를 지어 보였습니다.

아내가 놀랄지 모른다고 경고해주셨죠? 그런데 그 정도가 아니었습니다. 아내가 거의 기절을 하더라고요. 충격을 받은 것 같았어요. 아내에게 앞으로는 계속 이럴 거라고 이야기해주었습니다. 그리고 이제 두 달째 계속하고 있습니다.

제 태도가 이렇게 변하고 나니까 지난 한 해 느낀 행복보다 더 많은 행복을 두 달간 느낄 수 있었습니다. 지금은 출근하면서 아파트 엘리베이터를 작동하는 소년에게도 웃으며 "안녕!"하며 인사하고, 도어맨에게도 미소를 보냅니다. 지하철에서 표를 살 때는 매표 직원에게도 미소를 짓습니다. 영업장에서 일할 때는 최근까지 한 번도 제가 웃는 걸 보지 못했던 사람들에게도 미소를 보냅니다. 저는 곧 제가 웃음을 보낸 모든 사람이 웃음으로 저를 맞아준다는 사실을 알게 되었습니다. 불평하거나 고충을 털어놓기 위해 저를 찾아오는 모든 사람을 밝은 얼굴로 대했습니다. 웃으며 이야기를 들어주면 해결 방안이 훨씬 쉽게 나온다는 걸 알게 되었습니다. 웃음이 매일 더 많은 돈을 벌어준다는 점도 깨달았습니다.

저는 사무실을 다른 중개인과 같이 쓰고 있는데, 그 중개인의 직원 중에 호감이 가는 젊은 친구가 하나 있습니다. 제가 거둔 성과에 기분이 우쭐해져서 얼마 전에 그 젊은 친구에게 인간관계에 대한 제 새로운 철학을 들려주었습니다. 그랬더니 그 친구는 제가 이쪽 사무실로 처음 왔을 때는 나를 무척 퉁명한 사람이라고 생각했는데 최근에야 생각을 바꿨다고 털어놓았습니다. 제가 미소를 지을 때는 정말 인간적으로 보인다고 하더군요.

또 저는 남을 비판하던 버릇도 없애버렸습니다. 다른 사람을 험담하는 대신 인정해주고 칭찬하기로 했습니다. 제가 원하는 것에 대해서 이야기하는 것도 그만두었습니다. 이제 다른 사람의 관점을 이해하려고 노력하고 있습니다. 이런 일들은 말 그대로 제 삶에 혁명을 일으켰습니다. 저는 전혀 다른 사람이 되었습니다. 더 행복해지고, 더 부유해지고, 친구들도 더 많아졌습니다. 삶을 사는 데 가장 중요한 부분에서 성공했다고나 할까요?

이 편지를 쓴 사람이 뉴욕 증권시장에서 주식을 사고파는, 세상 물정에 밝은 주식 중개인이라는 점에 유의해주시기 바란다. 주식 중개업은 100명 중 99명이 실패하는 어려운 직업에 속한다.

웃고 싶은 생각이 들 때가 있다. 그럴 땐 어떻게 해야 할까? 두 가지가 있다. 첫째, 억지로라도 웃으려고 노력하라. 주위에 아무도 없다면 콧노래를 흥얼거리든가 휘파람이라도 불어보라. 둘째, 여러분이 이미 행복한 사람인 것처럼 행동하라. 그러면 저절로 행복해질 것이다. 하버드 대학교수였던 윌리엄 제임스는 이렇게 표현했다.

행동이 감정을 따라오는 것 같지만, 실제로 행동과 감정은 동시에 일어난다. 그러므로 더 직접적으로 의지의 통제를 받는 행동을 조절하면,

의지가 통제할 수 없는 감정을 간접적으로 조절할 수 있다.

그러므로 유쾌함이 사라졌을 때 유쾌해지기 위한 최고의 자발적인 방법은 유쾌한 마음을 갖고 이미 유쾌한 것처럼 행동하고 이야기하는 것이다.

세상 모든 사람이 행복을 추구하는데, 행복을 발견하는 확실한 방법이 하나 있다. 그것은 바로 자신의 사고를 통제하는 것이다. 행복은 외적 조건에 달린 게 아니라 내적 조건에 달려 있다.

인간을 행복하게 또는 불행하게 만드는 것은 가진 재산이나 지위, 직업이 아니다. 인간의 행복과 불행은 행복에 대해 어떻게 생각하고 있느냐에 따라 결정된다. 예를 들어 같은 회사에서 같은 일을 하는 두 사람이 있다고 하자. 둘의 급여나 사회적 신분은 비슷할 것이다. 하지만 한 사람은 불행해 보이는데, 다른 사람은 행복해 보일 경우가 있다. 왜일까? 그것은 서로 정신적인 자세가 다르기 때문이다. 나는 중국에서 하루에 7센트를 벌기 위해 뙤약볕 아래서 땀을 뻘뻘 흘리는 노동자들도 뉴욕 중심가인 파크 애버뉴에 있는 사람들만큼이나 행복할 수 있다는 것을 보았다. 셰익스피어는 다음과 같이 말했다.

> 사물에는 선악이 없다. 다만 우리들의 생각 여하에 따라 선과 악으로 구분될 뿐이다.
> Nothing is good or bad, but thinking makes it so.

윌리엄 셰익스피어(William Shakespeare)
영국의 극작가, 시인이다. 〈햄릿〉 등 뛰어난 고전을 남겨 역사상 가장 영향력 있는 극작가로 손꼽힌다.

에이브러햄 링컨은 이렇게도 말했다.

> 대부분의 사람은 자신이 행복해지고자 마음먹는 만큼 행복하다.
> Most folks are about as happy as they make up their minds to be.

에이브러햄 링컨(Abraham Lincoln)
미국의 제16대 대통령이다. 북부 진영을 이끌고 남북 전쟁에서 승리하여 노예제 폐지를 이루었다.

그의 말이 옳다. 나는 최근에 그 말이 옳았음을 보여주는 확실한 사례를 보았다.

내가 뉴욕 롱아일랜드 역에서 계단을 오르고 있을 때의 일이다. 내 바로 앞에서 30~40명의 지체 장애 소년들이 지팡이와 목발에 의지해 계단을 오르려 애쓰고 있었다. 어떤 아이는 업혀 가고 있었다. 나는 그 아이들이 웃고 떠들며 즐거워하는 모습에 놀랐다. 그래서 아이들을 인솔하는 사람에게 내 놀라움을 이야기했다. 그러자 그는 이렇게 대답했다. "맞습니다. 이런 아이들은 앞으로 평생을 불구로 살아야 한다는 사실을 알게 되면 처음에는 무척 충격을 받습니다. 하지만 충격에서 벗어나고 나면 대개 운명을 받아들이고 다른 보통의 아이들보다 오히려 더 쾌활해집니다."

나는 모자를 벗어들고 아이들에게 경의를 표하고 싶은 생각이 들었다. 아이들은 평생 잊지 못할 교훈을 가르쳐 주었다.

전에 메리 픽포드와 함께 한나절을 보낸 적이 있다. 그녀는 당시 더글러스 페어뱅크스와의 이혼을 준비하는 중이었다. 사람들은 그녀가 슬픔에 빠져 불행한 나날을 보낼 것으로 생각했다. 하지만 그녀는 내가 만나본 그 누구보다도 차분하고 당당해 보였다. 무척 행복해 보였다. 비결이 무엇이었을까? 그녀는 자신이 쓴 35페이지짜리 짧은 책에 그 비결을 털어놓았다. 도서관에 가서 저자가 메리 픽포드로 되어 있는 『신에 의지하여』를 찾아보기를 권한다. 읽을 만한 책이다.

프랭클린 배트거는 세인트루이스 카디널스의 삼루수였다가 지금은 미국에서 가장 성공한 보험 판매원이 된 사람이다. 그는 웃는 사람이 항상 환영받는다는 사실을 오래전에 깨달았다고 말했다. 그래서 그는 다른 사람의 사무실을 찾아갈 때면 언제나 문 앞에 잠깐 멈춰서 감사를 표할 많은 사실을 떠올리며 진심 어린 웃음을 크게 지은 다음, 웃음이 사라지기 전에 사무실 문을 밀고 들어갔다. 이런 간단한 테크닉이 보험 판매 분야에서 대단한 성공을 거두는 데 큰 도움이 되었다고 그는 생각하고 있다.

유명한 격언을 많이 남긴 철학자 앨버트 허버드가 남긴 격언 한 구절을 읽어보기를 바란다. 다만 단순히 읽기만 하면 도움이 되지 않을 것이므로 읽은 대로 실천하기를 바란다.

문을 나설 때는 턱을 당기고 고개를 들고 숨을 크게 들이마셔라. 햇살을 만끽하라. 웃는 얼굴로 친구를 반기고, 내미는 손에는 마음을 담아라. 오해받을까 두려워 말고, 적을 생각하며 시간을 낭비하지 말라. 하고 싶은 일을 가슴속에 명확히 담기 위해 노력하라. 그러면 헤매는 일 없이 목표를 향해 곧장 나아갈 수 있을 것이다. 자신이 하고 싶은 원대하고 빛나는 일에 대한 포부를 품어라. 날이 갈수록 산호가 조류에서 영양분을 흡수하듯 자신도 모르게 꿈을 이루는 데 필요한 기회를 포착하고 있는 자기 모습을 보게 될 것이다. 당신이 되고자 하는 유능하고 성실하며 쓸모 있는 사람의 이미지를 머릿속에 생생하게 그려보라. 당신이 품은 생각이 매시간 당신을 그 모습으로 변화시킬 것이다. 생각이 모든 것을 지배한다. 바른 정신 자세를 견지하라. 용기, 솔직함, 쾌활함이 그것이다. 바르게 생각하는 것이 곧 창조하는 것이다. 욕망이 있으므로 모든 것이 생기며, 모든 진정한 기도는 응답을 받는다. 우리는 우리의 마음을 따라 변한다. 턱을 당기고 고개를 들어라. 인간은 고치 안에 들어 있는 신이다.

옛날 중국인들은 지혜로웠다. 처세술에 능했다. 그들의 속담 중에 새겨들어야 할 속담이 있다. "웃는 얼굴이 아니라면 가게를 열지 말라."

장사 이야기가 나와서 말인데, 프랭크 어빙 플레처는 오펜하임 콜린스 사의 광고에서 다음과 같은 소박한 철학이 담긴 문구를 선보였다.

크리스마스에 보내는 미소의 가치

미소는 돈이 들지 않지만, 많은 일을 합니다.

미소는 받아서 부유해지지만, 준다고 가난해지지 않습니다.

미소는 순식간의 일이지만, 영원히 기억에 남습니다.

미소가 없어도 될 만큼 부유한 사람도 없고, 그 혜택을 누리지 못할 만큼 가난한 사람도 없습니다.

미소는 가정에서는 행복을 만들어내고, 사업에서는 호의를 불러일으키며, 친구 간에는 우정의 징표가 됩니다.

미소는 피곤한 사람에게는 안식이고, 실망한 사람에게는 새날이며,

슬픈 사람에게는 햇살이며, 곤경에 처한 사람에게는 자연이 주는 최상의 처방입니다.

하지만 미소는 살 수도 없고, 구걸할 수도 없으며, 빌릴 수도 없고, 훔칠 수도 없습니다. 왜냐하면 미소는 주기 전까지는 아무런 쓸모도 없는 것이기 때문입니다.

그러므로 만일 크리스마스 선물을 사시다가 저희 직원이 너무 지쳐 미소조차 짓지 않는다면 여러분께서 먼저 미소를 지어 주지 않으시겠습니까?

왜냐하면 이제는 지을 미소가 남아 있지 않은 사람이야말로 미소가 가장 필요한 사람이기 때문입니다.

그러므로 사람들의 호감을 사고 싶다면, 다음 방법처럼 해보라!

사람의 호감을 얻는 방법 2

- **웃어라.**
  Smile.

상대의 이름을 기억 못 하면 문제가 생긴다

IF YOU DON'T DO THIS,
YOU ARE HEADED FOR TROUBLE

1898년 뉴욕주의 로클랜드에서 비극적인 일이 일어났다. 한 아이의 장례식이 있는 날이라 마을 사람들은 저마다 장례식에 갈 준비를 하고 있었다. 짐 팔리는 마구간으로 가서 말을 끌어내 마차에 매려고 하고 있었다. 땅은 눈으로 덮여 있었고 살을 엘 듯 차가운 바람이 불고 있었다. 며칠째 마구간에 갇혀 있어 답답했던지 물통 쪽으로 가던 말이 갑자기 펄쩍펄쩍 뛰면서 뒷발을 하늘 높이 차올렸다. 짐 팔리가 그 발에 맞아 그만 죽고 말았다. 스토니 포인트라는 그 작은 마을은 그 주에 한 건이 아닌 두 건의 장례식을 치르게 되었다.

짐 팔리가 죽으면서 미망인과 세 아이에게 남긴 것은 보험금 몇백 달러가 전부였다.

아버지의 이름을 물려받은 큰아들 짐은 당시 열 살이었는데 벽돌공장에서 일했다. 짐은 모래를 이겨 틀에 넣어 벽돌을 만들고, 이렇게 나온 벽돌을 쉴 새 없이 이리저리 돌려서 햇볕에 말리는 일을 했다. 이 짐이라는 아이에게는 교육받을 기회가 없었다. 하지만 아일랜드인 특유의 쾌활함과 사람들이 자기를 좋아하도록 만드는 재능을 갖고 있던 이 소년은 나중에 정치에 입문했고, 세월이 흐르며 사람들의 이름을 외우는 데에도 무서운 재능을 나타내기 시작했다.

그는 고등학교 문턱에도 가본 적이 없었다. 그러나 46세가 되기 이전에 4개 대학교에서 주는 명예박사 학위를 받았고, 민주당 전국 위원회 의장과 미국 우정공사 총재를 지냈다.

한번은 짐 팔리를 인터뷰하면서 성공의 비결이 무엇이냐고 물었더니 "열심히 일한 것"이라고 하길래 "농담하지 마시고요." 하고 대꾸해주었다.

그랬더니 그는 자신의 성공 비결이 뭐라고 생각하느냐고 물었다. "당신은 1만 명 정도의 이름을 외우고 있다고 들었습니다만." 하고 내가 대답했다.

"아닙니다. 잘못 알고 계시는군요. 5만 명의 이름을 외우고 있습니다." 하고 그가 대답했다.

이 점을 꼭 명심하기를 바란다. 프랭클린 D. 루스벨트가 대통령이 되어 백악관에 입성할 수 있었던 데는 짐 팔리가 가진 이런 능력이 도움이 되었다.

석고 제품 판매를 위해 돌아다니던 시절과 스토니 포인트에서 관공서 직원으로 일하던 시절에 짐 팔리는 사람들의 이름을 기억하는 방법을 하나 고안해냈다.

무척 간단한 방법이었다. 짐 팔리는 새로운 사람을 만나면 그의 이름과 가족 관계, 직업, 정치적 성향 등을 파악해 얼굴과 함께 잘 기억해놓았다. 이렇게 함으로써 그는 1년 후에 그 사람을 다시 만나도 등을 툭 치며 부인과 아이들은 잘 지내는지, 뒷마당에 있는 접시꽃이 시들지는 않았는지 등을 물어볼 수 있었다. 그의 지지자가 늘어나는 것은 당연한 일이었다.

루스벨트가 대통령 선거 유세를 시작하기 전 수개월 동안 짐 팔리는 미국 서부 및 북서부에 있는 사람들에게 하루에도 수백 통의 편지를 보냈다. 그런 후 유세를 위해 마차와 기차, 자동차, 배 등 여러 교통수단을 이용해가며 19일간 20개 주, 1만 2천 마일을 순회했다. 순회하는 길에 이 마을 저 마을을 들러 아는 사람들과 함께 차나 식사를 하면서 '솔직한 대화'를 나눴다. 그러고는 다음 여정을 위해 급히 달려갔다.

순회를 마치고 동부로 돌아온 그는 자신이 방문했던 마을마다 한 명씩 편지를 보내 만났던 모든 사람의 명단을 보내주기를 부탁했다. 최종 명부에는 수천 명의 이름이 들어 있었다. 짐 팔리는 명부에 들어 있는 사람 모두에게 친근한 호칭이 들어 있는 편지를 보냈다. 편지는 '친애하는 빌'이나 '친애하는 조'로 시작되었고, 언제나 짐이라고 서명이 되어 있었다.

짐 팔리는 사람들이 대개 이 세상 모든 사람의 이름을 합친 것보다 더 자신의 이름에 관심을 기울인다는 사실을 일찍 간파했다. 그래서 다른 사람의 이름을 기억하고 편안하게 불러주면 은근하면서도 매우 효과적인 찬사가 된다. 하지만 이름을 잊어버리거나 잘못 기억하면 정반대의 결과를 가져오게 된다.

예를 들어보겠다. 나는 파리에서 대중연설에 관한 강의를 진행하면서 파리에 있는 모든 미국인에게 같은 내용의 편지를 보낸 적이 있다. 영어에 그리 능통하지 못한 프랑스인 타자수가 이름을 치면서 큰 실수를 저질렀다. 결국 파리에 있는 미국계 대형 은행의 지점장으로부터 어떻게 자기 이름의 철자를 틀리게 쓸 수 있느냐는 엄중한 항의를 받기까지 했다.

앤드루 카네기가 성공한 원인이 어디에 있었던가? 그는 강철왕이라고 불렸다. 하지만 그는 제강업에 대해 잘 모른다고 했다. 그의 회사에는 그보다 강철에 대해 많이 아는 사람들이 수백 명이 넘었다.

하지만 그는 사람들을 부릴 줄 알았다. 그것이 바로 그를 부자로 만들어주었다. 어려서부터 카네기는 사람을 조직하고 통솔하는 데 뛰어난 재능을 보였다. 열 살 무렵 그는 사람들이 놀라울 정도로 이름을 중요하게 여긴다는 사실을 깨닫고, 사람들의 협력을 얻는 데 활용했다.

예를 들어보자. 그가 스코틀랜드에서 살던 어린 시절, 하루는 토끼를 한 마리 잡았는데 새끼를 배고 있었다. 그리고 얼마 지나지 않아 그에게는 한 무리의 새끼 토끼가 생겼다. 문제는 먹일 게 없다는 거였다. 그는 멋진 생각을 했다. 동네 친구들에게 앞으로 토끼풀이나 민들레를 뜯어다 토끼를 먹이면 토끼에게 그 아이 이름을 붙이겠다고 말했다. 그 계획은 효과가 있었다. 카네기는 결코 그 일을 잊지 못했다.

수년 후 카네기는 같은 심리를 사업에 이용해 수백만 달러를 벌었다. 예를 들면, 펜실베이니아 철도회사에 강철 레일을 납품하려 할 때의 일이었다. 당시 펜실베이니아 철도회사의 사장은 J. 에드가 톰슨이었다. 그래서 카네기는 펜실베이니아주의 피츠버그에 대형 제철 공장을 세우고는 '에드가 톰슨 철강회사'라고 이름 붙였다.

여기에 수수께끼가 있다. 한번 풀어보시라. 펜실베이니아 철도회사가

J. 에드가 톰슨(왼쪽)과 에드가 톰슨 철강회사(오른쪽)

강철 레일을 구매할 때, 사장인 J. 에드가 톰슨은 어느 회사를 선택했을 것 같은가? 최대 규모의 유통회사 시어스 로벅을 선택했을까? 아니다. 틀렸다. 다시 한번 해보시라.

침대 열차 사업의 주도권을 잡기 위해 조지 풀먼과 경합을 벌일 때, 이 강철왕은 토끼에 얽힌 교훈을 다시 한번 떠올렸다. 당시 카네기가 운영하던 센트럴 철도회사는 풀먼의 회사와 경쟁 관계였다. 두 회사는 유니언 퍼시픽 철도의 침대차 사업권을 따기 위해 노력하는 과정에서 정면충돌했다. 그래서 가격을 내리는 등 서로 제 살 깎아 먹기 경쟁을 벌이고 있었다. 카네기와 풀먼 두 사람 다 유니언 퍼시픽 사의 회장을 만나러 뉴욕으로 갔다. 어느 저녁인가 두 사람이 호텔에서 만났는데, 카네기가 풀먼에게 이렇게 이야기했다. "안녕하십니까, 풀먼 씨. 우리 둘 다 미련한 짓 하고 있는 거 아닌가요?"

"무슨 말이십니까?" 풀먼이 물었다.

그러자 카네기가 생각해둔 복안을 꺼냈다. 두 회사의 공동투자였다. 서로 경쟁할 게 아니라 협력하면 어떤 이익이 생기는지 열변을 토하며 보여주었다. 풀먼도 열심히 듣긴 했으나 확신하는 것 같지는 않았다. 마침내 그가 물었다. "새 회사 이름은 어떻게 하실 생각이십니까?" 그러자 카네기가 즉시 대답했다. "그야 당연히 '풀먼 객차 회사'죠."

풀먼은 얼굴이 밝아지더니 이렇게 이야기했다. "제 방으로 가시죠. 좀 더 이야기를 나눕시다." 이 대화로 산업계의 역사가 이루어졌다.

친구와 사업 동료의 이름을 외우고 또 그 이름을 명예롭게 만들어주는 정책이야말로 카네기의 리더십이 성공할 수 있었던 비결 가운데 하나였다. 그는 자신이 수많은 직원의 이름을 외우고 있음을 자랑스러워했다. 그리고 그가 경영하는 동안 그의 철강회사에서 한 번도 파업이 일어나지 않았다는 사실도 자랑스러워할 만했다.

한편 폴란드 출신의 피아니스트 파데레프스키는 항상 풀먼 침대차의 흑인 요리사를 '카퍼 씨'라고 부름으로써 요리사의 어깨를 으쓱하게 만든 예도 있다. 파데레프스키는 15번이나 미국을 방문, 전국 각지에서 연주하여 청중들의 열광적인 환호를 받았다. 연주 때마다 그는 전용 침대차를 이용했고, 연주 후에는 언제나 같은 요리사가 야식을 준비해주었다. 파데레프스키는 한 번도 그 요리사를 미국에서 흔히 하듯이 편하게 '조지'라고 부르지 않았다. 유럽 격식대로 그는 언제나 요리사를 '카퍼 씨'라고 불렀고, 카퍼도 그렇게 불리는 것을 좋아했다.

사람들은 누구나 자신의 이름을 자랑스럽게 여기기 때문에 어떤 값을 치르더라도 자신의 이름을 영원히 남기고자 한다. 심지어 허풍이 심하고 고집 센 당대 최고의 쇼맨 P. T. 바넘은 실망스럽게도 자기 이름을 물려줄 아들을 갖지 못하자 외손자 C. H. 실리에게 '바넘 실리'로 개명하면 2만 5천 달러를 물려주겠다고 제안할 정도였다.

2백 년 전의 부자들은 작가들을 후원하고 그들이 책을 자신에게 헌정하도록 했다. 오늘날 도서관과 박물관에 호화 소장품이 있는 것은 사람들의 기억에서 자신의 이름이 지워지는 것을 참을 수 없었던 많은 사람덕택이다. 뉴욕 시립 도서관에는 애스터와 레녹스 소장품이 있다. 메트로폴리탄 박물관에는 벤저민 알트먼과 J. P. 모건의 이름이 영원히 새겨져 있다. 그리고 거의 모든 성당을 아름답게 꾸며주고 있는 스테인드글라스에는 기증자의 이름이 새겨져 있다.

사람들이 이름을 기억하지 못하는 이유는 단순히 정신을 집중해 이름을 반복함으로써 마음속 깊이 새기는 데 필요한 시간과 정력을 들이지 않기 때문이다. 사람들에게는 변명거리가 있다. 즉, 그들은 너무 바쁘다.

하지만 그들이 아무리 바빠도 프랭클린 D. 루스벨트만큼 바쁘겠는가? 루스벨트는 잠깐 만난 기계공의 이름까지도 기억했다가 다시 생각해낼 정도로 시간을 들였다.

이런 예가 있다. 루스벨트는 다리가 불편하여 평범한 차를 운전할 수 없었다. 그래서 크라이슬러사에서는 그를 위해 특별한 차 한 대를 만들었다. W. F. 체임벌린과 기계공 한 사람이 차를 가지고 백악관으로 갔다. 체임벌린 씨가 자신의 경험을 기록한 편지를 보내주었는데, 지금부터는 그 편지를 인용하기로 하겠다.

저는 루스벨트 대통령께 여러 가지 특수 장치가 되어 있는 그 자동차의 운전법을 가르쳐드렸습니다. 하지만 그분은 제게 사람 대하는 법을 가르쳐주셨습니다.

백악관에 도착했더니 대통령은 기분이 매우 좋아 보였습니다. 그는 제 이름을 친근하게 불렀고, 저를 편하게 만들어주셨습니다. 특히 제가 보여드리고 알려드린 일에 상당한 관심이 있다는 점이 인상적이었습니다. 그 차는 손만 가지고도 운전할 수 있도록 제작된 차였습니다. 많은 사람이 차를 구경하려고 몰려들었습니다. 대통령이 이렇게 말씀하셨습니다. "이거 정말 놀랍군. 버튼을 누르기만 하면 별 힘 안 들이고도 차가 저절로 굴러가니 말이야. 정말 대단해. 이게 어떻게 앞으로 가는지 궁금하군. 언제 시간 나면 분해해서 작동 방식을 보고 싶구먼."

백악관 사람들이 차에 경탄하고 있는 자리에서 대통령은 이렇게 말씀하셨습니다. "체임벌린 씨, 이 차를 개발하느라 시간과 노력을 들여주셔서 정말 감사합니다. 정말 대단합니다." 대통령은 라디에이터와 백미러, 시계, 특수 조명등, 실내 장식, 운전자석의 의자 위치, 그의 머리글자를 새긴 슈트케이스가 들어 있는 트렁크 등에 칭찬을 아끼지 않으셨습니다.

달리 말하자면 대통령이 생각하시기에 제가 신경을 쓴 부분이라고 보이는 곳은 아무리 사소한 곳이라도 빠뜨리지 않고 언급하셨던 것이죠. 그는 영부인과 노동장관인 프랜시스 퍼킨스, 그리고 비서에게도 그런 장치들을 주목해 보라고 하셨습니다. 심지어 나이 든 흑인 짐꾼을 오라고 하시더니 "조지, 이 가방들은 특별히 조심해야 하네." 하시더군요.

운전 교습이 끝나자 대통령은 내게 "체임벌린 씨, 연방 준비 제도 이사회(FRB)를 벌써 30분이나 기다리게 했네요. 이제 가봐야 할 것 같습니다." 하고 말씀하셨습니다.

저는 백악관에 가면서 기계공 한 명을 대동하고 갔습니다. 그는 처음 대통령께 인사드린 후부터는 대통령과 이야기를 나눈 적이 없었기 때문에 대통령은 그의 이름을 단 한 번 들었을 뿐입니다. 그는 약간 수줍어하는 편이라 항상 뒤편에 서 있었습니다. 하지만 떠날 적에 대통령은 기계공을 보시더니 그의 이름을 부르며 악수를 하셨습니다. 그러고는 워싱턴까지

와줘서 고맙다고 하시더군요. 그 인사는 전혀 형식적인 것이 아니라 진심에서 우러나온 것이었습니다. 그것이 제게도 느껴졌습니다.

뉴욕으로 돌아오고 나서 며칠 뒤에 저는 우편으로 루스벨트 대통령의 사진을 받았습니다. 거기에는 대통령의 친필 서명과 함께 도움에 진심으로 감사한다는 메모가 들어 있었습니다. 어떻게 그런 시간까지 낼 수 있었는지 정말 놀라울 따름입니다.

프랭클린 D. 루스벨트는 호의를 얻는 가장 단순하고 가장 명백하며 가장 중요한 방법은 상대방의 이름을 기억하고 그가 인정받는다는 느낌을 주는 것이란 점을 잘 알고 있었다.

그런데 우리 중에서는 몇 명이나 그렇게 하고 있을까? 누군가를 만나서 이야기를 나누고도 돌아서서는 이름조차 기억하지 못하는 경우가 태반이다.

정치인이 배워야 할 첫째 교훈은 이것이다. "유권자의 이름을 기억하는 것이 정치인의 조건이다. 이름을 기억하지 못하면 그도 잊힌다."

상대방의 이름을 기억하는 것은 정치에서뿐만 아니라 사업이나 사교에서도 중요하다. 나폴레옹의 조카이며 프랑스의 황제인 나폴레옹 3세는 궁정 일로 바쁜 도중에도 자신이 만나는 모든 사람의 이름을 기억할 수 있다고 자랑했다.

그의 비결은 무엇이었을까? 간단하다. 이름을 잘 듣지 못하면 그는 이렇게 말했다. "정말 미안하네만, 이름을 다시 한번 말해주겠나?" 그러고 나서 이름이 독특한 경우에는 "어떻게 쓰지?" 하고 물어보았다. 또 대화하는 사이에 상대방의 이름을 서너 번 반복해보고, 이름을 그 사람의 생김새나 말투, 전체적인 인상과 연관해 기억하려고 노력했다.

만일 상대방이 중요한 사람이라면 그는 조금 더 수고를 들였다. 상대방이 자리를 비워서 혼자 있게 되면, 즉시 종이에 그 사람의 이름을 써놓고 집중해서 그 이름을 바라보며 기억에 새긴 다음 종이를 찢어버렸다. 이렇게 그는 이름을 귀로 익힐 뿐 아니라 눈으로도 익혔다.

이 모든 게 시간이 필요하다. 하지만 에머슨이 말한 대로 예절은 작은 희생들로 이루어져 있다.

그러므로 사람들의 호감을 사고 싶다면, 다음 방법처럼 해보라!

📋 사람의 호감을 얻는 방법 3

- **상대방에게는 자신의 이름이 사람의 입에서 나오는 가장 달콤하면서도 가장 중요한 말임을 기억하라.**

  Remember that a man's name is to him the sweetest and most important sound in the English language.

IV

대화를 잘하는 사람이
되기 쉬운 방법

AN EASY WAY TO BECOME
A GOOD CONVERSATIONALIST

최근 브리지 파티에 초대를 받은 적이 있다. 개인적으로 나는 브리지 게임을 즐기지 않는다. 그리고 그 자리에는 나처럼 브리지 게임을 즐기지 않는 사람이 한 명 더 있었는데 금발의 부인이었다. 이야기하는 도중에 〈아라비아의 로렌스〉로 유명한 로웰 토머스가 라디오로 옮기기 전까지 내가 그의 매니저였음을 알려주었다. 그리고 그를 도와 그가 당시 공연하던 유명한 여행 만담을 준비하기 위해 유럽 여행을 자주 다녔다는 사실도 알려주었다. "카네기 씨, 당신이 가본 멋진 곳들과 그곳의 아름다운 경치에 대해 들려주지 않으시겠어요?" 그녀가 물었다.

자리를 잡고 앉자 그녀는 자신과 남편이 최근 아프리카 여행을 마치고 돌아왔다는 이야기를 꺼냈다. "아프리카요!" 내가 감탄했다. "정말 재미있었겠네요. 항상 아프리카에 가보고 싶어 했는데, 알제리의 수도 알제에

24시간 머문 것 외에는 한 번도 가보지 못했네요. 커다란 동물들이 사는 곳도 방문해보셨어요? 그래요? 정말 좋았겠군요. 부럽습니다. 아프리카 이야기 좀 더해주시죠."

부인의 이야기는 45분간 계속되었다. 그녀는 내가 어디 갔었는지, 어떤 걸 보았는지는 두 번 다시 묻지 않았다. 그녀는 내 여행담을 듣고 싶었던 것이 아니었다. 그녀는 그녀 자신을 드러낼 수 있도록, 그리고 어디 다녀왔는지 이야기할 수 있도록 잘 들어주는 사람을 원했다.

그녀가 특별한 경우인가? 아니다. 사람 대부분이 그렇다.

예를 들어보자. 최근 나는 뉴욕의 출판업자인 J. W. 그린버그가 주최한 만찬에서 저명한 식물학자를 만났다. 식물학자와 이야기를 나눈 적이 없어서 그런지 나는 그에게 흠뻑 빠져버렸다. 그가 마취제나 마약으로 쓰이는 해시시, 유명한 육종학자인 루터 버뱅크, 실내 정원 등에 관한 이야기와 감자 하나에도 얼마나 많은 신기한 사실들이 숨어 있는지에 관한 이야기를 해주는 동안, 나는 말 그대로 넋을 놓고 앉아 있었다. 우리 집에도 조그만 실내 정원이 있었는데, 그의 이야기를 듣다 보니 여러 가지 문제를 해결할 방도를 찾을 수 있었다.

이미 이야기한 대로 그 자리는 만찬회였다. 우리 말고도 손님이 열 명 정도 더 있었는데, 나는 사교의 원칙에 어긋나게 다른 손님에게는 신경도 쓰지 않고 몇 시간 동안 그 식물학자 한 사람과 이야기하고 있었다. 밤이 깊어져 나는 모두에게 인사를 하고 자리를 떴다. 그러자 그 식물학자는 만찬 주최자에게 가서 나를 칭찬하는 말을 쏟아냈다고 한다. 내가 '매우 이야기를 잘 이끈다'라든가, 나를 '이렇다', '저렇다' 칭찬을 하더니, 마지막에는 내가 '매우 재미있게 대화를 잘하는 사람'이라는 말로 끝을 맺었다고 한다.

재미있게 대화를 잘하는 사람? 내가? 나는 거의 아무 말도 하지 않았다. 이야기하고 싶어도 화제를 바꾸지 않고서는 이야기할 수가 없었다. 식물학에 대해서는 펭귄 해부하는 것이나 마찬가지로 하나도 아는 게 없기 때문이었다. 하지만 나는 이것 하나는 했다. 즉 열심히 듣고 있었다. 내가 경청한 것은 진정으로 관심이 있었기 때문이었다. 그리고 그도 내가 그렇다는 것을 느꼈다. 자연히 그는 기분이 좋았다.

이런 방식으로 경청하는 것은 우리가 다른 사람에게 줄 수 있는 최고의 찬사라 할 수 있다. 잭 우드포드는 『사랑의 이방인』이라는 책에서 이렇게 썼다. '상대방의 이야기를 열중해서 들어주는 것은 거의 모든 사람이 좋아할 수밖에 없는 은근한 아부다.'

나는 열중해서 들어주는 것 이상의 일을 했다. 나는 '진심으로 인정해 주고 칭찬을 아끼지 않았던 것'이다. 나는 그 식물학자에게 너무나 재미있었고, 배운 게 많았다고 이야기했다. 나는 그에게 실제로 많이 배웠다. 그리고 나도 당신만큼 아는 게 많아지기를 원한다고 말했다. 지금도 나는 그렇게 원하고 있다. 또한 나는 당신과 함께 들판을 헤매고 싶다고 했다. 지금도 그런 생각을 하고 있다. 마지막으로 꼭 다시 만나자고 했다. 나는 앞으로 꼭 그럴 기회를 만들 것이다.

이렇게 해서 그는 나를 대화를 잘하는 사람이라고 여기게 된 것이다. 실상은 잘 들어준 것과 그가 이야기하도록 북돋워 준 것밖에 없는데 말이다.

사업상의 상담을 성공으로 만드는 비결이나 신비는 무엇일까? 하버드대 전 총장인 찰스 W. 엘리엇 교수는 이렇게 말했다.

성공적인 사업 상담에 비결이란 없다. 당신에게 말하고 있는 사람의 말을 집중해 들어주는 것이 매우 중요하다. 그것이 가장 상대방을 기분 좋게 한다.

찰스 W. 엘리엇(Charles W. Eliot)
미국 하버드 대학교의 총장을 역임한 학자이다. 하버드 대학교를 근대 연구 중심의 종합 대학교로 바꾸었다.

뻔하지 않은가! 하버드대에서 4년 동안이나 공부하지 않더라도 이 정도는 충분히 알 수 있다. 하지만 우리는 사람들이 비싼 점포를 얻고 물건을 싸게 공급받으며 창문에는 갖가지 치장을 하고 광고에 돈을 펑펑 쓰면서도, 정작 직원을 뽑을 때는 고객의 말을 잘 들어주지 않는 사람, 즉 고객의 말을 막고 고객의 말에 반박하며, 고객을 짜증 나게 해서 결국은 쫓아버리고 마는 그런 사람을 채용하는 경우를 너무 많이 본다.

J. C. 우튼의 경험을 예로 들어보자. 그는 내 강의에서 이 이야기를 들려주었다. 그는 뉴저지주 뉴어크의 번화가에 있는 백화점에서 양복 한 벌을 샀다. 집에 와서 보니 양복이 기대 이하였다. 양복에서 물이 빠져 와이셔츠 깃에 얼룩이 져 있었다.

양복을 들고 다시 백화점으로 가서 물건을 판 직원을 찾아 전후 사정을 이야기했다. 내가 '이야기했다.'라고 했는가? 미안하다. 그건 과장이다. 그는 이야기하려고 시도했다. 하지만 성공하지 못했다.

직원이 그의 말을 막고 이렇게 대꾸했다. "이 양복을 수천 벌 팔았지만, 그런 불만 사항은 처음 듣습니다." 말투는 더 안 좋았다. 직원의 도전적인 말투는 이런 뜻이었다. '거짓말 마세요. 우리에게 덤터기를 씌울 수 있다

고 생각하나 본데, 그리 호락호락하지는 않을 겁니다.'

이런 이야기를 나누고 있는데, 다른 직원이 끼어들었다. "진한 색 양복은 모두 처음에는 물이 조금 빠집니다. 그건 어쩔 수가 없습니다. 그 가격대에서는요. 염색 문제니까요."

"이때쯤 되니까, 저도 부글부글 끓더라고요." 우튼 씨가 말했다.

첫 번째 직원은 제 정직성을 의심하더니, 두 번째 직원은 제가 싸구려를 샀다는 얘길 하는 게 아니겠습니까? 화가 머리끝까지 치솟았습니다. 그래서 양복을 집어 던지고 한바탕 욕을 퍼붓고 돌아서려 했습니다.

그런데 마침 백화점 지배인이 근처를 지나갔습니다. 지배인은 역시 지배인다웠습니다. 그로 인해 내 태도가 완전히 바뀌었습니다. 그는 화가 잔뜩 난 소비자를 만족스러운 고객으로 바꾸어놓았습니다. 어떻게 했느냐고요? 세 가지입니다.

우선, 내가 하는 이야기를 처음부터 끝까지 한마디 말도 없이 다 들어주었습니다.

둘째, 내가 말을 마치고 직원이 자기 생각을 늘어놓으려고 하자, 그는 내 처지에 서서 그들과 이야기했습니다. 와이셔츠에 얼룩이 진 것이 그 양복 때문이라는 것뿐 아니라, 그 백화점에서는 충분히 만족스러운 물건만 팔아야 한다고 주장했습니다.

셋째, 그는 양복에 그런 결함이 있는 줄 몰랐다는 점을 인정하고, 아주 간단히 이렇게 이야기했습니다. "양복은 어떻게 하시는 게 좋겠습니까? 원하시는 대로 해드리겠습니다."

몇 분 전만 해도 그들에게 이 빌어먹을 양복을 갖고 가라고 할 생각이었으나 그때는 이렇게 말했을 뿐이었습니다. '조언만 해주시면 됩니다.

이런 현상은 일시적이겠지요? 어떻게 하면 좋아질까요?'

그는 내게 1주일만 더 두고 지켜보는 게 어떠냐고 하면서 이렇게 이야기했습니다. '그때도 좋아지지 않으면 가져오십시오. 다른 것으로 바꿔드리겠습니다. 불편하게 해서 죄송합니다.'

나는 만족해서 백화점에서 나왔습니다. 1주일이 지나자 양복은 괜찮아지더군요. 그 백화점에 대한 내 신뢰도 완전히 회복되었고요.

그 지배인이 그 백화점의 사장이 되었다 해도 그리 놀랄 일은 아닐 것이다. 문제의 직원들은 아마 평생 그냥 직원으로 머물 것이다. 아니 어쩌면 고객을 대하지 않아도 되는 포장부서로 전출돼 영원히 거기에 있을지도 모를 일이다.

정말 이야기를 잘 들어주는 사람은 이해심을 가지고 묵묵히 들어준다. 바짝 약이 올라 머리를 빳빳하게 세운 코브라가 속에 품은 독을 뿜어내듯 털어놓는, 화가 난 사람들의 이야기조차도 말이다. 이런 사람 앞에서는 상습적인 불평꾼이나 가장 극성맞은 비판론자라 할지라도 약해지고 누그러지게 마련이다. 예를 들어보겠다. 수년 전 뉴욕 전화 회사는 전화 교환원들을 괴롭히던 가장 악독한 소비자 한 명 때문에 골치를 썩이고 있었다. 그는 욕설을 늘어놓고 고함을 지르며 전화기를 뽑아버리겠다고 협박을 했다. 그는 자신이 보기에 잘못 청구된 요금을 내지 않겠다고 했다. 그는 언론에도 투고하고, 공공 서비스 위원회에 불만을 접수하고 전화 회사를 상대로 몇 건의 소송도 진행했다.

마침내 회사에서 가장 뛰어난 '문제 해결사'가 이 말썽꾸러기 고객과 상담하기 위해 파견되었다. 이 '해결사'는 말썽꾸러기 고객이 불만을 쏟아내는 것을 가만히 듣고 있기만 했다. 가만히 들으면서 "맞습니다." 하고 고객의 불평에 맞장구를 쳐주었다.

그 '문제 해결사'가 카네기 강좌에 와서 자신의 경험에 대해 한 말을 직접 들어보자.

그는 거의 3시간 동안이나 미친 듯 떠들어댔고 나는 듣기만 했습니다. 그런 후 나는 돌아가서 상황을 조금 더 파악해보았습니다. 그를 네 번 면담했는데, 네 번째 면담이 끝날 무렵 나는 그가 막 설립한 조직의 창립 멤버가 되어 있었습니다. 그는 그 조직을 '전화 이용자 보호 협회'라고 불렀는데, 나는 아직도 그 조직 멤버입니다. 그리고 제가 아는 한 그 조직 멤버는 그와 내가 전부입니다.

면담하는 동안 나는 그의 이야기를 들으며 어떤 점에 대해서건 동감을 표시했습니다. 그는 여태 이런 식으로 이야기하는 전화국 직원을 본 적이 없었는지, 우리는 결국 친구처럼 지내게 되었습니다.

제가 찾아간 이유는 첫 번째 면담에서도, 두 번째, 세 번째 면담에서도 결코 꺼낸 적이 없습니다. 하지만 네 번째 면담에서 모든 일은 깨끗이 해결되었습니다. 그는 모든 요금을 납부했고, 그가 전화 회사와 분쟁을 시작한 이래 처음으로 공공 서비스 위원회에 제기한 불만을 자진해서 철회했습니다.

그 고객은 자신을 가혹한 착취로부터 공공의 권리를 보호하는 성스러운 십자군이라고 여겼을지도 모른다. 하지만 현실적으로 그가 원한 것은 자신의 존재를 인정받는 것이었다. 처음에 그는 소란을 일으키고 불평을 함으로써 자신의 존재가 인정받고 있다고 느꼈다. 그런데 회사에서 온 사람에 의해 자신의 존재가 인정받는다고 느끼게 되자, 그가 불만이라고 상상해오던 것들이 순식간에 사라져버렸다.

몇 년 전의 일이다. 어느 날 아침 한 고객이 잔뜩 화가 나서 줄리안 F. 데트머의 사무실로 쳐들어왔다. 데트머는 세계 최고의 모직물 공급 회사로 자리매김한 데트머 모직회사의 설립자다. 바로 그 데트머의 이야기를 들어보기로 하자.

그 고객은 우리에게 15달러를 빚지고 있었습니다. 고객은 아니라고 했지만, 우리는 그가 착각하고 있다는 것을 알고 있었죠. 그래서 우리 회사의 채권 부서에서는 그에게 대금을 지급할 것을 종용했습니다. 이렇게 독촉장을 몇 차례 받게 되자 그는 가방을 싸서 멀리 시카고에 있는 내 사무실까지 달려와, 자신은 한 푼도 갚을 생각이 없을 뿐 아니라 앞으로 데트머 회사와는 거래를 끊겠다고 말했습니다.

나는 그가 하는 말을 조용히 들어주었습니다. 말을 막고 싶은 생각도 있었지만 그러는 게 좋지 않다는 것을 알고 있었죠. 그래서 다 떠들 때까지 놔뒀습니다. 어느 정도 분이 가라앉고 냉정해질 만한 상황이 되자 내가 조용히 이야기했습니다. "제게 이런 말을 전달하기 위해 시카고까지 와 주셔서 고맙습니다. 당신은 제게 큰 도움을 주셨습니다. 왜냐하면 우리 채권 부서가 당신을 이렇게 불편하게 만들었다면 다른 선량한 고객들도 불편하게 만들지 모르기 때문입니다. 그렇게 되면 큰일이지요. 정말 당신이 말하고자 하는 마음보다 제가 이런 얘길 듣고자 하는 마음이 더 컸다고 생각합니다."

그는 제가 이런 이야기를 할 줄은 꿈에도 생각지 못했을 것입니다. 제 생각에 그 사람은 무척 실망했을 것입니다. 나에게 따지기 위해 시카고까지 달려왔는데, 내가 같이 따지기는커녕 오히려 그에게 고맙다고 하니 말입니다. 나는 그에게 15달러는 지워버리겠다고 약속했습니다. 우리 회사 직원들은 수천 개의 거래를 관리해야 하지만, 당신은 주의 깊은 사람인데다가 하나의 거래만 관리하니 우리보다 틀릴 가능성이 작지 않겠느냐는 게 이유였습니다.

당신이 어떻게 생각하는지 이해하며 또 내가 당신 처지라면 똑같이 생각했을 것이라고 이야기해주었습니다. 그리고 앞으로 우리 회사와 거래를 안 한다니 몇 군데 좋은 모직회사를 추천해주었습니다.

예전에 그가 시카고에 오면 같이 점심을 먹곤 했기 때문에 그날도 같이 점심을 먹자고 했죠. 좀 망설이긴 했지만 받아들이더군요. 점심 먹고 사무실로 돌아왔을 때 그는 이전 어느 때보다도 많은 물량을 주문했습니다. 그는 화를 풀고 집으로 돌아갔습니다. 그리고 적어도 우리 회사가 공정한 만큼 자신도 공정해지겠다는 생각으로 영수증을 살펴보다가 빠뜨린 청구서 한 장을 발견하고는 사과의 편지와 함께 문제의 15달러를 보내왔습니다. 나중에 남자아이를 낳게 되자 그는 아이의 가운데 이름을 데트머라고 지었습니다. 그는 22년 후 세상을 뜰 때까지 좋은 친구, 좋은 고객이 되어주었습니다.

오래전의 일이다. 네덜란드에서 이민 온 한 가난한 소년이 방과 후에 50센트를 받고 빵집 유리창을 닦고 있었다. 소년의 가족은 너무나 가난했기 때문에, 소년은 양동이를 들고 거리로 나가 석탄 실은 마차에서 떨어진 석탄 부스러기를 주우러 시궁창을 뒤지고 다녀야 했다. 그 소년, 에드워드 보크가 받은 학교 교육이라곤 6년이 전부였다. 하지만 나중에 이 소년은 미국 역사상 가장 성공적인 잡지 편집인이 되었다. 그에게 무슨 일이 있었을까? 그 과정은 무척 길지만, 그가 어떻게 시작했는지는 짧게 이야기할 수 있다. 그의 출발은 이 책에서 지금 이야기하고 있는 원칙을 활용한 것이었다.

보크는 13세에 학교를 그만두고 웨스턴 유니언 전신 회사에서 1주일에 6달러 25센트를 받는 급사가 되었다. 하지만 결코 공부에 대한 꿈을 포기하지 않았다. 그는 독학을 시작했다. 차비를 아끼고 점심을 굶어가며 돈을 모아 『미국 전기 전집』을 샀다. 그러고는 여태 아무도 하지 않은 일을 시작했다. 그는 유명인들의 삶에 대해 읽은 다음 그들에게 자신들의 어린 시절에 대해 더 알려달라는 편지를 보냈다.

또 보크는 남의 말을 듣는 데 뛰어난 사람이었다. 그는 유명인들이 자신에 대해 이야기하도록 만들었다. 당시 대선주자로 나선 제임스 A. 가필드 장군에게 편지를 보내 예전에 어린 시절 운하에서 배를 끄는 일을 한 게 사실인지 물었다. 가필드 장군은 답장을 보냈다. 보크는 남북전쟁 때

에드워드 보크(왼쪽)와 보크 타워 가든에 전시된 가구(오른쪽)

북군 사령관이던 그랜트 장군에게 편지로 당시에 있었던 한 전투에 관해 물어보았다. 그랜트 장군은 소년을 위해 지도를 그려주고, 당시 14세인 소년을 저녁 식사에 초대해 저녁 내내 이야기를 나누었다.

보크는 에머슨에게도 편지를 써서 에머슨 자신에 대해 이야기해달라고 요청했다. 웨스턴 유니언 사의 급사인 이 소년은 금세 전국의 유명인들과 편지를 주고받게 되었다. 에머슨, 필립스 브룩스, 올리버 웬델 홈스, 롱펠로, 에이브러햄 링컨 여사, 루이자 메이 올컷, 서민 장군, 세퍼슨 데이비스 같은 사람들이었다.

보크는 이런 유명인들과 편지를 주고받았을 뿐 아니라 휴가 때는 환영받는 손님이 되어 그들의 집을 방문했다. 이런 경험은 그에게 소중한 자신감을 심어주었다. 이 유명인들은 소년에게 삶을 180도 바꿔놓을 비전과 꿈을 심어주었다. 그리고 다시 말하지만, 이 모든 것은 순전히 이 책에서 지금 이야기하고 있는 원칙들을 충실히 실천하는 것으로 가능했다. 유명인들을 인터뷰하기로 유명한 아이작 F. 마커슨은 사람들이 대개 주의 깊게 듣지 않기 때문에 좋은 인상을 주지 못한다고 단언했다. "사람들은 다음에 무슨 말을 해야 할지를 너무 깊이 생각하느라 잘 듣지를 못합니다. 유명인들은 말 잘하는 사람보다는 잘 듣는 사람이 되겠다는 이야기를 많이 합니다. 재능이 참 많긴 하지만 잘 들을 수 있는 재능은 정말 드문 것 같습니다."

유명인들만이 아니라 보통 사람들도 잘 듣는 사람이 되기를 갈망한다. 언젠가 〈리더스 다이제스트〉에 나온 말처럼, '사람들이 의사를 부르는 것은 자기 말을 들어줄 사람이 필요하기 때문이다'.

남북전쟁이 한창이던 때, 링컨은 일리노이주 스프링필드에 사는 옛 친구에게 편지를 보내 상의할 게 있으니 워싱턴으로 와달라고 부탁했다. 친구가 백악관에 도착하자 링컨은 노예 해방 선언을 하는 것이 적절한 지에 대해 몇 시간 동안이나 이야기했다. 또한 그러한 움직임에 대한 찬반 의견을 검토하고, 신문에 실린 기사와 의견들을 읽어주었다. 어떤 것은 왜 노예 해방을 하지 않느냐며, 또 어떤 것은 왜 노예를 해방하느 냐며 링컨을 비판하고 있었다. 몇 시간 동안 이야기를 한 뒤 링컨은 악수 하고 잘 가라며 옛 친구를 집으로 돌려보냈다.

링컨은 친구의 의견을 물어보지도 않았다. 링컨 혼자만 계속 떠들었 다. 그러면서 마음의 정리가 되는 것 같았다. "그렇게 이야기하고 나니 까 조금 편안해하는 것 같더군." 하고 링컨의 옛 친구는 말했다. 링컨이 필요한 건 조언이 아니었다. 그가 원한 건 자신이 짐을 벗을 수 있도록 편안하게 공감하며 들어줄 사람이었을 뿐이다. 우리가 어떤 문제에 부

링컨 대통령이 노예 해방 선언을 처음으로 낭독하는 모습을 담은 그림(Francis Bicknell Carpenter, 미국 국회의사당)

닥쳤을 때도 필요한 것은 바로 이런 것이고, 대부분의 화난 고객이나 불만에 찬 종업원, 상처를 받은 친구가 원하는 것도 이것이다.

사람들이 여러분을 기피하고 등 뒤에서 비웃으며, 심지어는 경멸하게 만들고 싶다면 이렇게 하면 된다. 상대의 말을 끝까지 듣지 말라. 여러분 자신에 대해 끊임없이 이야기하라. 다른 사람이 이야기하는 도중에 어떤 생각이 떠오르면 그의 말이 끝날 때까지 기다리지 말라. 그는 당신만큼 똑똑하지 않다. 왜 그의 쓸데없는 이야기를 들으며 시간을 낭비해야 하는가? 즉시 입을 열어 말을 중간에 끊어버려라.

이런 사람을 본 적이 있는가? 불행히도 나는 본 적이 있다. 놀라운 것은 그중 몇몇은 사회적으로 이름 있는 사람들이란 점이다. 그런 사람들은 지루하다는 말 외에는 할 말이 없다. 자기 자신에만 빠져 있고, 자신만 중요한 줄 아는 그런 사람은 우리를 지루하게 만든다.

자기 자신에 대해서만 이야기하는 사람은 자기 자신만 생각한다. 컬럼비아 대학 총장이었던 니컬러스 머리 버틀러 박사는 "자기 자신만 생각하는 사람은 교양을 배울 줄 모르는 사람이다. 가르침을 아무리 받아도 교양이 생기지 않는다."라고 일갈했다.

그러므로 대화를 잘하는 사람이 되고 싶은 생각이 있다면 주의 깊게 들어야 한다. 찰스 노덤 리 여사는 다음과 같이 말했다. "관심을 끌려면 먼저 관심을 가져야 한다."

다른 사람이 기꺼이 대답해줄 그런 질문을 하라. 상대방이 자신과 자신이 이룬 일에 관해 이야기하도록 이끌라.

여러분에게 이야기를 건네는 사람은 여러분이나 여러분의 문제보다 자신과 자신의 희망, 자신의 문제에 수백 배나 더 관심이 많다는 사실을 명심하자. 중국에서 수백만 명이 굶어 죽는다는 사실보다 자신의 치아 하나가 아픈 게 그에게는 더 심각하다. 아프리카에 지진이 수십 번 일어나도 자기 목에 생긴 종기만큼도 신경을 안 쓴다. 앞으로 대화를 할 적에는 이 점을 명심하자.

그러므로 사람들의 호감을 사고 싶다면, 다음 방법처럼 해보라!

📜 사람의 호감을 얻는 방법 4 ──────────────

- **잘 듣는 사람이 되어라.**
  Be a good listener.
- **상대방이 스스로에 대해 이야기하도록 이끌어라.**
  Encourage others to talk about themselves.

V

사람들의 관심을
끄는 방법

HOW TO
INTEREST PEOPLE

오이스터 베이에 있는 대통령 관저로 시어도어 루스벨트 대통령을 방문한 사람은 누구나 그의 해박하고 다양한 지식에 놀란다. 가말리엘 브래드퍼드가 쓴 글에 따르면 "상대가 카우보이든 의용 기병 대원이든 뉴욕의 정치가이든 외교관이든 루스벨트는 상대에 맞춰 대화를 할 수 있었다." 어떻게 그럴 수 있었을까? 대답은 간단하다. 손님이 온다는 말을 들으면 루스벨트는 그 전날 밤늦게까지 손님이 특히 관심을 두고 있는 주제에 관한 책을 읽었다.

모든 지도자가 그렇듯 루스벨트는 '상대의 마음을 여는 열쇠는 상대가 가장 소중하게 여기는 것에 대해 이야기하는 것'이라는 사실을 잘 알고 있었기 때문이다.

오이스터 베이 근처에 있는 시어도어 루스벨트의 집이었던 사가모어 힐 국립 사적지.

예일대 문과대학 교수이던 윌리엄 라이언 펠프스는 어려서 이런 교훈을 배웠다. 그는 『인간의 본성』이라는 책에 이렇게 썼다.

내가 여덟 살쯤 되었을 때의 일이다. 어느 날인가 나는 후서토닉의 스트랫퍼드에 있는 리비 린슬리 숙모 댁에서 주말을 보내고 있었다. 하루는 저녁 무렵에 중년의 남자가 찾아왔다. 그는 숙모와 약간 말다툼을 벌이는 것 같았는데, 이야기가 끝난 후 내게 말을 걸어왔다. 당시 나는 보트에 무척 관심이 많았는데, 나는 그 남자와 보트에 관해 정말 신나게 이야기를 나눌 수 있었다. 그 남자가 떠난 후 신이 나서 숙모에게 그 남자 이야기를 했다. 정말 멋진 사람이다. 보트에 관한 관심도 엄청나고. 그러자 숙모는 그 남자는 뉴욕에서 온 변호사인데 보트에 대해서는 알지도 못하고 관심도 없는 사람이라고 이야기를 해주었다. "그럼 왜 그렇게 보트에 관해서만 이야기했을까요?"

"그분이 신사라서 그렇단다. 네가 보트에 관심이 있다는 것을 알고 네 마음에 들게, 네가 기분 좋아지게 이야기를 한 거란다. 네가 편하게 느끼도록 처신한 거지."

윌리엄 라이언 펠프스는 이렇게 덧붙였다. "나는 숙모님 말씀을 결코 잊을 수 없었다."

이 Part를 쓰는 동안 나는 헌신적으로 보이스카우트 활동을 하는 에드워드 L. 찰리프가 보낸 편지를 받았다. 그의 편지에는 이렇게 쓰여있었다.

어느 날 나는 도움을 청할 일이 생겼습니다. 유럽에서 대규모의 보이스카우트 잼버리 대회가 열리는데 한 대기업 사장에게 우리 소년단원 한 명의 여행 비용을 후원해달라고 부탁하는 일이었습니다.

세계 스카우트 연맹에서 주최하는 대회인 세계 스카우트 잼버리(World Scout Jamboree). 사진은 1963년 그리스에서 열렸던 대회 현장.

마침 사장을 만나러 가기 직전에 나는 그가 100만 달러짜리 수표를 끊었는데, 사용이 취소되자 액자에 넣어 보관하고 있다는 이야기를 들었습니다.

그래서 그를 만나러 갔을 때 나는 우선 그 수표를 한 번 보여달라고 요청했습니다. 100만 달러짜리 수표라니! 나는 그에게 지금까지 100만 달러를 수표로 끊은 사람이 없는 줄 알았는데, 이번에 내 눈으로 직접 100만 달러짜리 수표를 보고 왔다고 우리 단원들에게 이야기해주고 싶다고 말했습니다. 그는 기꺼이 수표를 보여주었습니다. 나는 감탄하며 수표를 살펴보았습니다. 그러고는 어떻게 이런 수표를 발행하게 되었는지를 물어보았습니다.

여러분도 보다시피 찰리프 씨는 보이스카우트나 유럽에서 열리는 잼버리 대회나, 아니면 자신이 원하는 것에 관한 이야기로 대화를 시작하지 않았다. 그는 상대가 관심을 가지는 것에 대해 우선 이야기했다. 결과를 보자.

이윽고 그 사장이 이야기했습니다. "내 정신 좀 봐. 그런데 무슨 일로 찾아오신 거죠?" 그래서 그에게 전후 사정을 이야기했습니다.

놀랍게도 그는 내가 요청한 것 이상으로 훨씬 더 많이 도와주었습니다. 나는 그에게 소년단원 한 명을 유럽으로 보내달라고 요청했을 뿐인데, 그는 소년단원 다섯 명과 함께 나까지도 보내주었고 유럽에서 7주간 머물다 오라며 1천 달러나 주었습니다. 그는 유럽에 있는 지사장에게 우리에게 편의를 제공하라는 편지를 써서 보냈고, 그 자신 또한 직접 파리로 와 시내 구경을 시켜주었습니다. 그 이후에도 그는 가정 형편이 어려운 단원들에게 직업을 제공해주었습니다. 그는 아직도 우리 그룹에서 열심히 활동하고 있습니다.

하지만 만일 내가 그의 관심사를 미리 파악해 먼저 마음을 열도록 하지 않았다면 그에게 접근하는 게 열 배는 더 어려웠을 것으로 생각합니다.

이것이 사업에서 활용할 수 있는 기술이라고 보이는가? 그런가? 실제 사례로 뉴욕 최고의 제빵회사 뒤버노이 앤 선즈의 헨리 G. 뒤버노이의 경우를 보자.

그가 뉴욕의 어떤 호텔에 빵을 공급하기 위해 노력할 때의 일이다. 그는 4년간이나 매주 호텔 사장을 방문했다. 사장이 참여하는 사회활동도 참여했다. 심지어는 사업을 따기 위해 그 호텔 객실을 예약해 거기서 살기도 했다. 그러나 그는 실패했다.

뒤버노이 씨는 이렇게 이야기했다.

인간관계에 대해 배우고 난 후 나는 전략을 바꾸기로 했습니다. 그 사람이 관심을 가지는 게 무엇인지, 그 사람이 열정을 쏟는 게 어디인지 찾아내기로 한 것이죠.

나는 그가 미국 호텔 영접인 협회의 회원이라는 것을 알게 되었습니다. 그는 형식적으로만 가입한 게 아니고 불타는 열정을 가지고 활동해 협회 회장이 되었으며, 나아가 세계 영접인 협회 회장에까지 올랐습니다. 협회 회의가 아무리 멀리서 열리더라도 그는 반드시 참석했습니다.

그래서 다음 날 그를 찾아갔을 때 나는 영접인 협회에 관한 이야기를 꺼냈습니다. 그의 반응은 정말 놀라웠습니다. 그는 흥분되어 목소리를 높여가며 30분 이상을 협회에 관해 이야기했습니다. 그 모임이 그의 여가 생활이자 삶의 정열을 불태우는 곳이라는 것을 명백하게 알 수 있었습니다. 만남이 끝나기 전 그는 내게 그 협회의 찬조회원으로 가입하도록 했습니다.

그사이 나는 빵에 대해서는 한마디도 꺼내지 않았습니다. 하지만 며칠 후 그 호텔 사무장이 내게 전화를 해 빵의 샘플과 가격을 요청하더군요.

"사장님을 도대체 어떻게 하신 건가요?" 사무장이 반가운 목소리로 이야기했습니다. "어쨌거나 사장님이 확실히 넘어간 것 같군요."

생각해보십시오. 사업을 따기 위해 4년이나 줄기차게 그 사람을 쫓아다니고 있었습니다. 만일 그가 어디에 관심이 있는지, 그리고 그가 어떤 것을 말하고 싶어 하는지 찾아내지 못했다면 난 여전히 그 사람을 쫓아다니고 있을 것입니다.

그러므로 사람들의 호감을 사고 싶다면, 다음 방법처럼 해보라!

📋 사람의 호감을 얻는 방법 5 ────────────────

- **상대방의 관심사에 관해 이야기하라.**
  Talk in terms of the other man's interests.

VI

사람들을 단숨에
사로잡는 방법

HOW TO MAKE PEOPLE
LIKE YOU INSTANTLY

나는 뉴욕의 8번가와 33번가가 만나는 곳에 있는 우체국에서 편지를 부치려고 줄을 서서 기다리고 있었다. 우체국 직원이 자기 일을 지겨워하고 있다는 게 눈에 들어왔다. 그는 편지 무게를 달고 우표를 내주며, 잔돈을 거슬러주고 영수증을 발행하는 것 같은 단조로운 일을 수년째 계속하고 있었다. 그래서 나는 이런 생각을 해보았다. '저 친구가 나를 좋아하게 만들어봐야겠다. 나를 좋아하게 만들려면 당연히 내가 아니라 저 친구에 대해 뭔가 근사한 이야기를 해야 할 텐데, 저 친구에게 내가 솔직하게 칭찬할 만한 게 뭐 없을까?' 이런 질문에 대답하기 힘든 경우가 가끔 있다. 더군다나 처음 보는 사람일 경우엔 더욱 그렇다. 하지만 이 경우는 다행히 그리 어렵지 않았다. 정말 감탄할 수 있는 부분을 즉시 발견했다.

그가 내 편지 무게를 재고 있을 때 나는 감탄하며 말했다. "머리 모양이 정말 멋지네요. 부럽습니다." 이 말을 들은 그는 약간 놀란 듯했지만, 얼굴에 환한 웃음을 띠며 나를 바라보았다. "뭘요, 지금은 예전만 못한 걸요." 하고 그가 겸손하게 말했다. 나는 그에게 예전에는 더 윤기가 났을지 모르지만 지금도 굉장히 멋있다고 말해주었다. 그는 무척 기뻐했다. 우리는 즐겁게 이야기를 조금 더 나누었는데, 마지막에 그는 이렇게 이야기했다. "제 머리가 멋있다는 사람들이 꽤 있긴 합니다."

그날 그 친구는 점심 먹으러 가면서도 기분이 하늘을 나는 것 같았을 것이다. 저녁에 집에 가서는 분명히 그의 아내에게도 자랑했을 것이다. 그리고 거울을 보면서 '내 머리가 멋지긴 멋지지!' 하며 흐뭇해했을 것이다.

언젠가 강연에서 이 이야기를 했더니 누군가 나중에 이런 질문을 했다. "대체 그 사람에게서 뭘 바라신 건가요?"

내가 그 사람에게서 뭘 바랐냐고? 내가 그 사람에게서 뭘 바랐냐니!

우리가 만일 경멸스러울 정도로 이기적이라면, 그래서 아무런 대가도 바라지 않고 솔직한 칭찬을 건네는 정도의 작은 행복도 나누어줄 수 없다면, 그리고 우리의 영혼이 마치 시디신 돌능금 하나만도 못하다면, 그 결과가 실패일 수밖에 없다는 것은 당연하지 않겠는가!

정말로 내가 그에게서 바란 게 하나 있기는 했다. 나는 가치를 따질 수 없는 무언가를 바랐다. 그리고 그것을 얻었다. 나는 그가 내게 보상을 할 수 있는 상황이 아님에도 불구하고 그에게 무언가를 해주었다는 느낌, 즉 오랜 시간이 지난 후에도 사라지지 않고 즐거운 기억으로 남을 그런 느낌을 얻었다.

인간 행위에 대해 영원불변의 법칙이 하나 있다. 이 법칙을 지키면 결코 문제에 부닥치는 일이 없을 뿐만 아니라 우리에게는 수많은 친구와 영원한 행복이 찾아올 것이다. 하지만 이 법칙을 어기는 순간 우리는 끊임없이 문제에 빠지게 된다. 그 법칙은 이것이다. '항상 상대방에게 자신이 인정받는다고 느끼게 하라.' 이미 본 대로 존 듀이 교수는, 인정받고 있다고 느끼고 싶은 욕망은 인간 본성에서 가장 깊은 충동이라고 말했다. 윌리엄 제임스 교수는 '인간 본성의 가장 깊은 원칙은 인정받으려는 욕구'라고 했다. 이미 지적한 대로 이것이 인간과 동물을 구분하는 욕구다. 인간이 문명을 발전시켜온 것도 바로 이 욕구 때문이다.

철학자들은 수천 년 동안 인간관계에 대해 숙고한 끝에 한 가지 중요한 교훈을 발견했다. 그것은 새로운 것이 아니다. 역사만큼이나 오래된 것이다. 이미 3천 년 전 페르시아 지역의 조로아스터교는 교도들에게 이 교훈을 가르쳤다. 2천 5백 년 전 중국의 공자도 이것을 가르쳤다. 도교의 창시자인 노자도 『도덕경』을 통해 이것을 후학들에게 가르쳤다.

조로아스터교의 상징 부조(왼쪽), 『도덕경』(오른쪽)

기원전 5세기에 석가모니는 갠지스강 강가에서 이것을 가르쳤다. 그보다 천년 앞서 힌두교는 경전에서 이것을 가르쳤다. 이미 20세기 전에 예수는 유대의 바위산에서 이것을 가르쳤다. 예수는 이것을 하나의 생각으로 요약했다. 아마 이 세상에서 가장 중요한 규칙일 것이다.

남에게 대접받고자 하는 대로 남을 대접하라.
Do unto others as you would have others do unto you.

여러분은 주변 사람들의 인정을 받고 싶어 한다. 여러분의 진가를 알아주기를 원한다. 여러분의 작은 세상에서나마 인정받고 있다고 느끼고 싶어 한다. 가식적인 싸구려 입발림이 아니라 진심 어린 칭찬을 갈망한다. 친구와 동료들이 여러분을, 찰스 슈워브의 표현대로 진심으로 인정해주고 아낌없이 칭찬해주기를 여러분은 바란다. 우리 모두 이것을 원한다.

그러니 이 황금률을 따라 남에게 대접받고자 하는 대로 남을 대접하자.

석가모니 좌상(왼쪽), 힌두교 창조의 신 브라흐마(가운데), 아야 소피아의 예수 모자이크(오른쪽)

어떻게? 언제? 어디서? 대답은 이렇다. 항상. 어디서나.

예를 들어보자. 나는 라디오 시티 빌딩 안내 직원에게 헨리 서베인의 사무실이 어디 있는지 물어본 적이 있다. 깔끔한 정복을 입고 있던 그 직원은 자신이 안내하는 방식에 대해 자부심이 있었다. 그가 깔끔하고 분명하게 대답했다. "헨리 서베인 씨는 (잠깐 멈추고) 18층, (잠깐 멈추고) 1816호입니다."

나는 서둘러 엘리베이터로 가다 말고 다시 돌아와서 말했다. "내 질문에 대답하는 방식이 너무 멋지다고 칭찬해드리고 싶군요. 아주 분명하고 명확했습니다. 이렇게 예술적인 수준으로 대답하는 걸 듣기는 쉽지 않은 일이에요."

기쁨에 넘쳐서 그는 왜 대답 중간에 잠깐씩 멈추는지, 각 부분을 왜 그렇게 이야기하는지를 설명해주었다. 내가 몇 마디 던진 게 그의 어깨를 으쓱하게 했다. 18층으로 서둘러 올라가며 나는 그날 오후 인류의 행복 총량에 약간이나마 보탠 듯한 느낌이 들었다.

프랑스 주재 미국 대사가 되거나 미국의 사교 클럽인 엘크스 클럽의 클램베이크(해산물 축제) 위원회 위원장 정도의 인물이 되어야만 칭찬의 철학을 실천할 수 있는 것은 아니다. 우리는 거의 매일 칭찬으로 마법을 일으킬 수 있다.

예를 들어 감자튀김을 주문했는데 으깬 감자요리가 나올 경우, 종업원에게 이렇게 말해보자. "번거롭게 해서 미안한데요, 감자튀김을 주문한 것 같은데요." 그러면 종업원도 "알겠습니다." 하고 기꺼이 바꿔줄 것이다. 여러분이 종업원을 존중해주었기 때문이다.

상대방을 배려하는 몇 마디 말, 즉 '번거롭게 해서 미안한데요.' '이렇

게 해주시겠어요?' '미안하지만' '실례가 되지 않는다면' '감사합니다.'
등의 말은 매일매일의 단조로운 삶에 윤활유 역할을 할 뿐 아니라 바르
게 자란 사람임을 나타내는 표시가 되기도 한다.

다른 예를 보자. 홀 케인이 지은 『크리스천』이나 『재판관』, 『맨섬의
사람들』이라는 소설을 읽은 적이 있는가? 홀 케인이 지은 소설의 독자
는 수백만 명이 넘는다. 그의 아버지는 대장장이였고, 그가 학교 교육을
받은 것은 8년이 전부였지만, 세상을 떠날 무렵 그는 작가로는 가장 돈
을 많이 번 사람이었다.

홀 케인은 소네트와 발라드류의 시를 좋아했는데, 단테 가브리엘 로
제티의 시는 모두 외울 정도였다. 그는 심지어 로제티의 예술적 업적을
기리는 글을 썼고, 그 글의 사본을 로제티에게 보냈다. 로제티는 매우
기뻐했다. '내 능력을 이렇게 높이 평가하는 청년이라면 뛰어난 청년임이
틀림없겠지!' 로제티는 아마 이렇게 생각했을 것이다. 그래서 로제티는
이 대장간 집 아들을 런던으로 불러서 자신의 비서로 삼았다. 이것이
홀 케인의 인생에서 전환점이었다. 왜냐하면 새로운 일자리에서 일하며
그는 당대의 유명 문인들을 많이 접할 수 있었기 때문이다. 이들의 충고
와 격려가 그를 작가의 길로 이끌었고, 마침내 그는 작가로서 뚜렷한 발
자취를 남길 수 있었다.

맨섬에 있는 그의 집 그리바 캐슬은 세계 각지에서 찾아오는 여행자의
메카가 되었으며, 그의 유산은 250만 달러에 이르렀다. 하지만 만일 유
명한 시인을 찬양하는 글을 쓰지 않았다면 그가 이름 없는 가난뱅이로
생을 마쳤을지 누가 알겠는가? 마음으로부터 우러나오는 진심 어린 칭
찬은 이처럼 엄청난 위력을 지니고 있다.

그리바 캐슬의 홀케인 부부

　로제티는 자신을 중요한 사람이라고 여겼다. 그것은 전혀 이상하지
않다. 거의 모든 사람이 자신이 중요하다고, 그것도 매우 중요하다고 여
긴다. 그건 국가도 마찬가지다.

　여러분은 자신이 일본 사람보다 우월하다고 느끼는가? 하지만 일본
사람들은 자신들이 여러분보다 훨씬 우월하다고 생각한다. 예를 들어
보수적인 일본 사람은 일본의 양가 규수가 백인과 춤을 추는 것을 보면
불같이 화를 낸다.

　여러분은 자신이 인도에 사는 힌두교도보다 우월하다고 느끼는가?
그렇게 느끼는 것은 여러분의 권리다. 하지만 수백만 명의 힌두교도들은
자신들이 여러분보다 무한히 우월하다고 느끼기 때문에, 여러분의 세속
적인 그림자가 드리웠던 음식조차 더럽다고 먹으려 하지 않을 것이다.

여러분은 자신이 에스키모보다 우월하다고 느끼는가? 다시 한번 말하지만, 그것은 여러분의 권리다. 하지만 에스키모가 여러분을 어떻게 생각하는지 알고 싶지 않은가? 에스키모 중에 일도 하지 않고 되는대로 사는 게으름뱅이가 있다 치자. 에스키모들은 그런 사람을 '백인'이라고 부른다. 이 말은 에스키모가 사용하는 가장 경멸적인 욕이다.

모든 국가는 다른 나라보다 자기 나라가 우월하다고 생각한다. 여기에서 애국심과 전쟁이 생겨난다.

영원히 변치 않을 진실은 모든 사람은 자신에게 남보다 나은 부분이 있다고 생각한다는 점이다. 그러므로 상대방의 마음을 사로잡는 확실한 방법은 적어도 그가 자신의 자그마한 세상에서만큼은 가장 중요한 사람이라는 것을 진심으로 받아들이고, 또 여러분이 그렇게 생각하고 있음을 상대방이 은연중에 알게 만드는 것이다.

에머슨의 다음과 같은 말을 기억하자.

모든 사람은 나보다 나은 점을 갖고 있다. 그런 의미에서 나는 모든 사람에게서 배울 수 있다.
Every man I meet is in some way my superior; and in that I can learn of him.

안타까운 점은 자랑할 만한 장점이 전혀 없는 사람이 그로 인한 열등감을 해소하고자 오히려 더 자기 자랑에 열을 올리고 자신을 포장하는 데 급급해한다는 것이다. 그로 인해 주변 사람들이 불쾌해지고 역겨움을 느끼게 되는 경우가 많다. 셰익스피어는 다음과 같이 말했다.

인간이여, 오만한 인간이여, 짧은 인생 얻어 살면서 잘난 척 거들먹거리는 꼴이라니, 하늘의 천사도 눈물을 참을 길 없구나.

이제 카네기 강좌를 수강한 사업가가 지금 말하고 있는 원칙들을 사업에 적용한 사례를 3가지 들려주겠다. 우선 코네티컷주에서 변호사로 활동하고 있는 사람의 이야기를 들어보자. 친척들을 고려해 이름은 밝히지 말라고 하니, 여기서는 R 씨라고 부르겠다.

카네기 강좌 수강을 시작한 지 얼마 지나지 않아 그는 아내와 함께 처가 식구들을 만나기 위해 롱아일랜드로 가게 되었다. 아내는 그를 나이 드신 숙모와 이야기하게 하고는 사촌들을 만나러 가버렸다. 나중에 강좌에서 칭찬의 법칙을 어떤 식으로 실천했는지 발표해야 했으므로, 그는 우선 이 숙모에게 적용해보아야겠다고 마음먹었다. 그래서 그는 자신이 진심으로 감탄할 만한 게 뭐가 있나 하고 주변을 둘러보았다.

"이 집은 1890년대쯤 지어진 것 같군요. 그렇죠?" 그가 물었다.

"맞네. 정확히 그해에 지어졌다네."

"이 집을 보니 제가 태어난 집이 생각납니다. 예쁘고, 튼튼하고, 방도 많고. 요즘 지어진 집들은 이런 집이 없어요."

"그러게 말이네. 요즘 어린 녀석들은 아름다운 집을 가질 생각을 별로 안 해. 그저 비좁은 아파트하고 냉장고만 원하지. 그러고는 차를 타고 싸돌아다니기만 해."

그녀는 좋았던 시절에 대한 회상으로 목소리가 떨리며 이렇게 말을 이었다. "이 집은 정말 꿈의 집이야. 우리는 이 집을 사랑으로 지었다네. 남편하고 내가 이 집을 지으려고 몇 년을 꿈꿔왔는지 몰라. 설계사도 없이 우리 손으로 직접 설계를 다 했지."

그러고 나서 그녀는 그를 데리고 다니며 집안 곳곳을 보여주었다. 그녀가 여행을 다니며 하나씩 사서 평생을 간직해온 예쁜 보물들, 즉 스코틀랜드의 페이즐리 숄, 영국 전통 찻잔 세트, 영국 웨지우드사에서 만든 도자기, 프랑스식 침대와 의자, 이탈리아 그림, 한때 프랑스의 성을 장식하던 실크 커튼 등이 집을 장식하고 있었다. 그것들을 보며 그는 마음에서 우러나는 감탄을 아끼지 않았다.

"집안을 구석구석 보여주시더니 이번에는 저를 데리고 차고로 가셨습니다. 거기에는 거의 새것이나 다름없는 패커드 차 한 대가 모셔져 있더군요."

그녀가 이야기했다. "저 차를 사고 얼마 되지 않아 남편은 죽고 말았다네. 그 후 한 번도 저 차를 타지 않았네. 자네가 좋은 물건을 알아보는 것 같으니, 저 차를 자네에게 주겠네."

"이런, 숙모님은 정말 저를 놀라게 하는군요. 마음은 정말 고맙습니다만 저걸 받을 수는 없습니다. 저는 숙모님 핏줄도 아니고, 제 차도 아직 새 차입니다. 게다가 숙모님께는 저 패커드 차를 줄 만한 가까운 친척들도 많으실 테고요."

"친척들이라고!" 그녀가 소리쳤다. "그래, 친척들 많지. 저 차를 차지하려고 내가 눈 감기만 기다리는 친척들 말이야. 절대 그렇게는 못 하지."

"그 사람들에게 주기 싫다면 파는 것은 어떠신가요?"

"팔라고? 내가 저 차를 팔 것 같은가? 낯선 사람이 저 차를 타고 내 집

앞을 다니는 걸 내가 눈 뜨고 볼 수 있을 것 같은가? 남편이 내게 사준 저 차를? 저 차를 팔 생각은 눈곱만치도 없네. 자네에게 주겠네. 자네는 멋진 게 어떤 건지 아는 것 같거든."

그는 차를 받지 않으려고 애를 써보았으나 계속 거절하다가는 결국 그녀의 기분을 상하게 할 것 같아서 받지 않을 수 없었다.

이 나이 든 부인은 페이즐리 숄과 프랑스 골동품들, 그리고 추억을 끌어안고 외로이 그 큰 집을 지키며 누군가 자신의 존재를 알아주기를 목마르게 기다리고 있었다. 그녀에게도 남자들이 줄을 섰던 젊고 아름다운 시절이 있었다. 그러다가 사랑이 넘치는 집을 짓고는 유럽을 누비고 다니면서 예쁜 물건들을 사다가 그 집을 장식했다.

하지만 이제 나이가 들자 찾아오는 사람도 없는 그녀는 외로이 누군가 인간적인 따뜻함을 나눠주기를, 누군가 자신을 진심으로 인정해주기를 바라고 있었다. 하지만 아무도 그러지 않았다. 그러다가 사막 한가운데서 오아시스를 만난 것처럼 그녀가 바라던 것을 찾게 되자, 그 고마움을 표시하기 위해 패커드 차를 선물해도 그녀는 조금도 아깝지 않았다.

이번에는 다른 사례를 보자. 뉴욕주 라이에 있는 루이스 앤드 발렌타인 조경회사의 임원인 도널드 M. 맥마흔 씨의 이야기다.

'친구를 사귀고 사람들을 움직이는 법'에 대한 강의를 들은 지 얼마 되지 않아 저는 유명한 법률가의 저택 조경 공사를 하게 되었습니다. 집주인이 나와서 철쭉과 진달래를 이렇게 또는 저렇게 심어달라고 의견을 말하더군요.

나는 이렇게 이야기했습니다. "판사님, 좋은 취미를 갖고 계시는군요.

개들이 너무 멋져 감탄하는 중이었습니다. 매디슨 스퀘어 가든에서 열리는 개 품평회에서 대상도 많이 타셨다면서요?"

이 작은 인정의 말이 가져온 결과는 놀라웠습니다.

"그랬다네. 개를 기르면서 즐거운 일이 많았지. 개 사육장이나 구경해 보시겠소?"

그러더니 판사는 한 시간이나 개들을 보여주고, 그 개들이 어떤 상을 받았는지도 말해주었습니다. 심지어 혈통 증명서를 가지고 나와 개들이 어떤 혈통이라서 그렇게 멋지고 영리한지를 설명해주었습니다.

그러고는 이렇게 묻더군요. "아이가 있나요?" 내가 "네, 있습니다." 했더니, 그는 "애가 강아지 좋아하지요?" 하고 물었습니다. 내가 "그럼요, 무척 좋아하죠." 하자, "그래요, 그럼 강아지를 한 마리 드리리다." 하더군요.

그러더니 그는 강아지를 어떻게 먹여야 하는지 설명해주다가, 잠깐 멈추더니 이렇게 말했습니다. "말로 하면 아마 잊어버릴 테니까, 적어드리지요." 판사는 집에 들어가 혈통과 강아지 돌보는 법을 적고는 100달러는 됨직한 강아지를 한 마리 들고 와 내게 주었습니다. 이러는 데 1시간 15분이나 걸렸는데, 이 모든 게 내가 그의 취미와 그 성과에 대해 솔직하게 칭찬한 결과였습니다.

코닥사의 설립자인 조지 이스트먼은 현존하는 세계 최고의 사업가로서 영화 촬영을 가능하게 만들어준 투명 필름을 발명해 수억 달러를 벌어들였다. 하지만 이런 놀라운 업적에도 불구하고 그 역시 여러분이나 나와 마찬가지로 인정받기를 갈구했다.

이스트먼은 로체스터에 이스트먼 음악학교를 지으면서 그 안에 모친을 추모하기 위한 연주회장인 킬번 홀을 지으려 했다. 뉴욕에 있는 슈피리어

의자회사의 사장 제임스 애덤슨은 그 연주회장에 들어가는 의자를 공급하고 싶었다. 건축가에게 부탁해 애덤슨은 로체스터에서 이스트먼을 만날 약속을 얻어냈다.

애덤슨이 도착하자 건축가가 이렇게 이야기했다. "이번 계약을 꼭 따고 싶으신 건 압니다만, 이것만은 지금 꼭 말씀드려야겠네요. 만일 5분을 넘기면 계약을 따낼 수 있는 희망은 전혀 없다고 보아야 합니다. 이스트먼 씨는 바쁜 데다 규정을 무척 따시는 사람이기 때문입니다. 그러니 하고 싶은 이야기를 짧게 이야기하고 나오십시오."

애덤슨은 그렇게 하겠다고 마음먹었다.

그가 방으로 들어섰을 때 이스트먼은 서류 더미에 묻혀 책상에 앉아 있었다. 이윽고 이스트먼은 고개를 들고 안경을 벗더니 건축가와 애덤슨 앞으로 와 인사를 했다. "안녕하세요, 여러분. 어떤 일로 오셨습니까?"

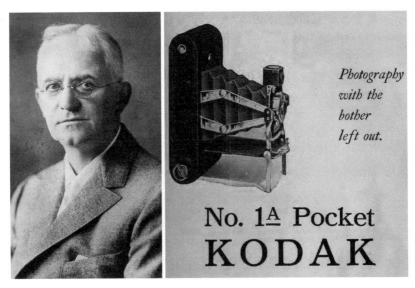

코닥사의 설립자 조지 이스트먼(왼쪽), 코닥사의 카메라 광고(오른쪽)

건축가의 소개로 서로 인사를 나누고 나서 애덤슨은 이렇게 이야기했다. "이스트먼 씨, 기다리는 사이 사무실을 둘러보며 감탄하는 중이었습니다. 저도 이 같은 사무실에서 일해보았으면 좋겠습니다. 아시다시피 저도 인테리어 목재 장식업에 종사하고 있습니다만, 이렇게 멋진 사무실은 생전 처음입니다."

조지 이스트먼이 대답했다. "당신 때문에 거의 잊고 있던 게 생각나는군요. 이 사무실 멋지죠? 그렇죠? 처음 지어졌을 적에는 나도 무척 흐뭇해했습니다. 그런데 일에 치이다 보니 몇 주씩이나 사무실이 눈에 안 들어오게 되었네요."

애덤슨은 방 한쪽으로 가서 벽의 판자를 만지며 이렇게 이야기했다. "이건 영국산 떡갈나무 아닌가요? 이탈리아산하고는 나뭇결이 약간 다르죠."

이스트먼은 "맞습니다. 영국산 떡갈나무를 수입한 것입니다. 고급 목재만 전문으로 취급하는 내 친구가 특별히 나를 위해 골라주었죠."라고 대답했다.

그리고 나서 이스트먼은 방 안을 안내하며 비례와 배색, 손으로 깎아만든 부분, 그리고 자신이 고안하고 실제 만들기도 한 여러 가지 장식을 보여주었다.

방 안을 다니며 목공품들을 살펴보다가 창가에 이르자 이스트먼은 멈춰 서서 조용하고 부드러운 목소리로 인류에 이바지하기 위해 자신이 구상하는 기구들, 예를 들면 로체스터 대학, 종합병원, 동종 요법 병원, 노숙 여성쉼터, 아동병원 등에 관해 이야기했다. 애덤슨은 인간의 고통을 더는 데 자신의 재산을 사용하는 이스트먼의 이상적인 태도에 진심으로 뜨거운 경의를 표했다. 조금 후 이스트먼은 유리 상자에서 자신이 처음 소유했던 카메라를 꺼내 보여주었다. 그가 한 영국인으로부터 산 발명품이었다.

이야기를 나누던 중 애덤슨은 이스트먼에게 사업 초기의 난관을 어떻게 헤쳐나갔는지 물어보았다. 그러자 이스트먼은 자신의 가난했던 어린 시절, 즉 자신은 보험회사에서 하루 50센트를 받으며 일을 하고 홀어머니는 하숙을 꾸려서 생활하던 시절에 대해 실감 나게 이야기해주었다. 가난의 공포가 밤낮없이 그를 괴롭혔는데, 그는 어머니가 하숙을 치며 고생하지 않아도 될 수 있게 많은 돈을 벌겠다고 결심했다. 애덤슨은 몇 가지 질문을 추가했고, 이스트먼이 사진 건판 실험을 하던 이야기를 열중해 들었다. 이스트먼은 종일 한 실험실에서 일한 이야기, 화학 물질이 반응하는 사이 잠깐 눈을 붙이면서 꼬박 밤을 새운 이야기, 그러다가 사흘 밤낮을 옷도 갈아입지 않고 자고 실험하고 자고 실험하던 이야기들을 들려주었다.

제임스 애덤슨이 이스트먼의 사무실에 들어가면서 5분 이상 이야기하지 말라는 충고를 들은 것은 10시 15분이었다. 그러나 한 시간이 지나고, 두 시간이 지나도 그들의 이야기는 끝날 줄을 몰랐다.

조지 이스트먼이 이윽고 애덤슨에게 이런 이야기를 들려주었다. "지난번 일본에 갔을 때 의자를 몇 개 사다가 우리 집 베란다에 두었는데, 햇빛을 너무 받아 칠이 벗겨지고 말았습니다. 그래서 시내에 가서 페인트를 사다가 내가 직접 칠을 했지요. 내 칠 솜씨가 어떤지 한번 보시겠습니까? 좋습니다. 우리 집에 가서 같이 점심을 드시지요. 그 후에 보여드리겠습니다."

점심이 끝난 후 이스트먼은 애덤슨에게 일본에서 사 온 의자를 보여주었다. 의자는 하나에 1달러 50센트에 불과한 것이었다. 하지만 조지 이스트먼은 비록 자신이 백만장자이긴 해도 자신이 직접 칠을 했기 때문에 의자가 자랑스러웠다.

연주회장 의자 주문액은 9만 달러에 달했다. 누가 그 계약을 땄겠는가? 제임스 애덤슨일까, 아니면 다른 경쟁자일까?

그 후 이스트먼이 죽을 때까지 두 사람은 가까운 친구로 지냈다.

칭찬이라는 이 마법의 시금석을 어디서부터 적용하는 게 좋을까? 가정에서부터 시작하는 게 어떨까? 나는 가정만큼 칭찬이 필요하면서도 실제로는 부족한 곳이 없다고 생각한다. 여러분의 아내에게도 분명 장점이 있을 것이다. 적어도 있다고 생각하긴 했을 것이다. 그렇지 않았다면 결혼이 어렵지 않았겠는가? 그렇다면 아내의 매력에 대해 마지막으로 칭찬을 한 다음 얼마나 시간이 흘렀는가? 1달? 1년? 10년?

몇 년 전 뉴브런즈윅주에 있는 미라미치강 상류에서 낚시할 때의 일이다. 나는 캐나다 깊은 숲속 야영장에 혼자 고립되어 있었다. 읽을 것이라곤 철 지난 지방 신문뿐이었다. 나는 광고를 포함해 신문의 처음부터 끝까지 다 읽었는데, 그 안에는 도로시 딕스의 글도 들어 있었다. 그녀의 글은 너무나 감명 깊어 나는 그 글을 신문에서 오려내 아직도 보관하고 있다. 그녀는 사람들이 항상 신부들에게만 이런저런 충고를 하는데 거기에는 이제 이골이 났으니, 누군가는 신랑들을 모아놓고 아래와 같은 충고를 해주어야 한다고 단언했다.

아일랜드에 있는 블라니 스톤에 입을 맞춰 아부의 도사가 되기 전에는 절대 결혼할 생각 말라. 결혼 전에 여인을 칭찬하는 것은 기호의 문제일 뿐이다. 하지만 결혼 후에는 필수 사항이며, 본인의 안녕을 위해서도 필요하다. 결혼생활은 솔직함이 활개 칠 수 있는 곳이 아니다. 그곳은 술책이 필요한 전쟁터이다.

매일매일 편하게 지내고 싶다면, 아내의 살림살이에 대해 불만을 표시하거나 엄마와 비교해 말하지 말라. 오히려 반대로 아내가 얼마나 가정적인지 항상 칭찬하고, 비너스의 아름다움과 미네르바의 지혜와 메리 앤의 쾌활함을 한 몸에 갖춘, 둘도 없는 여인임을 공개적으로 자랑하고 다녀라. 고기가 좀 질기고 빵이 좀 타더라도 불평하지 말라. 다만 언제나 이보다 훨씬 나은데 이런 날도 있네 정도로만 이야기하라. 그러면 아내는 당신의 기대에 부응하기 위해 부엌에서 온몸을 불태울 것이다.

사람이 너무 갑자기 달라져도 의심을 사니 조심하기를 바란다.

하지만 오늘 밤 바로 아니면 내일 밤, 아내에게 꽃다발이나 사탕 바구니를 선물하라. 말로만 "그렇게 해야지." 하지 말고, 실천하기를 바란다. 덤으로 미소와 멋진 사랑의 말도 전하라. 더 많은 부부가 이런 관계가 된다면, 지금처럼 여섯 쌍 중 한 쌍이 이혼하는 사태는 막을 수 있지 않겠는가?

여자가 당신을 사랑하게 만들고 싶은가? 비결을 말해주겠다. 효과에 대해서는 내가 장담하겠다. 내가 생각해낸 것이 아니라 도로시 딕스의 아이디어를 빌려왔다. 그녀는 23명이나 되는 여인의 가슴에 상처를 주고 재산을 가로챈 유명한 사기꾼과 인터뷰한 적이 있다(참고로 인터뷰

장소가 교도소였다는 점은 밝히고 가야겠다). 여인들의 마음을 빼앗은 비결이 뭐냐고 묻자, 그는 그건 기교랄 것도 없이 단지 여자에게 그녀 자신에 관해 말해주는 게 전부라고 대답했다.

남자에게도 같은 방법이 통한다. 대영제국을 다스렸던 가장 영리한 사람이었던 디즈레일리는 다음과 같이 말했다.

다른 사람에게 그 사람에 관한 말을 해보라. 그러면 그는 몇 시간이고 듣고 있을 것이다.
Talk to a man about himself, talk to a man about himself and he will listen for hours.

벤저민 디즈레일리(Benjamin Disraeli)
영국의 정치인, 작가이다. 영국의 총리를 역임하였으며 보수당의 정치인으로 활동하였다.

그러므로 사람들의 호감을 사고 싶다면, 다음 방법처럼 해보라!

📋 사람의 호감을 얻는 방법 6

• **상대방이 인정받는다고 느끼게 하라. 그리고 진심으로 인정하라.**
Make the other person feel important and do it sincerely.

사람의 호감을 얻는 6가지 방법

1. 다른 사람들에게 진정한 관심을 가져라.

2. 웃어라.

3. 상대방에게는 자신의 이름이 사람의 입에서 나오는 가장 달콤하면서도 가장 중요한 말임을 기억하라.

4. 잘 듣는 사람이 되어라. 상대방이 스스로에 대해 이야기하도록 이끌어라.

5. 상대방의 관심사에 관해 이야기하라.

6. 상대방이 인정받는다고 느끼게 하라. 그리고 진심으로 인정하라.

여러분은 지금 꽤 많은 분량의 글을 읽었다. 이제 책을 덮고, 담뱃불을 끄고, 이 칭찬의 법칙을 가장 가까이 있는 사람에게 적용해보라. 그리고 어떤 마법 같은 효과가 생기는지 지켜보라.

PART 3

3

상대방을
설득하는
12가지 방법

Twelve Ways to Win People To Your Way of Thinking

I

논쟁으로는
결코 이길 수 없다

YOU CAN'T WIN
AN ARGUMENT

제1차 세계 대전이 끝나고 얼마 지나지 않은 어느 날 저녁, 나는 런던에서 매우 귀중한 교훈을 얻었다. 당시 나는 로스 스미스 경의 매니저였다. 호주 출신의 로스 경은 전쟁 중에 팔레스타인 지역에서 이름을 떨치던 젊은 탑건(Top Gun)이었고, 종전 직후에는 지구의 절반을 30일간 비행해 세상을 놀라게 했다. 당시로선 전에 없던 놀라운 기록이었다. 그 일은 대단한 반향을 불러일으켜 호주 정부는 그에게 5만 달러를 상으로 주었고, 영국 왕실은 그에게 작위를 수여했다. 그는 한동안 대영제국에서 가장 자주 화제에 오르내리는 사람이었다. 미국에 대서양을 최초로 무착륙 비행한 린드버그가 있다면, 대영제국에는 로스 스미스 경이 있다고 할 정도였다.

어느 날 저녁 나는 로스 경을 위해 열린 연회에 참석했다. 그런데 식사 도중 내 곁에 앉아 있던 사람이 "일을 도모하는 것은 인간이나, 일을 결정

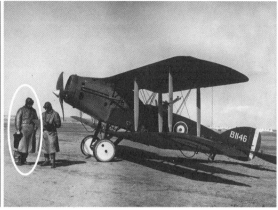

로스 스미스(왼쪽), 팔레스타인에서 촬영한 로스 스미스와 전투기(오른쪽)

하는 것은 신이 한다."라는 말을 인용해가며 재미있게 이야기를 풀어놓았다.

그 재담꾼은 자기 인용의 출처가 성경이라고 했다. 하지만 나는 그가 틀렸다는 것을 알고 있었다. 명확하게 알고 있었기에 내가 틀릴 가능성은 조금도 없었다. 그래서 인정을 좀 받고 싶기도 하고 잘난 척하고 싶은 생각도 좀 있어서 그의 잘못을 지적하는 우를 범하고 말았다. 하지만 그는 인정하려 하지 않았다. 그는 "뭐라고요? 셰익스피어 작품이 출처라고요? 그럴 리가요. 말도 안 되는 소리 하지 마세요. 그건 성경에 나온 말이에요. 분명해요."라고 했다.

재담꾼은 내 왼쪽 자리에 앉아 있었고, 오른쪽 자리에는 내 오랜 친구이자 셰익스피어 전공자인 프랭크 가몬드가 앉아 있었다. 그래서 재담꾼과 나는 가몬드에게 판단을 내려달라고 청했다. 그러자 가몬드가 듣고 있다가 탁자 밑으로 내 발을 툭 차고는 이렇게 말했다. "카네기, 자네가 틀렸네. 저분 말씀이 맞네. 그건 성경에 나온 이야기라네."

집으로 오면서 나는 가몬드에게 말했다. "프랭크, 자네도 그 말이 셰익스피어 작품에 나온다는 거 알고 있었지?"

"물론이지." 그가 대답했다. "『햄릿』 5장 2막에 나오는 말이지. 그런데 말이야 이 친구야, 우리는 로스 경을 축하하기 위해 모인 손님들이잖아. 그 사람 틀린 거 확인해 무엇에 쓰겠나? 그러면 그 사람이 자넬 좋아할 것 같나? 그 사람 체면 상하지 않게 놔두면 좀 어때서? 자네에게 맞나 틀리나 물어본 것도 아니고 말이야. 그 사람은 그걸 원하지 않았다네. 그런데 왜 그걸 가지고 다투나? 항상 날카로운 대립을 피하게나."

'항상 날카로운 대립을 피하라.' 이 말을 해준 친구는 이제 가고 없다. 하지만 그가 가르쳐준 교훈은 영원히 남아 있다.

그것은 내게 정말 꼭 필요한 충고였다. 당시 나는 습관적으로 논쟁 벌이기를 좋아했기 때문이다. 어렸을 때 나는 형과 이 세상 모든 것에 대해 논쟁을 벌이곤 했다. 대학에 가서는 논리학과 토론법을 배웠고, 토론

에두아르 마네가 그린 햄릿 역의 배우 루비에르(왼쪽), 햄릿의 배경이 된 덴마크 크론보르성(오른쪽)

대회에도 많이 참가했다. 토론하면 미주리 지역 사람들을 드는데, 맞다, 난 미주리에서 태어났다. 나도 미주리 사람답게 증거를 보여주어야만 직성이 풀렸다.

그 뒤 나는 뉴욕에서 논쟁과 토론하는 법을 가르쳤다. 이제는 부끄러운 이야기지만, 한때는 그 주제로 책을 쓰려는 생각도 했었다. 그 일이 있고 난 후 나는 수천 가지의 논쟁에 대해 경청도 하고, 비판도 하고, 참가도 하면서 논쟁의 영향을 지켜보았다. 그 결과 논쟁에서 이기는 방법은 이 세상에 단 한 가지밖에 없음을 깨달았다. 그것은 논쟁을 피하는 것이다. 방울뱀이나 지진을 피하는 것처럼 논쟁을 피하는 수밖에 없다.

거의 언제나 논쟁은 양측 참가자 모두가 논쟁 이전보다 더 확실하게 자신이 옳다고 생각하는 것으로 끝난다.

논쟁으로는 이길 수 없다. 지면 그냥 지는 것이고, 이겨도 지는 것이다.

왜 그런 것 같은가? 만일 여러분이 상대방 논리의 허점을 지적해 상대방이 묵사발이 될 정도로 이겼다 치자. 상대가 제정신이 아니라는 것을 증명해냈다고 치자. 그래서 어떻단 말인가? 여러분 기분이야 좋겠지만 상대방은 어떻겠는가? 여러분은 상대방에게 열등감을 느끼게 했고, 상대방의 자존심을 구겨버렸다. 상대방은 여러분의 승리에 이를 간다.

자신의 의지에 반해 승복한 사람은 여전히 생각을 바꾸지 않는다.
A man convinced against his will is of the same opinion still.

펜 상호 생명보험사는 보험 판매원들에게 다음과 같은 명확한 기준 하나를 제시해 지키게 하고 있다.

"논쟁하지 말라!"
Don't argue!

판매 활동의 본령은 논쟁에 있지 않다. 논쟁과는 거리가 멀어도 한참 멀다. 사람의 마음은 논쟁으로 바뀌지 않기 때문이다.

예를 들어보자. 수년 전 패트릭 J. 오헤어라는 아일랜드 사람이 카네기 강좌를 들으러 왔다. 그는 정규 교육은 거의 받지 못했지만, 논쟁을 무척 즐겼다. 그는 한때 운전기사를 하다가 트럭을 판매하는 일로 직업을 바꿨는데, 별다른 성공을 거두지 못하자 나를 찾아왔다. 몇 마디 나누지 않고도 나는 그가 사업상의 고객들과 늘 다투거나 상대를 화나게 하는 사람이라는 것을 알 수 있었다.

그가 파는 트럭을 고객이 조금이라도 안 좋게 이야기하면 그는 불같이 화를 내며 고객의 멱살을 잡기 일쑤였다. 당시 그는 논쟁을 벌여 이기는 경우가 상당히 많았다. 그가 나중에 말한 대로 "종종 고객의 사무실에서 나오면서 속으로 '이 정도면 저 녀석 콧대가 납작해졌겠지.'하는 생각을 하고는 했습니다. 실제로 고객의 콧대를 꺾어놓은 게 사실이었고요. 하지만 아무것도 팔지는 못했었죠."

내가 맨 처음 해야 할 일은 패트릭 J. 오헤어 씨에게 말하는 법을 가르치는 것이 아니었다. 현재의 과제는 그에게 말을 삼가고 언쟁을 피하도록 훈련하는 것이었다.

오헤어 씨는 현재 뉴욕의 화이트 모터 사에서 가장 우수한 세일즈맨이다. 어떻게 이런 일이 가능했을까? 그가 하는 이야기를 들어보자.

요즘은 고객 사무실에 들어갔을 때 고객이 "어디라고요? 화이트 트럭이요? 그거 안 좋아요. 공짜로 줘도 안 가져요. 나는 A사 트럭을 살 거요." 이러면 저는 "한마디 해도 될까요? A사 트럭 좋습니다. 그 트럭 사시면 후회는 안 하실 거예요. 회사도 괜찮고 판매원들도 괜찮죠." 이렇게 대답합니다.

그럼 그 사람은 말문이 막히고 말죠. 다툴 여지가 없으니까요. 상대가 A사 트럭이 최고라고 할 때 제가 맞다고 맞장구쳐버리면 그 사람은 말을 멈출 수밖에 없죠. 제가 그렇다고 하는데 계속 A사가 최고라고만 할 순 없잖아요. 그러고 나면 A사 이야기는 넘어가고 우리 회사 차의 장점을 이야기할 수 있게 되죠.

한때 누가 그런 식으로 이야기하면 발끈해 불같이 화를 내던 시절이 제게도 있었습니다. 그러면 우선 A사 트럭을 깎아내리는 이야기를 했죠. 하지만 이야기를 거듭할수록 잠재 고객은 저쪽 편이 되어버립니다. 논쟁할수록 고객이 경쟁 회사 쪽으로 기우는 거죠.

지금 돌이켜보면 그런 식으로 어떻게 뭘 팔 수 있었겠나 싶습니다. 다투고 논쟁하면서 제 인생을 보내고 말았습니다. 지금은 입을 다물고 있죠. 그편이 오히려 득이 됩니다.

지혜로운 벤저민 프랭클린은 늘 이렇게 이야기했다.

논쟁하고 괴롭히고 반박하다 보면 승리할 때도 있을 것이다. 하지만 그 승리는 공허한 승리다. 그렇게 해서는 결코 상대방의 호의를 끌어낼 수 없기 때문이다.

그러므로 스스로 판단해보라. 어느 쪽을 택할지. 겉으로 드러나는 이론적인 승리인지 아니면 상대방의 호의인지. 왜냐하면 둘 다 가지기는 불가능하기 때문이다. <보스턴 트랜스크립트> 지에 이런 의미심장한 구절이 실린 적이 있다.

죽을 때까지 자기가 옳다고 우기며
윌리엄 제이 여기 묻히다.
한평생 그는 옳았다. 완벽히 옳았다.
하지만 옳건 그르건 죽었으니 그만인 것을.

논쟁할 때 여러분이 옳은 쪽, 그것도 완벽히 옳은 쪽일 수 있다. 하지만 목적이 상대방의 마음을 돌리는 일이라면 여러분이 옳건 그르건 소용 없기는 마찬가지일 것이다.

우드로 윌슨 대통령 아래서 재무 장관을 지낸 윌리엄 G. 맥아두는 정치판에서 수많은 사람을 접해본 결과 '무식한 사람과는 논쟁해서 이길 수 없다.'라는 사실을 깨달았다고 말한 적이 있다.

'무식한 사람?' 맥아두의 표현은 다소 조심스러운 표현으로 보인다. 내 경험으로는 IQ에 상관없이 세상 어떤 사람도 논쟁을 통해서는 생각을 돌릴 수 없다.

예를 들어보자. 소득세 신고 관련 상담을 해주는 프레드릭 S. 파슨스라는 사람이 어느 날 세무 조사관과 한 시간째 실랑이를 벌이고 있었다. 9천 달러가 걸린 일이었다. 파슨스 씨는 이 9천 달러가 회수 가능성이 없는 악성 채권이므로 과세 대상이 아니라고 주장했다. "악성 채권이라고요? 그럴 리가요. 과세 대상입니다." 세무 조사관이 반박했다.

파슨스 씨가 카네기 강좌에 와서 한 이야기를 들어보자.

그 세무 조사관은 냉정하고 거만하며, 고집이 셌습니다. 이유도 설명하고 사실도 들이댔지만, 소용이 없었습니다. 논쟁할수록 더 고집을 부리더군요. 그래서 논쟁을 멈추고, 화제를 바꿔 그를 칭찬해야겠다고 마음먹었죠.

그래서 이렇게 말했습니다. "당신이 내려야 하는 진짜 중요하고 어려운 결정들에 비하면, 이런 건 사소한 문제일 것으로 생각합니다. 나도 조세에 관해 공부했는데, 그저 책을 보고 지식을 얻는 정도였죠. 당신은 최일선에서 지식을 얻고 있는데 말입니다. 가끔 나도 그런 일을 했으면 하고 생각할 때가 있습니다. 그러면 정말 많이 배울 텐데 말입니다." 나는 진심을 담아 이 이야기를 했습니다.

그러자 조사관도 등을 의자에 기대어 편히 앉더니 교묘한 부정 신고를 적발한 일 등 자신의 업무에 관한 이야기를 오랫동안 들려주었습니다. 말투도 조금씩 친근해졌습니다. 결국은 아이들 이야기까지 나오게 되었습니다. 헤어질 때 그는 제 건을 조금 더 살펴보고 며칠 뒤에 결론을 내리겠다고 하더군요. 3일 후 그는 제 사무실에 들러서 세금 환급 문제는 신고한 그대로 인정하기로 했다고 알려주었습니다.

이 세무 조사관 이야기는 사람들이 가장 흔히 가진 약점을 보여주고 있다. 그는 인정받고 있다고 느끼고 싶었다. 파슨스 씨가 그와 논쟁을 계속하는 한 조사관은 인정받고자 하는 욕구로 인해 자신의 권위를 내세울 수밖에 없었다. 하지만 자신이 인정받고 있다고 느끼자마자 논쟁은 끝나고, 자신의 자부심을 회복한 조사관은 공감할 수 있고 친절한 존재로 돌아왔다.

나폴레옹의 집사장인 콩스탕은 나폴레옹의 부인 조세핀과 가끔 당구 경기를 했다. 『나폴레옹의 사생활 회고록』 1권에서 콩스탕은 이렇게 말하고 있다. "내 실력이 더 낮긴 했지만 나는 언제나 황후에게 승리를 양보했다. 그러면 황후는 무척 기뻐했다."

콩스탕에게서 영원한 교훈 하나를 배우자. 혹시라도 사소한 논쟁이 벌어질 때 우리의 고객, 연인, 남편과 아내가 이길 수 있게 하자.

부처님은 "미움은 결코 미움으로 해결할 수 없다. 사랑으로만 해결할 수 있다."라고 말씀하셨다. 오해 또한 논쟁해서 풀리지 않는다. 상대의 심정을 헤아려 적절히 대응하고 상대를 위로할 때, 그리고 상대방 관점에서 보고자 할 때야 풀리게 돼 있다.

링컨은 언젠가 동료들과 격렬한 토론을 벌이기를 좋아하는 젊은 장교를 꾸짖으며 이렇게 말했다. "자신에게 최선을 다하려는 사람이라면 사사로운 논쟁 따위에 낭비할 시간이 어디 있겠나? 더군다나 논쟁하고

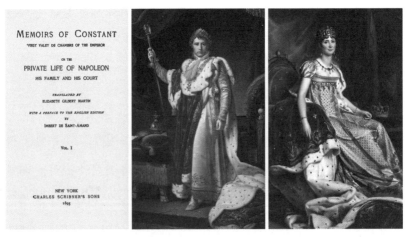

1895년에 출간된 『나폴레옹의 사생활 회고록』(왼쪽), 화가 프랑수아 제라르가 그린 나폴레옹 황제(가운데)와 조세핀 황후(오른쪽)

나면 성격이 모가 나거나 자제력을 잃는 결과가 생길 테니 더욱 문제 아닌가. 자네도 옳고 상대도 옳다면, 가능하면 자네가 양보하게. 자네가 옳고 상대가 옳지 않더라도 사소한 일이라면 양보하게. 내가 먼저 가겠다고 하다가 개에게 물리는 것보다는 개에게 길을 양보해주는 게 낫지. 물리고 나면 개를 죽이더라도 상처가 남지 않겠나."

상대방을 설득하는 방법 1

- **논쟁에서 이기는 방법은 논쟁을 피하는 것뿐이다.**

  The only way to get the best of an argument is to avoid it.

II

적을 만드는
확실한 방법과 대안

시어도어 루스벨트는 대통령으로 재임하고 있을 때, 자기 생각의 75%가 바른 생각이라면 자신의 최고 기대치에 도달한 것으로 본다고 고백한 적이 있다.

20세기의 가장 뛰어난 인물로 꼽히는 사람이 희망하는 최고치가 이 정도라면 일반인의 경우에는 어느 정도라야 하겠는가?

여러분이 옳다고 확신할 수 있는 경우가 55%만 되더라도 금융의 거리 월 스트리트로 가서 하루에 수백만 달러를 벌어들이고 요트도 즐길 수 있을 것이다. 만일 여러분의 생각 가운데 스스로 옳다고 확신할 수 있는 게 55%도 안 된다면 어떻게 다른 사람에게 틀렸다고 말할 수 있단 말인가?

여러분은 상대에게 눈빛이나 말투, 동작 하나만으로도 말로 하는 것 이상으로 충분히 '당신이 틀렸소.'라는 의미를 전달할 수 있다. 그리고 상대방에게 '당신이 틀렸소.'라고 할 때 상대방이 여러분 의견에 과연 동의하겠는가? 불가능한 이야기다. 여러분이 상대의 지적 능력, 판단력, 자부심, 자존심에 직격탄을 날렸기 때문이다. 그럴 때 상대방이 원하는 건 되받아치는 것뿐이지, 결코 생각을 돌리는 게 아니다. 여러분이 플라톤으로부터 칸트에 이르는 논리라는 논리를 다 갖다 대더라도 상대는 의견을 바꾸지 않는다. 여러분이 상대의 감정을 상하게 했기 때문이다.

절대로 "당신에게 이러저러하다는 것을 증명해 보이겠다."라는 이야기로 시작하지 말라. 그것은 정말 안 좋은 경우다. 그것은 이렇게 말하는 것과 같다. "내가 당신보다 잘났으니, 내 말 한두 마디 들어보고 생각을 돌리시게."

이건 도전이다. 이것은 대립을 만들어 여러분이 시작하기도 전에 상대에게 여러분과 싸우고 싶은 마음을 갖게 한다. 아무리 우호적인 상황에서도 상대의 마음을 바꾸는 것은 어려운 일이다. 그런데 왜 더 어렵게 만드는가? 왜 역경을 자초하는가?

무언가를 증명하고 싶다면 아무도 눈치채지 못하게 해라. 교묘하고 기술적으로 해서 아무도 여러분이 하는 일을 알지 못하게 해라. 영국 고전주의의 대표 시인 알렉산더 포우프는 이렇게 말했다.

가르치지 않는 듯이 가르치라. 상대가 이미 아는 것처럼 알려줘라.
Men must be taught as if you taught them not and things unknown proposed as things forgot.

알렉산더 포우프(Alexander Pope)
영국의 시인이다. 고전주의의 대표 시인으로 꼽히며, 호메로스의 작품을 번역한 것으로도 유명하다.

또한 체스터필드 경은 아들에게 이렇게 훈계했다.

할 수 있다면 다른 사람보다 현명한 사람이 되어라. 그러나 내가 더 현명하다고 상대에게 말하지 말아라.
Be wiser than other people, if you can; but do not tell them so.

4대 체스터필드 백작 필립 스탠호프(Philip Stanhope, 4th Earl of Chesterfield)
영국의, 정치인, 외교관, 작가이다. 사후 아들에게 30년 동안 보낸 편지가 책으로 출간되어 명성을 얻었다.

20년 전에 내가 믿었던 것 중 지금도 믿고 있는 것은 거의 없다. 있다면 구구단 정도일까. 하지만 아인슈타인을 읽고 나니 구구단에 대해서도 의심이 간다. 20년 후 나는 지금 이 책에서 말하고 있는 내용도 믿지 않게 될지 모른다. 예전에 확신하고 있던 모든 것들에 대해 지금은 확신이 가지 않는다. 소크라테스는 아테네에서 제자들에게 거듭 이야기했다.

내가 아는 것은 오직 한 가지, 내가 아무것도 알지 못한다는 것뿐이다.
One thing only I know; and that is that I know nothing.

소크라테스(Socrates)
고대 그리스의 철학자이다. 문답법을 통해 무지를 깨닫고, 시민의 도덕의식을 깨우고자 하였다. 그러나 신을 모독하고 청년을 현혹하였다는 혐의로 사형되었다.

아마 내가 소크라테스보다 현명하길 바라는 것은 무리일 것이다. 그래서 나는 다른 사람들에게 그들이 틀렸다고 말하지 않는다. 그리고 그게 득이 된다는 것을 알게 되었다.

만일 누군가 여러분이 보기에 틀린 말, 아니 여러분이 틀렸다고 확실히 알고 있는 말을 하더라도 이렇게 시작하는 게 낫지 않겠는가? "그런데, 잠깐만요. 제 생각은 조금 다르긴 한데, 제가 틀릴 수도 있습니다. 종종 그러거든요. 만일 제가 틀린 이야기를 하면 바로잡아 주십시오. 우선 사실부터 살펴볼까요?"

'내가 틀릴 수도 있다.', '종종 틀린다.', '사실을 살펴보자.' 이런 말에는 마력이 있다. 불가사의한 마력이 분명히 담겨 있다. 이 세상 어떤 사람이라도 여러분이 "내가 틀릴 수도 있다. 사실을 살펴보자."라고 하는데 반대하지는 않을 것이다.

과학자들의 방식이 바로 이렇다. 나는 예전에 스테픈슨이라는 과학자를 인터뷰한 적이 있다. 그는 6년간 순전히 고기와 물만으로 버티기도 하면서 11년 이상 북극 지역에서 활동한 유명한 탐험가이자 과학자였다. 그는 자신이 진행하고 있는 실험에 대해 내게 설명해주었고, 나는 그에게 그걸로 무엇을 증명하고자 하느냐고 물었다. 그때 그가 한 대답을 결코 잊지 못할 것이다. 그는 이렇게 말했다. "과학자는 결코 무언가를 증명하려고 하지 않습니다. 다만 사실을 드러내려고 할 뿐이죠."

여러분도 과학적인 사고를 하고 싶지 않은가? 아무도 막지 않는다. 다만 여러분 스스로 막고 있을 뿐이다.

여러분이 틀릴 수도 있다는 점을 인정하면 말썽이 생기는 것을 막아 줄 것이다. 그러면 모든 논쟁이 그칠 것이고, 상대도 여러분만큼 공정

하고 대범해지기 위해 노력하게 될 것이다. 상대 역시 자신이 틀릴 수도 있다는 점을 인정하게 될 것이다.

만일 여러분이 상대가 확실히 틀렸다는 것을 알고서 무뚝뚝하게 상대에게 틀렸다고 하면 어떤 일이 일어나겠는가? 구체적인 사례를 들어 살펴보자. 뉴욕의 젊은 변호사 S 씨는 최근 미국 연방 대법원에서 매우 중요한 사건의 변론을 맡고 있었다(루스트가르텐 대 플리트 코퍼레이션 사건). 상당한 돈과 법률상의 쟁점이 걸린 중요한 사건이었다.

논쟁이 한창이었는데 대법원 판사가 그에게 이렇게 물었다. "해사법(海事法)의 법정 기한이 6년이죠?"

S 씨는 멈춰 서서 판사를 쳐다보다가 이렇게 무뚝뚝하게 대답했다. "판사님, 해사법에는 법정 기한이란 게 없습니다."

카네기 강좌에 온 S 씨는 당시 상황을 이렇게 설명했다.

갑자기 법정이 조용해지면서 실내 온도가 0도까지 내려가는 것 같더군요. 제가 맞고 판사는 틀렸기 때문에 그렇게 이야기했던 거죠. 그런데 그를 제게 호의적으로 만들었겠습니까? 아닙니다. 나는 아직도 내가 법률적으로 옳았다고 생각합니다. 그 어느 때보다도 변론도 더 잘했고요. 하지만 상대방을 설득할 수가 없었습니다. 학식도 많고 이름도 있는 사람에게 "당신이 틀렸소." 하고 말하는 돌이킬 수 없는 실수를 저질렀기 때문입니다.

논리적인 사람은 거의 없다. 대부분 사람은 선입견을 가지고 있고, 편향된 생각을 하고 있다. 미리 갖고 있던 관념, 질투, 의심, 공포, 시기, 자부심 등이 대다수 사람의 눈을 가리고 있다. 그리고 대다수 사람은 자신의 종교나 머리 모양, 아니면 공산주의나 좋아하는 연예인에 관한 생각을 바꾸려 하지 않는다. 그러므로 만일 다른 사람에게 '틀렸소.'라고 이야기하고 싶은 마음이 들면, 매일 아침 식전에 무릎을 꿇고 경건한 마음으로 아래 구절을 읽기 바란다. 제임스 하비 로빈슨 교수의 지혜가 담긴 책 『정신의 형성』이라는 책에 나오는 구절이다.

우리는 가끔 아무런 저항이나 감정의 동요 없이 생각을 바꾸기도 한다. 하지만 남에게서 틀렸다는 이야기를 들으면 그 지적에 반감을 품고 생각이 더 굳어진다. 우리는 신념의 형성 과정에는 믿을 수 없을 정도로 무신경하다가도 누군가 그 신념을 빼앗으려 하면 그 신념에 쓸데없이 집착하게 된다. 우리가 소중히 여기는 것은 분명 사고 그 자체가 아니라 위기에 처한 우리의 자존심이다. '내 것'이라는 간단한 말이 인간 행동에서 가장 중요한 것이므로 이 점을 잘 헤아리는 것이 지혜의 출발점이다.

'내' 식사, '내' 개, '내' 집, '내' 부모, '내' 조국, '내' 종교, 어느 경우나 같은 위력을 갖고 있다. 우리는 시계가 빠르거나 늦거나 혹은 차가 고물이라는 말에만 화를 내는 것이 아니라 화성에 운하가 있느냐, 에픽테토스를 어떻게 발음하느냐, 살리신(해열 진통제)이 의학적으로 효과가 있느냐, 사르곤 1세가 살던 시기는 언제냐 등과 같은 개념이 틀렸다는 말을 들을 때도 화를 낸다.

우리는 습관적으로 옳다고 믿었던 것을 계속 믿고 싶어 한다. 그래서 믿는 것에 의문을 던지면 분개하면서 예전의 믿음을 유지하기 위하여 온갖 이유를 다 갖다 붙인다. 이런 결과, 이른바 논증이라고 하는 것은 우리가 이미 믿고 있는 대로 계속 믿기 위한 논리를 찾는 과정일 뿐이라고 할 수 있다.

예전에 집 장식을 위해 인테리어 업자에게 커튼을 주문한 적이 있다. 그런데 청구된 금액이 너무 많아 깜짝 놀랐다.

며칠 뒤 한 부인이 집에 들렀다가 커튼을 보게 되었다. 내가 가격을 이야기했더니 그 부인은 놀리는 듯이 이렇게 말했다. "얼마라고요? 엄청나군요. 바가지 쓰신 것 같은데요."

맞는 말이었을까? 그렇다, 맞는 말이었다. 하지만 자신의 판단과 다른 진실을 그냥 듣고 있을 사람은 별로 없다. 나도 인간인지라 나를 방어하기 시작했다. 비싼 것이 결국 제값을 한다, 싸구려는 질이나 예술적 취향을 만족시켜주지 못한다 등등을 지적했다.

다음 날은 다른 친구가 찾아왔는데, 이번에는 열을 내가며 커튼을 칭찬하더니 자기도 형편만 되면 이렇게 멋진 작품으로 집을 장식하고 싶다는 게 아닌가. 내 반응은 전날과는 정반대였다. "솔직히 말해 나도 형편이 되지 않아. 돈이 너무 많이 들었거든. 괜히 샀다고 후회하고 있어."

틀렸을 때, 자신에게는 틀렸다고 인정할 수 있다. 남이 지적하더라도 교묘히 은근하게 지적하면, 다른 사람에게도 잘못을 인정할 수 있다. 또 자신이 틀렸다는 것을 인정함으로써 때로는 자신의 솔직함과 대범함에 뿌듯한 느낌이 들기도 한다. 하지만 누군가가 도저히 삼킬 수 없는 딱딱한 사실 덩어리를 입에 들이밀고 삼키라고 한다면…….

남북 전쟁 때 가장 유명한 편집장이던 호러스 그릴리는 링컨의 정책을 끔찍이 싫어했다. 그는 논쟁과 조롱과 비난을 거듭하면 링컨을 자기 생각에 동감하도록 바꿀 수 있으리라 기대했다. 그는 신랄한 비판을 몇 달, 몇 년간 계속했다. 사실 링컨이 부스의 흉탄에 쓰러진 날도 그는 거칠고 신랄한, 조롱 어린 공격이 담긴 글로 링컨을 공격했다.

호러스 그릴리(왼쪽), 호러스 그릴리가 활동했던 미국 신문 『뉴욕 트리뷴(New-York Tribune)』

그런데 이런 신랄함으로 링컨이 생각을 바꿔 그릴리에게 동의하게 되었을까? 전혀 그렇지 않았다. 조소와 비난으로는 결코 상대의 생각을 바꿀 수 없다.

사람을 다루는 법이나 자기 관리, 인성 계발에 대한 매우 뛰어난 안내서가 필요하다면 벤저민 프랭클린의 자서전을 읽기 바란다. 이 책은 가장 매력적인 전기일 뿐 아니라 미국 문학의 고전이기도 하다.

벤저민 프랭클린은 자서전에서 자신이 어떻게 쓸데없이 토론하는 버릇을 극복하고 미국 역사상 가장 유능하고 상냥하며 외교적인 사람으로 변신했는지에 대해 자세히 이야기했다.

벤저민 프랭클린이 여전히 실수를 거듭하던 젊은 시절 이야기다. 하루는 친구로 지내는 나이 든 퀘이커교도 한 사람이 그를 부르더니 그의 아픈 곳을 콕 찌르는 진실 몇 가지를 지적하며 이렇게 말했다.

벤, 자네 정말 구제 불능이야. 자네 의견은 자네랑 생각이 다른 사람들에게 상처를 주고 있네. 그 상처가 너무 커서 이젠 아무도 자네 의견을 들고 싶어 하질 않아. 자네 친구들도 자네가 안 보여야 더 맘이 편하다고 할 정도야.

자넨 아는 게 너무너무 많아 아무도 자네에게 입도 벙긋 못하고 있지. 사실 말해 보려 애써봐도 마음만 불편해지고 힘만 들게 돼 이제 다들 포기했다네. 자네가 유식하다고 하지만 알면 얼마나 알겠나. 이런 상태로는 자네가 앞으로 지금 알고 있는 것보다 더 많이 알게 될 것 같지는 않네.

이런 통렬한 비판을 받아들이는 태도가 내가 보기에는 벤저민 프랭클린이 가진 가장 뛰어난 장점 중 하나다. 그는 이 말이 진실이라는 것을 깨달을 만큼 그릇이 크고 또 현명했다. 그리고 이대로 가면 실패와 사회적 몰락밖에 남지 않는다는 것도 알아차렸다. 그는 즉시 180도 방향 전환을 했다. 그는 당장 자신의 거만하고 독선적인 태도를 바꾸었다.

프랭클린은 다음과 같이 말하고 있다.

나는 다른 사람의 감정에 정면으로 반박하는 것과 내 감정을 적극적으로 주장하는 것을 삼가기로 마음먹었다. 심지어 말을 할 때 고정된 의견을 암시하는 말이나 표현, 예를 들면 '확실히', '의심의 여지 없이' 등의 말을 삼가고, 대신에 '내 생각엔', '내가 이해하기로는', '추측하건대', '현재로 봐서는' 등의 말을 사용했다.

내가 보기에 다른 사람이 틀린 주장을 하더라도, 대놓고 반박하거나 바로 그 주장의 오류를 보여주는 즐거움을 참기로 했다. 그 대신 어떤 상황이나 경우에는 그의 의견이 맞을 수도 있지만, 지금의 경우에는 약간 차이가 있어 보인다, 혹은 그런 것 같다 정도로 말을 시작했다.

태도 변화의 효과는 금세 눈에 보였다. 내가 참여하는 대화는 더 유쾌하게 진행됐다. 나는 조심스럽게 의견을 제시했기 때문에 상대도 쉽게 받아들였고 충돌이 줄어들었다. 내가 틀릴 때도 예전만큼 괴롭지 않게 됐으며, 운 좋게 내가 옳은 경우에는 상대가 쉽게 자신의 실수를 인정케 하고 같이 즐거워할 수 있게 됐다.

처음에는 이런 태도를 보이기 위해 성질을 죽여야 했지만, 나중에는 이것이 너무 편하고 익숙해져 아마 지난 50년간 내가 독선적인 말을 하는 것을 들어본 사람이 한 명도 없을 것이다. 내가 전에 새로운 제도나 개정안을 제안했을 때 동료 시민들의 지지를 받은 것이나, 의원으로서 시 의회에서 영향력을 행사할 수 있었던 것은 내가 성격상 사심이 없었기 때문이기도 하지만, 주로 이런 습관 덕분이었다고 여겨진다. 왜냐하면 나는 연설에 재능이 없어 유창하지도 못하고, 단어 선택에 머뭇거리기도 하며 용어 사용이 정확하지도 않았지만 대개는 내 주장을 관철할 수 있었기 때문이다.

벤 프랭클린의 방법이 사업에서는 어떻게 작동할까? 두 가지 사례를 살펴보자.

뉴욕에 사는 F. J. 마호니는 정유회사에 특수 장비를 공급하는 일을 하는데, 어느 날 롱아일랜드에 있는 주요 고객으로부터 주문을 받았다. 설계도가 만들어지고 고객의 승인이 나자 장비는 제작에 들어갔다. 그때 문제가 생겼다. 고객이 자신의 친구들과 주문에 대해 상의를 했더니, 친구들이 그가 중대한 실수를 하고 있다고 지적했다. 여긴 너무 넓고, 저긴 너무 좁고, 여긴 이렇게 잘못됐고, 저긴 저렇게 잘못됐다는 온갖 지적들이 그에게 쏟아지기 시작했다. 그는 친구들의 지적에 화가 치솟아

마호니 씨에게 전화를 걸어 이미 제작에 들어간 장비를 인수할 수 없다고 통보했다.

이때의 일에 대해 마호니 씨는 이렇게 이야기했다.

설계도를 아주 정밀하게 검토한 결과 우리가 옳다는 것을 확신할 수 있었습니다. 그리고 우리 고객과 그 친구들이 잘 모르면서 여러 가지 지적을 하고 있다는 것도 알고 있었죠. 하지만 직접 그렇게 이야기하면 좋지 않은 결과가 생길 수 있다는 느낌이 들더군요.

나는 롱아일랜드에 있는 그의 사무실로 찾아갔습니다. 사무실로 들어갔더니 그는 자리에서 벌떡 일어나 내게로 다가와 불만을 쏟아내기 시작했습니다. 어찌나 흥분해 있던지 이야기를 하면서 주먹을 휘두를 정도였습니다. 나와 장비에 대해 비난을 퍼붓더니 이렇게 말을 끝냈습니다. "자, 이제 어떻게 할 거요?"

나는 매우 침착하게 어떤 요청이든 다 들어드리겠다고 그에게 말했습니다. "장비에 대해 돈을 내실 분은 당신이니 당신이 원하는 대로 하실 수 있습니다. 다만 누군가 책임은 져야 합니다. 당신이 맞는다고 생각하신다면 설계도를 주십시오. 이미 2천 달러가 들어가긴 했지만, 그 돈은 우리가 떠안겠습니다. 당신을 위해 기꺼이 2천 달러 손실을 감수하겠습니다. 하지만 당신이 주장하는 대로 제작을 하면 책임은 당신이 져야 한다는 점은 알려드려야 하겠군요. 그리고 우리는 여전히 우리 설계가 맞는다고 생각하기 때문에 만일 우리 설계대로 제작할 경우 모든 책임은 우리가 지겠습니다."

이런 이야기를 할 때쯤 되자 그는 진정이 되었습니다. 그러고는 마침내 이렇게 이야기했습니다. "좋습니다. 그럼 그렇게 진행하지요. 하지만 일이 잘못되면 모든 책임을 져야 합니다."

우리 판단이 정확해서 제작은 성공적으로 끝이 났습니다. 그리고 그는 그 시즌에 예전과 비슷한 주문을 두 개나 더 내기로 약속했습니다.

그 사람이 나를 모욕하고 내 눈앞에서 주먹을 휘두르며 일을 제대로 알기나 하는 사람이냐고 말했을 때, 따지고 반박하고 싶은 충동을 참느라 내가 가진 모든 자제력을 동원해야만 했습니다. 참느라고 땀깨나 흘렸지만, 보람이 있었습니다. 만일 내가 "당신이 틀렸소." 하고 논쟁을 시작했다면 소송으로 이어졌을 테고, 서로 감정을 상하고 금전적으로도 손실이 생겼을 테고, 또 중요한 고객 한 사람을 잃어버렸을 것입니다. 그래서 나는 확신합니다. 상대에게 틀렸다고 말하는 건 절대 득이 되지 않습니다.

이제 다른 사례를 보자. 그리고 지금 인용하는 사례들은 수많은 사람의 경험에서 공통으로 나타나는 전형적인 경우라는 것을 명심하기를 바란다.

R. V. 크로울리는 뉴욕에 있는 가드너 W. 테일러 목재 회사의 세일즈맨이다. 그는 자신이 수년 동안 깐깐한 목재 검사관들을 대상으로 그들의 잘못을 지적하는 논쟁을 벌여왔다고 털어놓았다. 대부분은 그가 옳았다. 하지만 그건 아무 소용이 없었다. 크로울리의 이야기를 빌리자면 목재 검사관들은 마치 야구 심판들 같아서 한 번 판정을 내리면 번복하는 일이 없었기 때문이다.

크로울리 씨는 자신이 논쟁에서 이기긴 하지만 그로 인해 회사는 수천 달러의 손실을 보고 있다는 사실을 깨달았다. 그래서 카네기 강좌를 수강하는 중에 전술을 바꿔서 논쟁을 관두기로 했다. 결과가 어땠을 것 같은가? 크로울리가 강좌에 와서 털어놓은 이야기를 들어보자.

하루는 아침부터 사무실로 전화가 왔습니다. 거래처 전화였는데 전화를 건 직원은 짜증 섞인 목소리로 우리가 보낸 차 한 대 분량의 목재가 전량 품질 불량 판정이 나서 하역을 하다 중단했으니, 지금 당장 목재를 다 회수 해가라고 통보했습니다. 목재의 4분의 1가량이 하역된 상황에서 목재 검사관이 불량률이 55%라고 통보했기 때문에 인수를 거절했던 것입니다.

바로 사무실에서 튀어나와 거래처로 가면서 지금 상황을 어떻게 하면 가장 잘 처리할 수 있을까 곰곰이 생각해보았습니다. 일반적으로 이런 상황에서 예전의 나라면 평가 기준을 들먹이고, 내가 목재 검사관이던 시절의 경험과 지식을 바탕으로 상대 검사관에게 목재가 실제로 기준에 적합하며, 그가 검사 기준을 잘못 해석하고 있다고 설득하려 했을 것입니다. 하지만 이번에는 여기 카네기 강좌에서 배운 원칙을 적용해보아야겠다고 마음먹었습니다.

현장에 도착해보니 구매자와 목재 검사관이 한판 논쟁이나 다툼을 벌이려고 단단히 준비하고 있다는 걸 알 수 있었습니다. 나는 하역 중이던 차로 가서 판정을 어떻게 하는지 볼 수 있도록 하역을 계속해 달라고 요청했습니다. 그리고 검사관에게 전에 하던 대로 불량 목재를 가려내고 합격한 목재를 따로 쌓아달라고 요청했습니다.

검사관이 일하는 것을 조금 지켜보니까 그가 실제로 기준을 너무 엄격히 적용하고 있고, 규정도 잘못 해석하고 있다는 생각이 들더군요. 문제의 목재는 스트로브잣나무(White pine)였는데, 검사관은 단단한 재목에 대해서는 철저히 이해하고 있었지만, 스트로브잣나무에 대해서는 잘 알지도 못하고 경험도 부족했습니다. 더군다나 스트로브잣나무는 내 전문 분야이기도 했습니다. 그래서 그가 하는 품질 판단에 내가 이의를 제기했을까요? 전혀 아닙니다. 나는 계속 지켜보다가 이 목재는 왜 불량 판정을 받았느냐는 식의 질문을 조금씩 했습니다. 나는 조금도 판정이 잘못되었다는 내색을 하지 않았습니다. 내가 질문하는 유일한 이유는 다음번에 요구되는 품질의 목재를 정확하게 공급하기 위해서라고 강조해두었습니다.

매우 우호적이고 협조적인 분위기로 질문을 하고 그들의 기준에 적합하지 않은 목재를 가려내는 것은 정당하다고 계속 이야기했더니, 검사관의 태도가 누그러지면서 우리 사이에 있던 긴장 관계도 눈 녹듯이 사라지더군요. 그러면서 가끔 조심스럽게 내가 몇 마디 던지자, 검사관도 자신이 불량 판정을 내린 목재가 실제로는 기준에 부합할 수도 있겠다는, 그리고 자신들이 요구하는 기준에 부합하는 목재는 훨씬 비싼 등급의 목재겠구나라는 생각이 싹트는 것 같았습니다. 하지만 내가 이 점을 부각하려 하고 있다는 것에 대해서는 조금도 눈치채지 못하도록 주의를 기울였습니다.

점차 그의 태도가 전반적으로 변하더군요. 결국 그는 자신이 스트로브잣나무에 대해서는 경험이 없다는 점을 인정하고 하역되는 목재 하나하나에 관해 내 의견을 묻기 시작했습니다. 나는 하나하나에 대해 그것이

미국의 한 주립 공원에서 촬영된 스트로브잣나무(White pine, 학명: Pinus strobus)

왜 특정 등급에 해당하는가를 설명했습니다. 하지만 만일 그 목재가 그들이 생각하는 용도에 적당하지 않다면, 무조건 인수해달라고 할 생각이 없다는 점을 누누이 강조했습니다. 마침내 그는 자신이 불량 판정을 내릴 때마다 꺼림칙하던 이유를 알게 되었습니다. 더 높은 등급의 목재를 주문했어야 하는데, 그러지 못한 자신들의 실수를 깨닫게 되었던 것이죠.

최종적으로 내가 현장을 떠나고 난 후 검사관은 목재를 전부 다시 검사하고는 전체 합격 판정을 내렸습니다. 그리고 대금 전액에 대해 결제받았습니다.

상대가 틀렸다고 지적하는 것을 삼가는 약간의 기지를 발휘했더니, 이 거래에서만도 회사는 상당한 금액의 돈을 아낄 수 있었습니다. 그리고 그와 함께 쌓인 호의는 돈으로 따질 수가 없죠.

참고로 지금 내가 이야기하고 있는 것은 새로운 진실이 아니다. 이미 20세기 전에 예수는 이렇게 말했다. "너와 다투는 사람과 빨리 화해하라 (마태복음 5:25)."

다르게 이야기하면 고객과, 배우자와, 반대자와 논쟁하지 말라는 뜻이다. 상대가 틀렸다고 말하거나 상대의 화를 돋우지 말고 약간의 수완을 발휘하라.

기원전 22세기에 이집트를 통치하던 아크토이 왕은 아들에게 몇 가지 현명한 가르침을 내렸다. 4천 년 전 어느 날 오후 늙은 아크토이 왕은 술을 마시다 이렇게 이야기했다. "다른 사람의 감정을 상하게 하지 말라. 그러면 네가 바라는 대로 될 것이다." 오늘날에도 꼭 필요한 가르침이 아닐 수 없다.

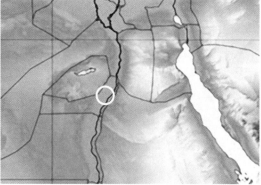

본문의 아크토이 왕으로 추정되는 고대 이집트 제1 중간기 9왕조의 파라오 네브카우레 케티 (Nebkaure Khety)의 이름이 새겨진 유물(왼쪽), 고대 이집트의 수도였던 헤라클레오폴리스의 대략적인 위치(오른쪽).

그러므로 상대를 설득하고 싶다면, 다음 방법처럼 해보라!

상대방을 설득하는 방법 2

- **상대의 의견을 존중하라.**

  Show respect for the other man's opinions.

- **상대의 잘못을 지적하지 말라.**

  Never tell a man he is wrong.

III

잘못했으면
솔직히 인정하라

내가 사는 곳은 거의 뉴욕시의 정중앙이라 할 수 있다. 하지만 집에서 도보로 1분도 걸리지 않는 곳에 원시림이 넓게 펼쳐져 있어 봄이면 딸기 덤불이 흰 꽃을 피우고, 다람쥐는 보금자리에서 어린 다람쥐를 키운다. 길가에 흔한 쥐꼬리망초는 어린아이 키만큼이나 자란다. 사람의 손을 거의 타지 않은 이 지역은 '숲 공원(Forest Park)'이라고 불리는데 말 그대로 '숲'이라 할 수 있다. 이 숲은 아마도 콜럼버스가 아메리카 대륙을 발견한 이래 거의 모습이 달라지지 않았을 것으로 생각한다.

나는 종종 렉스를 데리고 이 숲을 산책한다. 렉스는 보스턴 불도그에 속하는 자그마한 개인데, 사람을 좋아하고 잘 물지도 않는다. 공원에는 사람이 거의 없으므로 나는 줄을 묶거나 입마개를 씌우지 않고 렉스를 데리고 다닌다.

미국 뉴욕에 있는 포레스트 파크

　하루는 공원에서 기마경찰을 만났는데, 거들먹거리고 싶어 안달이 난 모양이었다. "묶지도 않고 입마개도 없이 공원에서 개를 저렇게 뛰어다니게 하면 어떻게 합니까? 법규 위반인 것 모르십니까?" 그가 나를 질책했다.

　"물론 알고 있습니다만, 여기서 저 개가 별다른 해를 끼칠 일이 없으리라 생각했어요." 내가 부드럽게 대답했다.

　"그렇게 생각하셨다고요? 그렇게 생각하셨다니요! 법은 선생의 생각과는 아무런 상관이 없습니다. 저 개는 다람쥐를 죽일 수도 있고 아이를 물 수도 있습니다. 아무튼 이번 한 번은 봐 드리겠습니다. 하지만 다음번에 다시 묶지 않거나 입마개 없이 개를 데리고 여기 오시면 법대로 하겠습니다."

나는 그렇게 하겠다고 순순히 약속했다. 그리고 서너 번은 약속을 지켰다. 하지만 렉스도 나도 입마개 하는 것을 좋아하지 않았다. 그래서 몰래 그냥 나가보기로 했다. 한동안은 아무 일 없었다. 하지만 그러다가 결국은 다시 들키고 말았다. 어느 날 오후 렉스와 언덕 위까지 달리기 시합을 했는데 실망스럽게도 갑자기 그 경찰관이 밤색 말을 타고 있는 게 눈에 들어왔다. 렉스는 그 경찰관을 향해 앞쪽으로 달려가고 있었다.

나는 도저히 피할 방법이 없다는 것을 한눈에 알 수 있었다. 그래서 경찰관이 말을 꺼낼 때까지 기다리지 않고 선수를 쳐서 이렇게 말했다. "경찰관님, 저를 현행범으로 잡으셨군요. 죄를 인정합니다. 알리바이도 없고 변명거리도 없습니다. 지난주에 입마개를 채우지 않고 개를 다시 데리고 나오면 벌금을 물리겠다고 하셨는데, 결국 이렇게 됐군요."

"하기야 주위에 아무도 없을 때라면 저렇게 작은 개는 뛰어놀게 하고 싶은 유혹이 들긴 하겠군요." 경찰관이 부드럽게 응답했다.

"당연히 그런 유혹이 들지요. 하지만 그건 법 위반입니다."

"글쎄요, 저렇게 작은 개라면 사람에게 위협이 될 것 같지는 않은데요?" 경찰관이 반박했다.

"그렇죠. 하지만 다람쥐를 죽일지도 모르니까요." 내가 말했다.

그러자 경찰관은 이렇게 말했다. "선생이 너무 심하게 생각하는 것 같군요. 이렇게 하시죠. 제 눈에 띄지 않는 저 언덕 너머에서 개를 뛰어놀게 하십시오. 그러면 문제 삼지 않겠습니다."

그 경찰관도 사람인지라 자신이 인정받고 있다는 느낌을 원했다. 그래서 내가 자책을 하고 나서자, 그가 자기 존재를 내세울 수 있는 길은 아량을 베푸는 관용적인 태도를 보이는 것밖에 없었다. 만일 내가 나를 옹호하려고 했다면 어떻게 됐을까? 아마 경찰관과 다투어본 적이 있는 사람은 알 것이다.

경찰관과 시시비비를 다투는 대신에 나는 그가 절대적으로 옳고 내가 분명히 잘못을 저질렀다는 점을 인정했다. 그것도 빨리, 공개적으로, 그리고 분명하게 인정했다. 내가 경찰관의 처지가 되고, 경찰관은 내 처지가 됨으로써 일은 원만히 해결되었다. 체스터필드 경이라 할지라도 이 기마경찰보다 더 원만하진 못했을 것이다. 더구나 바로 1주일 전만 해도 내게 법대로 하겠다고 위협하던 그 경찰관이 아니던가?

어차피 나를 비판할 상황이라면 다른 사람이 뭐라 하기 전에 내가 나서서 비판하는 게 더 낫지 않겠는가? 다른 사람의 입에서 나오는 비난보다는 내 입에서 나오는 자기비판이 훨씬 더 듣기 편하지 않겠는가?

상대가 생각하는, 상대가 말하고 싶은, 상대가 말하려 하는 나에 대한 비난의 소리를, 상대가 입을 열기 전에 여러분이 스스로 말해버려라. 먼저 선수를 쳐서 상대가 할 이야기를 해버려라. 이리되면 상대가 관대하고 너그러운 태도로 여러분의 실수를 사소한 것으로 만들 가능성이 무척 커진다. 마치 조금 전의 기마경찰이 나와 렉스에게 그랬던 것처럼 말이다.

상업 미술가인 페르디난드 E. 워렌은 까다롭고 비판적인 작품 구매자의 호의를 끌어내는 데 이 방법을 사용했다. 워렌 씨가 들려주는 자신의 이야기를 들어보자.

광고와 인쇄용 그림을 그릴 때는 정밀하고 정확하게 만드는 것이 중요합니다. 가끔 미술 편집자들이 자기가 부탁한 것을 즉시 제작해달라고 요구할 경우가 있습니다. 이런 경우에는 약간의 실수가 있게 마련이죠.

내가 아는 미술 편집자 중에 항상 사소한 트집을 잡기 좋아하는 사람이 있었습니다. 나는 종종 기분이 나빠져서 그의 사무실을 나오곤 했는데, 그건 비판을 받아서가 아니라 그가 잘못을 지적하는 방식 때문이었습니다.

얼마 전에 그 편집자에게 작품을 하나 급히 제작해 보냈는데, 그가 전화해서는 당장 달려오라고 하더군요. 뭔가 잘못되었다는 겁니다. 도착해 보니 내가 염려하던, 두려워하던 바로 그대로이더군요. 그는 비판할 거리가 생겼다며 의기양양해 있었습니다. 그는 신나게 이건 왜 이랬냐, 저건 왜 그랬냐 하면서 따졌습니다. 언뜻 지금이 내가 배운 자기비판의 기술을 적용해볼 때라는 생각이 들었습니다. 그래서 이렇게 이야기했습니다.

"당신 말이 사실이라면 제가 잘못한 것이니 제 실수에 대해 변명할 여지가 전혀 없군요. 같이 일한 지도 오래돼서 이제 좋은 그림을 드릴 만도 한데 이 정도밖에 못 하다니 정말 면목이 없습니다."

이 말을 하자마자 그는 바로 나를 옹호해주었습니다. "맞는 말씀입니다만, 그래도 이게 그렇게 중대한 실수는 아니고……."

나는 그의 말을 막고 이렇게 이야기했습니다. "어떤 실수건 나중에 큰 손실을 입힐 수 있고, 또 사람을 짜증 나게 합니다."

그가 말참견하려고 했지만 나는 그러도록 놔두지 않았습니다. 나는 굉장한 시간을 보내고 있었기 때문입니다. 생애 처음으로 나 자신을 비판하고 있었고, 나는 그게 좋았습니다.

나는 계속해서 이렇게 이야기했습니다. "좀 더 주의를 기울였어야 했습니다. 당신은 제게 일도 많이 주시고 계시니 최고로 해드리는 게 당연합니다. 그러니 이 그림은 완전히 다시 그려드리겠습니다."

"아니요. 아닙니다." 그가 반대하더군요. "그런 수고를 끼칠 수야 없지요." 그러더니 그는 내 그림을 칭찬하면서 그가 원하는 건 단지 약간의 수정일 뿐이고, 이런 사소한 실수로 회사에 큰 손실이 일어나지는 않는다고 내게 확신시켜주었습니다. 결국 약간의 세부 손질이 필요할 뿐 걱정할 만한 것은 아니라는 말이었습니다. 내가 너무 진지하게 자신을 비판했기 때문인지 그는 싸울 마음이 싹 달아나버린 것 같았습니다. 그는 이제 그만하고 점심이나 같이 먹자고 하더군요. 그러고는 헤어지기 전에 수표 한 장과 새로운 일감을 내게 안겨주었습니다.

어떤 바보라도 실수에 대해 변명할 줄 안다. 그리고 바보들이 대개 변명한다. 그러나 자신의 잘못을 인정하는 사람은 다른 사람에 비해 돋보이게 되고, 스스로 생각할 때도 왠지 고결한 것 같은 생각이 들어 마음이 흐뭇하게 된다. 역사 속에서 로버트 E. 리 장군에 관한 미담을 예로 들어보자. 게티즈버그 전투에서 피켓 장군의 돌격 작전이 실패했을 때 리 장군이 자신에게, 전적으로 자신에게 그 책임이 있다고 비판하고 나선 이야기이다.

'피켓의 돌격'은 서구 역사상 가장 화려하고 멋진 공격이었음이 틀림없다. 피켓 장군 자체가 멋진 사람이었다. 길게 늘어뜨려 묶은 적갈색 머리는 어깨에 닿을 정도였고, 나폴레옹이 이탈리아를 원정하러 갔을 때 했던 것처럼 그도 전장에서 거의 매일 열렬한 사랑의 편지를 썼다.

비극적인 7월의 어느 오후, 그가 모자를 멋지게 오른쪽으로 약간 비켜 쓰고 북군 전선을 향해 가볍게 말을 달리면서 진격을 시작하자, 그의 충성스러운 부대는 환호성을 울렸다. 부대는 함성을 올리며 그를 따라 돌격하기 시작했다. 옆으로 길게 늘어선 군인들의 물결이 끝도 없이 밀고 나갔다. 깃발이 날리고 총검은 햇살에 번쩍거렸다. 정말 멋지고 숨막히는 광경이었다. "용감하다. 장관이다!" 남군을 노려보고 있던 북군 병사들 사이로 감탄의 말이 흘러나왔다.

피켓의 부대는 과수원을 지나고 옥수수밭을 지나며 목장을 가로지르고 계곡을 건너 별다른 어려움 없이 물밀듯이 밀고 나갔다. 진격하는 동안 계속 북군의 대포가 대열에 커다란 구멍을 내고 있었지만, 그들은 조금도 굴하지 않고 이를 악물고 진격, 진격을 계속했다.

그런데 '묘지 능선' 석벽 뒤에 숨어 있던 북군 보병 부대가 갑자기 나타나서 무방비 상태의 피켓 부대에 총알을 퍼붓기 시작했다. 그 능선은 폭발하는 화신처럼 순식간에 화염에 휩싸였으며 대학살의 현장이 되고 말았다. 피켓 연대는 1명을 제외한 모든 지휘관과 부대 인원 5천 명 중 5분의 4가 단 몇 분 사이에 모두 죽고 말았다.

아미스테드 장군이 살아남은 병사들을 이끌고 최종 돌격에 나섰다. 그는 힘차게 달려 석벽을 뛰어넘고는 장검 끝에 걸어둔 자신의 모자를 휘두르며 소리쳤다. "전원, 착검. 돌격 앞으로!"

그들은 돌격했다. 석벽을 뛰어넘어 적을 총검으로 베고 개머리판으로 치는 치열한 육박전 끝에 마침내 묘지 능선의 남쪽 '꼭짓점'이라고 불리는 곳에 남군의 깃발을 꽂았다. 하지만 승리는 잠깐에 불과했다. 잠깐이긴 했지만, 이 순간은 남부 연방 사상 최고의 순간으로 기록되고 있다.

피켓의 돌격은 화려하고 영웅적이었지만 종말의 시작에 불과했다. 리 장군은 실패했다. 북군 방어선을 무너뜨릴 수 없었다. 리 장군은 그것을 알고 있었다. 남부군에게는 뼈아픈 패배가 아닐 수 없었다.

너무 큰 슬픔과 충격을 겪은 리 장군은 남부 연방 대통령이던 제퍼슨 데이비스에게 편지를 보내 사의를 표명하고 '더 젊고 유능한' 장군을 사령관으로 임명해달라고 요청했다. 리 장군이 피켓의 돌격이 참혹

조지 피켓 장군(왼쪽), 피켓의 돌격 지대(오른쪽)

한 실패로 끝난 책임을 남에게 돌리고자 했다면 책임져야 할 사람을 수도 없이 찾을 수 있었을 것이다. 연대 지휘관 중 일부는 그의 명령대로 움직이지 않았고, 기마 부대가 너무 늦게 도착하는 바람에 보병 부대는 공격을 제대로 지원받을 수 없었다. 여기서는 이게 잘못되었고 저기서는 저게 잘못되었다.

하지만 고결한 인품의 리 장군은 책임을 남에게 돌리지 않았다. 남군 병사들이 전투에서 패하고 피를 흘리며 공격 개시선으로 돌아오자, 리 장군은 혼자 말을 몰고 병사들 앞으로 나가서 거의 장엄하다고 해야 할 정도로 자기비판을 했다. "모든 책임은 내게 있다. 이 전투에서 패배한 사람은 나, 나 혼자뿐이다." 역사상 이렇게 패전의 책임을 인정할 정도의 용기와 인품을 가진 장군은 거의 없었다.

앨버트 허버드는 미국 역사상 가장 창의적인 작가였는데, 그의 글은 너무 신랄하여 격렬한 거부 반응을 일으킬 때도 종종 있었다. 하지만 허버드는 사람들을 대하는 기술이 워낙 뛰어나서 적이었던 사람도 친구가 되는 일이 태반이었다.

예를 들면, 허버드가 쓴 글에 화가 난 어떤 독자가 그에게 편지를 보내 글의 이러저러한 점이 마음에 안 든다며 그에게 온갖 비난을 퍼부은 적이 있다. 앨버트 허버드는 이런 답장을 써서 보냈다.

그 점에 대해 다시 생각해보니 저 자신도 전적으로 동감하지는 못할 것 같습니다. 어제 쓴 글 전부가 오늘 내 마음에 들라는 법은 없습니다. 당신이 그 주제에 어떻게 생각하는지 알게 되어 기쁩니다. 언제 근처에 오실 일이 있으시면 들러주십시오. 둘이 함께 이 주제를 끝까지 파헤쳐 볼 수 있을 것 같군요. 멀리서 박수를 보내며 이만 마칩니다.

이렇게 이야기하는데 여러분이라면 어떤 말을 더 할 수 있겠는가?

우리가 옳으면 은근하고 교묘하게 상대가 내게 동의하도록 만들려고 노력하자. 만일 우리가 틀리면 (사실 가슴에 손을 얹고 생각해본다면 이런

앨버트 허버드(왼쪽), 앨버트 허버드의 생가(오른쪽)

경우가 놀라울 정도로 많을 것이다) 우리의 실수를 빨리, 그리고 분명하게 인정하자. 이렇게 하면 놀라운 결과가 생길 뿐만 아니라 믿지 못할지 모르지만 난처한 상황에서도 자신을 옹호하려 애쓰는 것보다 훨씬 재미있다.

오래된 속담에 이런 말이 있다.

싸워서는 절대 충분히 얻지 못하나, 양보하면 기대한 것 이상을 얻는다.

By fighting you never get enough, but by yielding you get more than you expected.

그러므로 상대를 설득하고 싶다면, 다음 방법처럼 해보라!

상대방을 설득하는 방법 3

• 잘못했을 때는 빨리, 분명하게 잘못을 인정하라.

If you are wrong, admit it quickly and emphatically.

IV

상대를
이해시키는 지름길

THE HIGH ROAD TO
A MAN'S REASON

누군가가 여러분을 화나게 했을 때, 아무 말이나 퍼붓고 나면 확실히 여러분의 속은 시원해질 것이다. 하지만 상대는 어떻게 될까? 상대도 여러분처럼 속이 시원해질까? 여러분의 도전적인 말투와 호전적인 태도를 보고도 상대가 편하게 여러분에게 동의할 수 있을까?

우드로 윌슨은 이렇게 말했다.

당신이 두 주먹을 불끈 쥐고 내게 오면 그 순간 나도 두 주먹을 불끈 쥐고 당신을 맞상대할 것이라고 장담할 수 있습니다. 그러나 당신이 내게 와서 "우리 앉아서 함께 상의해봅시다. 서로 다른 의견이 있으면 왜 서로 다른지, 차이가 무엇인지 한번 알아봅시다." 하고 이야기하면, 우리는 서로 의견 차이가 크지 않고 차이점보다 공통점이 더 많으니, 화합하고

자 하는 의지와 솔직함, 그리고 인내만 있으면 얼마든지 화합할 수 있다는 것을 알게 될 것입니다.

우드로 윌슨이 한 이 말의 진가를 존 D. 록펠러 2세만큼 잘 알아본 사람도 없을 것이다. 1915년 록펠러는 콜로라도주에서 가장 심하게 미움을 받던 사람이었다. 미국 산업 역사상 최악의 파업이 일어나 주 전체를 뒤흔들며 2년째 계속되고 있었다. 성난 광부들이 임금 인상을 요구하며 투쟁을 벌이고 있는 콜로라도 석유 강철 회사는 록펠러의 소유였다. 회사 기물이 파손되자 경찰이 투입돼 유혈 진압을 시도했고, 그 와중에 파업 중인 광부들이 총에 맞아 쓰러졌다.

이런 시기, 즉 온통 증오로 미쳐 날뛰던 그 시기에 록펠러는 파업 중인 광부들을 설득하고자 했다. 그리고 그는 설득해냈다. 어떻게 해냈을까?

파업 중인 광부들이 무장한 모습

지금부터 살펴보기로 하자. 사람들과 친해지기 위해 몇 주 동안이나 애를 쓰고 난 후 록펠러는 마침내 파업 대표 위원들에게 연설하게 되었다. 이 연설은 처음부터 끝까지 하나의 걸작이었다.

연설의 결과는 놀라웠다. 록펠러를 집어삼킬 듯 거세던 증오의 물결이 가라앉았다. 수많은 추종자들도 생겨났다. 그가 연설에서 너무나 우호적인 방식으로 사실을 제시했기에, 파업 광부들은 그동안 그렇게 격렬하게 싸워온 임금 인상에 대해서는 한마디 말도 꺼내지 않고 일터로 돌아갔다.

그 유명한 연설의 도입부가 아래에 있다. 얼마나 우호적인 느낌이 넘치는지 주목해 보기를 바란다. 명심할 점은 이때 록펠러의 연설을 듣던 사람들은 며칠 전만 해도 그를 사과나무에 목매달아 죽이자고 하던 사람들이었다는 점이다. 그런데도 록펠러는 마치 의료 선교 활동을 펼치는 사람들에게 말하듯 온화하고 다정하게 연설했다. 그의 연설은 '여러분의 가정을 방문하여', '많은 식구를 만나보고 나니', '여기에 서게 된 것이 자랑스러우며', '우리는 낯선 사람이 아니라 친구로서 서로 만난 것이고', '상호 우호의 정신과 공동의 이익이 있고', '내가 여기 있게 된 것도 다 여러분 덕이다.' 등의 구절로 가득 차 있다.

오늘은 제 생애에서 매우 특별한 날입니다. 이 위대한 회사의 직원 대표, 관리자, 임원들 모두를 한자리에서 처음 만나는 행운을 가지는 날이기 때문입니다. 이 자리에 서게 되어 매우 영광이며 제 평생 이 모임을 영원히 잊지 못할 것입니다.

이 만남이 2주 전에 열렸더라면 저는 몇 사람 알지도 못한 채 여러분 대부분에게 낯선 사람으로 이 자리에 섰을지도 모릅니다. 다행히도 저는 지난 1주 동안 남부 탄광 지역에 있는 모든 현장을 방문해서 자리를 비우신 몇 분을 제외하고는 사실상 모든 대표 위원과 개별적인 대화를 나눌 수 있었습니다. 여러분의 가정을 방문해서 여러분의 배우자와 자녀들을 만나보았습니다. 이제 우리는 낯선 사람으로서가 아니라 친구로서 이 자리에 모였고, 이런 상호 우호의 정신이 있으므로 여러분과 함께 우리의 공동 이익을 토론하기 위한 기회를 얻게 된 것이 무척 흐뭇합니다.

이 모임은 회사 관리자와 직원 대표들의 모임이기 때문에 어디에도 속하지 않는 제가 이 자리에 서게 된 것은 순전히 여러분의 덕이라고 할 수 있습니다. 그런데도 제가 여러분과 긴밀히 연관되어 있다고 느끼는 것은 어떤 의미로 저는 주주와 중역들을 대표하기 때문입니다.

이 정도면 원수를 친구로 만드는 놀라운 기술을 보여주는 대표적인 사례라 할 수 있지 않겠는가? 가령 록펠러가 다른 방법을 택했다고 생각해보자. 그가 광부들과 논쟁을 벌이면서 회사의 절박한 상황을 보여주는 사실들을 그들의 얼굴 앞에 들이댔다고 치자. 그가 광부들 잘못이라는 말투로 말했다고 치자. 모든 논리학적 방법을 동원하여 그들의 잘못이라는 점을 증명했다고 치자. 어떤 일이 일어났겠는가? 더 큰 분노와 더 큰 증오, 더 큰 소요가 일어났을 것이다.

만일 누군가가 당신에 대한 반감과 악감정을 가슴에 품고 있다면, 이 세상 어떤 논리로도 그 사람을 설득할 수 없다. 야단치는 부모들이나 윽박지르는 상사나 남편, 잔소리하는 아내들은 사람들이 생각을 바꾸고 싶어 하지 않는다는 점을 깨달을 필요가 있다. 억지로 몰고 가거나 강제한다 해서 그들의 의견이 당신이나 내 의견과 같아지지 않는다.

오히려 우리가 언제까지고 상냥하고 다정하게 대할 때 그들의 의견이 바뀔 가능성이 더 크다.

링컨도 이미 백여 년 전에 이런 요지의 이야기를 한 적이 있다.

'꿀 한 방울이 한 통의 쓸개즙보다 더 많은 파리를 잡는다.'라는 오래된 금언에는 진리가 담겨 있다. 사람도 마찬가지다. 상대를 설득하고자한다면 먼저 당신이 그의 진정한 친구라는 점을 확신시켜야 한다. 상대의 마음을 사로잡는 꿀은 바로 거기에 있다. 그렇게만 하면 당신이 무슨말을 하든 그는 아주 쉽게 이해할 것이다.

요즘 사업가들은 파업자들에게 우호적으로 대하는 것이 이익이라는 것을 몸으로 깨닫고 있다. 예를 들면, 화이트 자동차 회사에서 공장직원 2천 5백 명이 임금 인상과 유니언 숍제(노동자를 의무적으로 노동조합에 가입하게 하는 제도) 방식을 요구하며 파업을 일으켰을 때, 사장로버트 F. 블랙은 화를 내거나 비난, 협박하면서 독재와 공산주의를들먹이지 않았다. 오히려 파업자들을 칭찬했다. 그는 지역 신문에 '근로자들이 평화적으로 파업에 돌입'한 것에 대해 찬사를 보내는 광고를 냈다. 파업 시위 중간에 시간이 남는 것을 본 그는 수십 개의 야구방망이 글러브를 사다 주고 공터에서 야구를 하도록 권유했다. 볼링을선호하는 사람들을 위해서는 볼링장을 임대하기도 했다.

블랙 사장이 이렇게 우호적인 태도를 보이자 우호적인 태도가 항상그렇듯 우호적인 태도로 되돌아왔다. 파업 근로자들이 빗자루와 쓰레받기, 손수레 등을 빌려다가 공장 주변에 널려 있던 성냥과 신문, 담배꽁초 등을 치우기 시작했다. 한 번 상상해보라. 파업 근로자들이 임금 인상과 유니언 숍을 위해 싸우는 가운데 공장 바닥을 청소하는 광경을. 미국 노동 운동의 길고 지긋지긋한 역사 속에 이와 같은 광경은 한 번도 없었다. 파업은 아무런 악감정이나 상처도 남기지 않고 1주일 만에 평화로운 협상으로 끝을 맺었다.

가장 변론을 잘하는 변호사 중 하나로 알려진 대니얼 웹스터는 생김 새가 신과 같았고, 구약성서의 여호와처럼 말을 했다. 하지만 그도 다음 과 같은 우호적인 언급으로 자신의 가장 강력한 주장을 시작했다. '배 심원들께서는 이런 점을 고려해주시기 바랍니다.', '여러분, 어쩌면 이런 점도 생각해볼 만하지 않겠습니까?', '이와 같은 사실에 대해서는 여러분도 주목해 보실 것이라 믿습니다만', '여러분은 인간 본성에 대한 깊은 지식을 갖고 계시므로 이런 사실이 가지는 중요성을 쉽게 인지하 리라 생각합니다.' 밀어붙이지도, 고압적이지도 않았다. 상대에게 자신의 의견을 강요하려고 하지도 않았다. 웹스터는 부드러운 말로 조용하고 우호적으로 접근을 했으며, 그가 유명해진 데는 이런 점이 한몫했다.

여러분에게 파업을 해결하거나 배심원 앞에서 주장을 펼쳐야 하는 일은 생기지 않을지 모른다. 하지만 집세를 깎는 일은 생길 수 있지 않 겠는가? 그때도 우호적인 접근법이 유효할까? 사례를 보자.

기술자인 O. L. 스트라우브는 집세를 깎고 싶었다. 그는 집주인이 깐 깐한 사람이란 것을 알고 있었다. 카네기 강좌에 와서 그는 이때의 일을 이렇게 이야기했다.

나는 집주인에게 임대 기간이 끝나는 대로 집을 비우겠다고 편지를 써 보냈습니다. 사실 내가 원한 건 이사가 아니었습니다. 집세를 깎을 수만 있으면 그대로 있고 싶었죠. 하지만 그럴 가능성은 그리 커 보이지 않았 습니다. 다른 임차인들이 세를 깎으려 해봤지만 다들 실패했으니까요. 다들 내게 집주인이 정말 대하기 힘든 사람이라고 말하더군요. 하지만 나는 '내가 지금 사람 다루는 법을 배우고 있는 참이니, 한번 집주인에게 적용해서 어떤 결과가 나오나 봐야겠다.'라고 생각했습니다.

내가 쓴 편지를 받고 집주인이 비서를 데리고 찾아왔더군요. 나는 문간 에서부터 슈워브식의 반가운 인사로 그를 맞이했습니다. 호의와 활기가 넘 쳤다고나 할까요. 집세가 비싸다는 이야기는 꺼내지도 않았습니다. 대신 집이 정말 마음에 든다는 이야기부터 시작했죠. 정말로 나는 '진정으로 인 정해주고 아낌없이 칭찬'했습니다. 나는 그가 건물을 관리하는 방식에 대 해서도 칭찬을 늘어놓은 다음 한 해 더 살고 싶지만 그럴 형편이 안 된다고 이야기했습니다. 그는 전에 이런 식으로 집주인을 대하는 임차인을 한 번 도 본 적이 없는 게 분명했습니다. 어찌해야 할 바를 모른다고 했습니다.

마침내 그가 자신의 고민을 털어놓았습니다. 임차인들이 불평만 늘어 놓는다는 거죠. 어떤 사람은 자신에게 편지 14통을 보냈는데, 그중에는 명백히 모욕적인 편지도 있었다, 어떤 사람은 위층 사람이 코 고는 소리 를 멈춰주지 않으면 계약을 파기하겠다고 위협했다 뭐 이런 이야기였습 니다. 그러면서 이렇게 말하더군요. "당신처럼 만족스러워하는 임차인 이 있다는 게 얼마나 위안이 되는지 모르겠습니다." 그러더니 내가 말도 꺼내지 않았는데 내 집세를 조금 깎아주겠다는 게 아니겠습니까? 나는 조금 더 깎기를 바랐기에 내가 낼 수 있는 금액을 이야기했죠. 그는 두말 없이 받아들여 주었습니다. 이야기가 끝나고 밖으로 나가다 말고 그가 내게 묻더군요. "집안 장식 중에 제가 해드릴 만한 게 있나요?"

만일 내가 다른 임차인들이 했던 방식으로 집세를 깎으려고 했다면 분명 나 역시 그 사람들처럼 실패했겠지요. 내가 성공한 건 우호적으로 공감하며 칭찬하는 방식을 사용했기 때문이었습니다.

이번에는 여성과 관련된 사례를 살펴보자. 사교계 유명 인사로서 롱아일랜드 해변에 있는 가든 시티에 사는 도로시 데이 부인의 경우다.

며칠 전, 친한 친구들 몇 명만 불러서 오찬 모임을 했습니다. 저에겐 중요한 행사였죠. 당연히 모든 게 매끄럽게 진행될 수 있도록 신경을 많이 썼습니다. 이런 일에는 보통 수석 웨이터인 에밀이 저를 도와주었습니다.

하지만 이번엔 저를 실망하게 했습니다. 오찬 모임은 대실패였습니다. 에밀은 코빼기도 비추지 않고 달랑 웨이터 한 명만 보내 시중들게 했습니다. 더구나 그 웨이터는 일류 서비스가 어떤 건지 알지도 못하는 풋내기였습니다. 가장 먼저 챙겨야 할 주빈을 걸핏하면 맨 마지막에 챙기더니, 심지어는 커다란 접시에 아주 조그만 샐러리 하나만 달랑 갖다 놓기도 하더군요. 고기는 질기지, 감자는 기름 범벅이지, 아주 끔찍했습니다. 불편함을 견디느라 무진장 애를 써 미소를 지었지만, 저는 속으로 이렇게 생각하고 있었습니다. "만나기만 해봐, 에밀. 속이 후련하게 한마디 해줄 테니까."

이 일이 벌어진 건 수요일인데, 다음 날 저녁 인간관계에 대한 강의를 듣게 되었습니다. 강의를 들으면서 에밀을 혼내봤자 아무런 소용이 없다는 것을 깨달았습니다. 그를 화나게 하고 반감만 가지게 할 뿐이니까요. 그러면 또 에밀은 앞으로 저를 돕고 싶은 생각이 싹 달아나 버릴 테고요. 그와 처지를 바꿔서 한번 생각해보았습니다. 그가 재료를 사 온 것도, 요리를 한 것도 아니었습니다. 그리고 웨이터 가운데 좀 덜 떨어진 친구가 있는 거야 그로서도 어쩔 수 없는 일이었겠죠. 제가 화를 내는 게 너무 엄한 건 아닌가, 너무 성급한 건 아닌가 하는 생각이 들었습니다. 그래서 질책하는 대신에 우호적인 방식으로 시작해야겠다고 마음먹었죠. 즉, 그를 칭찬하는 걸로 시작하겠다고 마음먹은 거죠. 이런 접근 시도는 멋지게 들어맞았습니다. 다음 날 에밀을 만났습니다. 그는 화난 얼굴로 자신을 방어하기 위한 싸움을 벌일 태세였습니다. 제가 이야기했습니다. "이봐요, 에밀. 내가 모임을 가질 때 당신이 도와주면 정말 마음이 든든하다는 걸 알아주었으면 좋겠어요. 당신은 뉴욕 최고의 수석 웨이터니까 말이에요. 물론 당신이 재료를 사거나 요리를 하지 않았다는 것도 충분히 잘 알고 있어요. 아마 당신도 수요일 일은 어쩔 수 없는 상황이었을 거예요."

구름이 걷히고 에밀이 웃음을 보이며 이렇게 말했습니다. "바로 그랬습니다, 부인. 문제는 요리사 쪽에서 일어난 거지, 제 잘못이 아니었습니다."

그래서 제가 이렇게 이야기했죠. "다른 모임을 계획 중인데, 에밀, 조언이 필요해요. 그 요리사를 계속 써도 괜찮을까요?"

"물론입니다, 부인. 다시는 그런 일 없을 겁니다."

다음 주에 저는 다시 오찬 모임을 열었습니다. 에밀과 상의해서 메뉴를 정했죠. 저는 그에게 주는 팁을 절반으로 깎는 것으로 끝내고, 전에 저지른 실수에 관한 이야기는 한마디도 꺼내지 않았습니다. 저희가 도착했을 때 식탁은 수십 송이의 붉은 장미로 장식되어 있었습니다. 그리고 에밀이 항상 곁에서 시중을 들었습니다. 메리 여왕을 모시는 자리라 할지라도 더 잘할 수 없을 정도로 에밀은 이번 모임에 신경을 써주었습니다. 음식도 너무 맛있었고 또 식기 전에 나왔습니다. 완벽한 서비스였습니다. 메인 요리가 나올 때는 한 명이 아니라 네 명의 웨이터가 시중을 들었습니다. 요리 위에 마지막으로 달콤한 민트를 뿌릴 때는 에밀이 직접 시중 들었습니다.

모임을 마치고 떠나면서 그날의 주빈이 제게 묻더군요. "저 수석 웨이터에게 마법이라도 거셨나요? 이렇게 훌륭한 서비스와 이런 정성은 여태 본 적이 없네요."

그 말이 사실이었습니다. 우호적인 접근과 진정한 감사라는 마법을 사용했었으니까요.

내가 미주리주 서북부에서 맨발로 숲을 가로질러 시골 학교에 다니던 어린 시절, 나는 해와 바람 이야기를 읽었다. 해와 바람은 서로 자기가 더 세다고 뽐내고 있었는데, 바람이 이렇게 이야기했다. "내가 더 세다는 것을 보여주지. 저기 외투를 걸치고 걸어가는 나이 든 나그네 보이지? 나는 너보다 그 외투를 빨리 벗길 자신이 있어."

구름이 해를 가리자 바람은 세차게 불기 시작했다. 거의 태풍이 부는 것 같았지만 바람이 강해질수록 노인은 외투를 꼭 끌어안았다. 마침내 바람이 포기하고는 잠잠해졌다. 이번에는 해가 구름 뒤에서 나와 노인에게 다정하게 웃어주었다. 얼마 안 되어 노인은 이마를 훔치며 외투를 벗어들었다. 해는 부드러움과 다정함이 힘이나 분노보다 항상 강하다고 바람에게 일러주었다.

아주 멀리 떨어져 있어 살아생전엔 가볼 수 있으리라고 감히 꿈도 꾸지 못한 교육과 문화의 역사적 중심지 보스턴에서는 이 이야기를 읽던 어린 시절에도 이 이야기에 담긴 진리가 실제로 펼쳐지고 있었다. 그것은 의사인 B 박사에 관한 이야기로, 그는 그로부터 30년이 지난 후

이솝 우화 『북풍과 태양』의 삽화

내 강좌의 수강생이 됐을 때 다음과 같이 그때의 일을 들려주었다.

당시 보스턴의 신문들은 허위 의료 광고, 그러니까 낙태 전문가라든가 돌팔이 의사들이 내는 광고로 몸살을 앓고 있었다. 이들은 사람들에게 병을 치료해준다고 하면서, 실제로는 '남성성의 상실'이라든가 다른 무서운 이야기들로 겁을 먹게 해서 순진한 사람들의 돈을 긁어내는 경우가 수도 없이 많았다. 그들의 치료라는 게 사실은 피해자들에게 끊임없이 겁을 주는 것일 뿐 실제 치료는 전혀 없었다. 낙태 전문가들에 의한 사망 사고도 끊이지 않았는데, 처벌되는 경우는 많지 않았다. 약간의 벌금을 물거나 정치적 영향력을 써서 풀려나는 게 대부분이었다.

상황이 너무 악화하자 보스턴의 양식 있는 사람들이 분노를 참지 못하고 분연히 일어섰다. 성직자들은 설교를 통해 신문의 광고 행태를 비난하고, 이런 광고가 더는 실리지 않도록 하느님께 기도했다. 시민 단체, 기업, 여성 단체, 교회, 청년 단체 등이 모두 비난을 하며 퇴치 운동에 나섰지만, 성과가 없었다. 주 의회에서도 이런 불건전 광고를 불법화하고자 하는 치열한 논쟁이 있었지만, 뇌물과 정치적 영향력에 의해 흐지부지되고 말았다.

B 박사는 보스턴 열성 기독교인 공동체인 모범 시민 위원회의 위원장을 맡고 있었다. 위원회에서도 여러모로 노력을 기울였지만, 성과가 없었다. 이런 불법 의료 행위를 근절하는 것은 불가능해 보였다.

그러던 어느 날 저녁 B 박사는 이전에 보스턴 사람 누구도 한 적이 없는 게 분명한 어떤 일을 시도해보았다. 친절, 공감, 칭찬이란 방법을 시도했다. 그는 신문사가 광고를 중지하기를 원하도록 만들기 위해 노력했다.

<보스턴 헤럴드> 지 편집장에게 편지를 보내 자신이 얼마나 그 신문을 좋아하는지 말했다. 기사의 소재도 선정적이지 않고 깨끗하고 사설도 훌륭해서 자신이 항상 애독하고 있으며, 온 가족이 함께 읽기에 좋은 신문이라고 말했다. B 박사는 자신이 보기에 <보스턴 헤럴드> 지는 뉴잉글랜드주에서 가장 좋은 신문일 뿐 아니라, 미국 전체로 보더라도 일류에 속하는 신문임이 틀림없다고 단언했다. 그는 계속해서 이렇게 썼다.

그런데 어린 딸이 있는 제 친구가 이런 말을 하더군요. 며칠 전 저녁에 딸이 그에게 와서는 신문에 난 광고, 그러니까 낙태 전문가의 광고를 큰 소리로 읽더니 그 가운데 한두 구절의 의미가 뭔지를 묻더랍니다. 솔직히 제 친구는 당황해서 무슨 말을 해야 할지 모르겠더랍니다. <보스턴 헤럴드> 지는 보스턴의 상류 가정에는 다 배달되는데, 제 친구 집에서 이런 일이 있었다면 그 집 말고도 수많은 집에서도 이런 일이 일어나고 있다고 봐야 하지 않을까요? 만일 편집장님께 어린 딸이 있다면, 따님이 그런 광고를 읽도록 놔두시겠습니까? 그리고 만일 따님이 그런 광고를

보고 편집장님께 물어본다면 뭐라고 설명하시겠습니까?

<보스턴 헤럴드> 같은 멋진 신문이, 모든 면에서 거의 완벽한 신문이 이런 오점이 있어서 몇몇 아빠들의 경우 딸이 이 신문을 들고 오는 것조차 무서워하게 되다니 정말 유감입니다. 수천의 독자들이 저처럼 생각하지 않을까요?

이틀 후 <보스턴 헤럴드> 지 편집장이 B 박사에게 편지를 보냈다. 박사는 이 편지를 수십 년간 서류함에 넣어 고이 보관해오다가 최근 내 강좌에 참여하면서 나에게 주었다. 지금 이 글을 쓰는 내 앞에 그 편지가 놓여 있다. 보낸 날짜는 1904년 10월 13일로 되어 있다.

B 박사님께

이번 달 11일에 신문사 편집장 앞으로 보내주신 편지에 대해 진심으로 감사하다는 말씀을 드리지 않을 수 없습니다. 그 편지가, 제가 편집장이 된 이래 지속해서 고민해오던 조처를 하는 데 결정적인 역할을 했기 때문입니다. 이번 월요일부터 <보스턴 헤럴드> 지는 가능한 한 모든 혐오스러운 내용의 광고를 추방하기로 했습니다. 과대 의료 광고나 낙태용 세척기 광고 또는 이와 유사한 광고는 완전히 '제거'될 것이며, 지금 당장 배제하기 힘든 다른 모든 의료 광고에 대해서는 절대 불쾌감을 주는 일이 없도록 철저히 감독할 것입니다. 이런 점에서 도움을 주신 박사님과 보내주신 편지에 진심으로 다시 한번 감사를 드리며, 이만 줄이겠습니다.

W. E. 하스켈 편집장 드림

수많은 우화를 지어낸 이솝은 기원전 6백 년경 크로이소스 왕 치하의 그리스에서 궁정 노예 생활을 했다. 하지만 그가 인간 본성에 대해 가르친 진리는 2천 5백 년 전 아테네뿐만 아니라 지금의 보스턴과 버밍햄에서도 그대로 적용된다. 해가 바람보다 더 빨리 외투를 벗길 수 있다. 친절과 우호적 접근, 그리고 칭찬은 세상 어떤 비난과 질책보다도 더 쉽게 사람들의 마음을 바꾸어놓을 수 있다.

링컨의 말을 명심하자.

꿀 한 방울이 한 통의 쓸개즙보다 더 많은 파리를 잡는다.
A drop of honey catches more flies than a gallon of gall.

그러므로 상대를 설득하고 싶다면, 다음 방법처럼 해보라!

상대방을 설득하는 방법 4

- **우호적으로 시작하라.**

  Begin in a friendly way.

소크라테스의 비밀

THE SECRET OF SOCRATES

사람들과 대화를 나눌 때는 견해가 서로 다른 부분에 대해 토의하는 것보다 견해가 서로 같은 부분을 강조하는 것으로 시작해야 하고, 또 지속해서 같은 견해임을 강조해야 한다. 그리고 가능하면 서로가 같은 목표를 추구하고 있으며, 차이가 있다면 의도의 문제가 아니라 방법의 문제일 뿐이란 점을 강조해야 한다.

또한 상대방이 처음에 '네, 네.' 하면서 대화를 시작할 수 있도록 만들어라. 가능하면 상대가 '아니오.' 하지 않도록 만들어라.

오버스트릿 교수는 자신의 책 『인간 행동에 영향을 미치는 법』에서 이렇게 말하고 있다.

'아니오.'라는 반응은 가장 극복하기 어려운 장애물이다. 누구든 일단 '아니오.'라고 말하고 나면, 자신의 모든 자존심이 일관성을 지키도록 요구하게 된다. 그가 나중에 '아니오.'라는 대답이 잘못된 것이라고 느낀다고 할지라도 이미 소중한 자존심이 걸린 문제가 돼버려서 일단 '아니오.'

하고 나면 거기에 집착하지 않을 수 없다. 그러므로 상대방이 긍정적인 방향으로 시작하도록 하는 것이 가장 중요하다.

말을 잘하는 사람은 처음에 '네.'라는 대답을 몇 번 끌어낸다. 그럼으로써 듣는 사람의 심리가 긍정적인 방향으로 순환하도록 만든다. 그것은 마치 당구공의 움직임과 같다. 일단 한 방향으로 움직이기 시작하면 방향을 약간 바꾸는 데도 힘이 필요하며, 더구나 반대 방향으로 보내기 위해서는 엄청난 힘이 든다.

이와 관련한 심리적 패턴은 아주 분명하다. 누군가 '아니오.'라고 대답하고, 실제 의미가 그러했다면 그는 단 세 글자 단어를 말하는 것보다 훨씬 많은 일을 한 것이다. 그의 분비 기관, 신경, 근육의 전 유기체가 집결해 거부의 상태를 만들어낸다. 그러면 가끔은 눈에 보일 정도일 경우도 있지만, 대부분은 보이지 않을 만큼 미미하게 신체적인 수축이 발생하거나 수축 준비 상태에 들어간다.

간단히 말해 신경과 근육의 전 체계가 수용에 대한 거부 태세를 취하는 것이다. 그 반대로 '네.' 하고 대답하면 위축 반응이 나타나지 않는다. 유기체는 긍정적이고 수용적이며, 개방적인 자세를 취하게 된다. 그러므로 시작하면서 '네.'라는 대답을 많이 끌어낼수록 최종적인 제안으로 상대의 관심을 유도하는 데 성공할 가능성이 커진다.

'네.' 반응을 끌어내는 것은 무척 간단한 기술이다. 하지만 무시되는 경우가 너무 많다. 어찌 보면 사람들은 서두에 다른 사람과 다른 의견을 냄으로써 자신의 존재를 인정받고자 하는 게 아닐까 하고 여겨질 정도다. 개혁적인 사람이 보수적인 사람들과 토론을 하게 되면 순식간에 보수적인 사람들을 화나게 만든다. 그런데 그럼으로써 실제로 얻는 게 무엇인가? 만일 상대를 화나게 하는 것 자체가 즐거움이라면 그럴 수도 있다고 하겠다. 하지만 상대를 설득하고자 했다면 그는 심리적으로 무지하다는 것을 드러내고 있을 뿐이다.

학생이든, 고객이든, 자녀든, 남편이든, 아내든 처음에 일단 '아니오.'라고 대답하게 만들고 나면, 그 억센 부정을 긍정으로 바꾸기 위해서는 천사의 지혜와 인내가 필요할 것이다.

제임스 에버슨 씨는 뉴욕시에 있는 그리니지 저축 은행에서 일하는데, 한번은 이 '네, 네.' 기술을 사용해 놓칠 수도 있었던 잠재 고객을 잡을 수 있었다. 그의 이야기를 들어보자.

고객 한 분이 계좌를 새로 개설하려고 은행에 왔기에, 저희가 일반적으로 사용하는 양식을 주고 내용을 채워달라고 했습니다. 그는 몇 가지 질문에는 기꺼이 대답했지만, 다른 질문에는 완강히 대답을 거부했습니다.

인간관계에 관한 공부를 시작하기 이전이었다면 그 잠재 고객에게 그런 질문에 답을 하지 않으면 우리 은행에서는 계좌를 개설할 수 없다고 이야기했겠죠. 부끄럽게도 예전에는 그런 식으로 처리를 했었습니다. 당연히 그런 최후통첩을 하고 나면 기분이 좋아지기도 했고요. 은행에 오면 은행의 규칙을 따라야 하지, 은행의 규칙이나 규정을 함부로 할 수 없다는 것을 보여준 것이니까요. 하지만 이런 식의 태도는 고객이 되기 위해 우리 은행을 찾아온 사람에게 환영받는다거나 존중받는다고 느끼게 하지는 못했을 것이 분명하죠.

그래서 그날은 다른 방식을 적용해보기로 마음을 먹었습니다. 은행이 원하는 것이 아니라 고객이 원하는 것에 대해 이야기해 보기로 마음먹은 거죠. 그리고 무엇보다도 '네, 네.' 하는 대답을 끌어내는 것으로 시작하기로 했습니다. 그래서 저는 그의 말에 동의를 표시하면서 그가 대답하기를 거부하는 정보가 필요한 것은 아니라고 말했습니다.

그러면서 "하지만 손님이 예금을 남기고 사고를 당하셨을 경우, 법적으로 가장 가까운 친족에게 예금이 전해져야 하지 않겠습니까?" 했더니 그가 "네, 그야 물론이지요." 하고 대답하더군요. 계속해서 "손님이 사망하셨을 경우 저희가 손님이 바라시는 대로 바로 정확하게 이행하기 위해서 가장 가까운 친척의 이름을 알려주시는 게 좋다고 생각하지 않으십니까?" 했더니, 그가 다시 "네." 하고 대답했습니다.

은행을 위해서가 아니라 고객을 위해서 정보를 요구하는 것임을 깨닫고 나자, 그 젊은 고객의 태도가 부드러워지면서 변하더군요. 은행을 나가기 전에 그는 자신에 대한 모든 정보를 알려주었을 뿐 아니라 제 권유에 따라 어머니를 수탁자로 하는 신탁 계좌를 열고는 자신의 어머니에 대한 모든 정보도 기꺼이 알려주었습니다.

1892년의 그리니치 저축 은행

처음에 '네, 네.' 하는 대답을 끌어내고 나니까 그는 문제가 되던 일은 모두 잊어버리고 제가 권유하는 것은 무엇이든 기꺼이 하려 한다는 것을 알게 되었습니다.

다음으로는 웨스팅하우스의 세일즈맨인 조셉 앨리슨 씨 이야기를 들어보자.

제 담당 구역에 우리 회사가 꼭 확보하려고 하는 고객이 한 분 있었습니다. 제 전임자가 10년간 공을 들였지만 헛수고였죠. 저도 그 구역을 맡고 3년간 열심히 찾아갔지만 아무런 성과가 없었습니다. 전화하고 방문한 지 13년이 돼서야 저희는 마침내 그에게 모터 몇 대를 팔았습니다. 그 모터들이 괜찮다는 판명이 나기만 하면 수백 대를 더 팔 수 있을 것이라는 확신이 들었습니다. 제 기대는 그랬습니다.

성능이요? 물론 성능이 좋다는 것을 저는 잘 알고 있었죠. 그래서 3주 후에 저는 의기양양하게 그 고객을 방문했습니다. 하지만 그 시간은 길게 가지 않았습니다. 나를 맞이한 수석 엔지니어가 놀랍게도 이렇게 말했기 때문입니다. "앨리슨, 자네 회사 모터를 더 사지 못할 것 같소."

"왜요?" 제가 놀라서 물었습니다.

"당신네 회사 모터는 너무 뜨거워요. 도저히 만질 수가 없어요."

다년간의 경험을 통해 논쟁을 해봤자 아무 효과가 없을 것이란 걸 저는 알고 있었습니다. 그래서 '네, 네.' 하는 대답을 유도해낼 궁리를 했습니다.

"네, 그랬군요, 스미스 씨. 당신 말에 100% 동감합니다. 모터가 너무 뜨거워진다면 그런 모터를 더 사서는 안 되겠죠. 전국 전기 제조업 협회의 규정에 따른 기준보다 뜨거워지는 모터를 사서는 안 되겠죠? 그렇죠?"

그는 그렇다고 대답했습니다. 이렇게 첫 번째 '네.'를 얻어냈습니다. 그리고 난 뒤 저는 "전국 전기 제조업 협회 규정에 따르면 정격 모터는 실내 온도보다 40도 이상 뜨거워지면 안 된다고 되어 있죠?"라고 물었다. 그러자 그가 "그렇죠. 맞습니다. 그런데 당신네 모터는 그보다 훨씬 뜨거워요."라고 대답했습니다.

저는 그의 말에 대꾸하지 않고 "공장 실내 온도가 어떻게 되죠?" 하고 물었습니다. 그가 "아마 24도 정도일 겁니다" 하고 대답했습니다.

그래서 "만일 공장 실내 온도가 24도인데 그보다 40도 높다면 64도가 됩니다. 64도나 되는 뜨거운 물이 나오는 수도꼭지 아래 손을 갖다 대면 화상을 입지 않을까요?"라고 하자, 그는 다시 그렇다고 대답했습니다.

"그렇다면 모터에 손이 닿지 않도록 조심하는 것이 낫지 않을까요?"라고 하자 그는 "그래요, 당신 말이 맞네요."라며 제 말을 받아들이더군요. 대화를 조금 더 나누다가 그가 비서를 부르더니 다음 달에 약 3만 5천 달러에 해당하는 물량의 상품을 주문하도록 지시하더군요.

수년 동안 수천, 수만 달러의 이익을 날리고 나서야 마침내 저는 논쟁을 하는 것이 도움이 안 되며, 다른 사람의 시각에서 사물을 보고 그 사람이 '네, 네.' 하는 대답을 하게 하는 것이 이득이 되고, 또 재미도 있다는 것을 알게 되었습니다.

'아테네의 성가신' 소크라테스는, 비록 맨발로 다니고 사십이 되어 머리가 벗어진 뒤 열아홉 처녀와 결혼하긴 했지만, 청년처럼 원기 왕성하게 자신의 뛰어난 능력을 발휘했다. 그는 인류 역사상 오직 몇 명밖에 이루지 못한 일, 즉 인간의 사고방식을 통째로 바꾸는 일을 해냈다. 그리고 그가 죽고 오랜 시간이 지난 지금도 그는 서로 자기가 잘났다고 목청을 높이는 이 세상 사람들에게 영향을 끼친 위인 중에 가장 현명하게 설득을 잘하던 사람으로 존경을 받고 있다. 그의 방법은 무엇일까? 사람들의 잘못을 지적하는 것이었을까? 절대 아니다. 그건 소크라테스의 방법이 아니다. 그는 그보다 훨씬 고수였다.

오늘날 '소크라테스식 문답법'이라고 불리는 그의 방식은 '네, 네.' 반응을 유도하는 데 바탕을 두고 있다. 그는 동의하지 않을 수 없는 질문을 상대에게 던졌다. 그는 상대의 동의가 충분히 쌓일 때까지 동의를 얻는 질문을 상대에게 하나씩 해나갔다. 상대가 깨닫지 못하는 사이, 조금 전만 해도 절대로 동의하지 않았을 결론에 마침내 다다랐음을 상대가 알게 될 때까지 그는 질문을 계속해나갔다.

다음번에 상대에게 '당신이 틀렸다.'라고 말하고 싶어 좀이 쑤실 때가

벨기에 화가 루이스 조셉 레브런(Louis Joseph Lebrun)이 그린 소크라테스의 연설

오면 맨발의 나이 든 소크라테스를 떠올려라. 그리고 상대에게 부드러운 질문, 즉 상대가 '네, 네.' 하고 대답할 수밖에 없는 질문을 던져라.

중국에는 변치 않는 동양의 태곳적 지혜를 간직한 다음과 같은 속담이 있다.

사뿐히 걷는 사람이 멀리 간다.

He who treads softly goes far.

중국인들은 식자층을 중심으로 5천 년 동안 인간 본성을 연구하여 엄청난 지혜를 쌓아왔는데, 그 사람들이 이런 말을 하고 있다. "사뿐히 걷는 사람이 멀리 간다."

그러므로 상대를 설득하고 싶다면, 다음 방법처럼 해보라!

📋 상대방을 설득하는 방법 5

- **상대가 선뜻 '네, 네.'라고 대답할 수 있게 만들어라.**

  Get the other person saying 'yes, yes' immediately.

VI

불만을 해소하는
안전판

THE SAFETY VALVE
IN HANDLING COMPLAINTS

다른 사람을 설득하고자 할 때 대부분의 사람은 혼자만 떠들어대는 경향이 있다. 특히 세일즈맨들 중에 이런 치명적 실수를 저지르는 사람들이 많다. 상대가 말을 하도록 해야 한다. 그는 여러분보다 자신의 사업이나 문제에 대해 더 많이 알고 있다. 그러니 그에게 질문을 해라. 상대가 한 수 가르치는 이야기를 할 수 있게 하라.

여러분이 상대의 이야기에 동의하지 않는다면 여러분은 중간에 반론을 제기하고 싶은 유혹을 느낄 것이다. 하지만 그러면 안 된다. 그러는 것은 위험하다. 상대가 표현해달라고 아우성치는 많은 생각들을 마음에 담고 있는 한, 여러분에게 조금도 관심을 기울이지 않을 것이다. 그러니 참을성 있게, 그리고 열린 마음으로 듣고 있어라. 진정을 담고 그렇게 하라. 상대가 자기 생각을 충분히 표현할 수 있도록 이끌어라.

사업에서도 이런 방식이 도움이 될까? 어쩔 수 없이 그렇게 할 수밖에 없었던 사람의 이야기를 통해 살펴보자

몇 년 전 미국 최대의 자동차 생산회사에서 1년 치 차 시트용 직물 구매 협상이 진행되고 있었다. 세 군데의 이름 있는 제조업체가 직물 견본을 제출했다. 자동차 생산회사의 중역들이 견본들을 모두 검사했고, 각 제조업체에는 계약에 대한 의견을 발표할 기회를 줄 테니 언제까지 발표자를 회사로 보내라는 연락이 갔다. 한 제조업체의 발표자로 나선 G. B. R.은 심한 후두염을 앓고 있는 채로 발표 장소에 도착했다. 카네기 강좌에서 R 씨는 그때의 일을 이렇게 이야기했다.

제가 중역들 앞에서 발표할 차례가 되었는데, 목소리가 나오지 않더군요. 속삭이기도 쉽지 않을 정도였습니다. 제가 들어간 방에는 직물 담당 엔지니어와 구매 담당자, 판매 담당 이사, 그 회사 사장 등이 앉아 있었습니다. 저는 자리에서 일어나 말을 하려고 애써보았지만 끅끅거리는 소리밖에는 나오지 않았습니다.

저는 종이에 "여러분, 목소리가 나오지 않아 말씀을 드릴 수가 없습니다."라고 써서 원탁 주변에 앉아 있는 사람들에게 보여주었습니다.

"제가 대신 말해 볼까요?" 하고 그 회사 사장이 이야기했습니다. 그러더니 그가 저 대신 발표를 시작했습니다. 제가 가져간 견본품을 꺼내 보여주고 장점을 칭찬했습니다. 우리 회사 제품의 좋은 점에 대해 활발한 토론이 오갔습니다. 그 회사 사장은 제 역할을 하고 있었기에 토론에서 제 편을 들어주었습니다. 제가 한 일이라곤 미소를 짓고 고개를 끄덕이거나 가끔 제스처를 취하는 것뿐이었습니다.

이런 독특한 발표 결과 우리 회사가 계약을 따냈습니다. 50만 야드 이

상의 시트용 직물이어서 계약금만 해도 160만 달러에 달했습니다. 지금까지 제가 따낸 가장 큰 규모의 계약이었습니다.

제가 목소리를 잃지 않았더라면, 오히려 계약을 따내지 못했으리라는 것을 저는 알고 있습니다. 왜냐하면 장사란 무엇인지에 대해 너무나 잘못된 생각을 하고 있었기 때문입니다. 아주 우연히 저는 상대에게 말을 하게 하는 것이 가끔은 큰 이득이 된다는 것을 배웠습니다.

필라델피아 전기회사에 근무하는 조셉 S. 웨브 씨도 이와 똑같은 발견을 했다. 웨브 씨가 부유한 네덜란드 출신 농부들이 사는 펜실베이니아 시골 지역을 시찰하던 때의 일이다.

"저 사람들은 왜 전기를 사용하지 않나요?" 깨끗하게 손질이 돼 있는 농가 앞을 지나면서 웨브 씨가 지역 담당자에게 물어보았다.

"저 사람들은 구두쇠라서 어떤 것도 사려 하지 않습니다." 지역 담당자가 경멸적인 말투로 대답했다. "더군다나 회사로서는 아주 골칫거리입니다. 전기를 넣기 위해 노력해보았는데, 전혀 가망이 없습니다."

실제로 그럴지도 몰랐다. 하지만 웨브 씨는 다시 한번 시도해봐야겠다고 결심하고 한 농가의 문을 두들겼다. 문이 아주 조금 열리더니 나이가 지긋한 부인이 밖을 내다보았다. 지금부터 웨브 씨의 이야기를 직접 들어보자.

제가 전기회사 직원이라는 것을 보자마자 부인은 문을 쾅 닫아버리더군요. 다시 노크하자 부인이 문을 열었습니다. 그러더니 이번에는 저와 우리 회사를 도둑놈이니, 날강도니 하는 이야기를 하는 게 아니겠습니까?

"드러켄브로드 부인, 번거롭게 해서 죄송합니다. 하지만 제가 여기에 온 건 전기를 팔기 위해서가 아닙니다. 달걀을 조금 사려고 왔을 뿐입니다."라고 말하자, 그녀는 문을 조금 더 열고는 미심쩍은 눈초리로 저희를 살펴보았습니다.

"보니까 아주 좋은 도미니크 종 닭을 키우고 계시더군요. 신선한 달걀을 한 꾸러미 사고 싶습니다."

문이 조금 더 넓게 열렸습니다. "내 닭이 도미니크 종인지 어떻게 알아보셨소?" 부인이 궁금한 듯 묻더군요. 저는 "저도 닭을 기르고 있습니다만 이렇게 좋은 도미니크 종 닭들은 처음 봅니다." 하고 대답했습니다.

"그럼 왜 댁네 달걀을 쓰지 않는 거유?" 아직도 뭔가 의심스러운 듯 부인이 다시 물어보았습니다.

"저희 집의 닭은 레그혼 종이어서 달걀이 희거든요. 직접 요리를 하시니 잘 아시겠지만 케이크를 만들 때 흰 달걀은 노란 달걀에 비할 수가 없지요. 제 집사람이 케이크를 잘 만든다고 자부하는 편이라서요."

이런 이야기가 오갈 때쯤 되자 드러켄브로드 부인은 훨씬 우호적인 태도로 현관에 나와 있었습니다. 그 사이에도 제 눈은 부지런히 여기저기를

도미니크 종(왼쪽), 레그혼 종(오른쪽)

살피고 있었고, 마침 농장에 아주 좋은 농장 설비가 있는 것을 보게 되었습니다.

저는 계속해서 말했습니다. "사실 남편께서 기르는 암소보다 부인께서 기르시는 닭에서 나오는 수입이 훨씬 좋다고 생각합니다만, 어떠신가요?"

이 말은 부인의 마음에 쏙 드는 말이었습니다. 효과 만점이었습니다. 부인은 너무너무 그 이야기를 하고 싶어 했지만 안타깝게도 바보 같은 남편은 전혀 그 점을 인정하려 하지 않았던 모양입니다.

부인이 저희를 닭장으로 안내해 구경을 시켜주더군요. 둘러보는 중에 부인이 직접 고안한 여러 개의 조그만 장치들이 보이기에 저는 '진심으로 인정해주고 아낌없이 칭찬'했습니다. 괜찮은 사료와 사육 온도에 대해서도 조언을 했습니다. 몇 가지는 부인에게 물어보기도 하고요. 금세 저희는 기분 좋게 서로의 경험을 나누는 사이가 되었습니다. 그러다가 부인은 이웃 중에 닭장에 전등을 설치해 수확을 더 많이 얻는 사람이 있는데, 자신도 그렇게 하면 이득이 될지 저의 솔직한 의견을 말해달라고 부탁하더군요.

2주 후 드러켄브로드 부인의 도미니크 종 암탉들은 환한 전등 불빛 아래서 꼬꼬댁거리며 만족스럽게 모이를 쪼아 먹고 있었습니다. 물론 그 전에 저는 전기를 설치하라는 주문을 받았고, 그 후 부인은 더 많은 달걀을 수확하게 되었습니다. 모든 사람이 만족스러웠고, 모든 사람에게 이득이 되었습니다. 하지만 지금부터가 바로 이 이야기의 요지인데, 만일 부인 스스로 먼저 말을 꺼내도록 하지 못했다면, 저는 결코 그 펜실베이니아에 사는 네덜란드 출신 농부네 집에 전기를 팔 수 없었을 것입니다.

그런 사람들에게는 절대 뭔가를 팔 수 없습니다. 그 사람들이 스스로 사도록 해야 합니다.

최근 <뉴욕 헤럴드 트리뷴> 지의 금융 면에는 뛰어난 능력과 경험을 갖춘 인재를 찾는 커다란 광고를 볼 수 있었다. 그 광고를 본 찰스 T. 큐벨리스 씨는 거기 있는 주소로 이력서를 보냈더니, 며칠 뒤 면접을 보러 오라는 통지를 받았다. 면접을 보기 전 큐벨리스 씨는 월 스트리트를 돌아다니면서 회사 창립자와 관련한 정보를 샅샅이 찾아보았다. 그리고 면접이 진행되는 중에 그는 이렇게 말했다. "이 회사처럼 놀라운 기록을 가진 조직에서 일하게 된다면 정말로 영광으로 생각하겠습니다. 제가 듣기로 이 회사는 28년 전에 달랑 사무실 하나와 속기사 직원 한 명만으로 시작했다던데, 그것이 사실입니까?"

거의 모든 성공한 사람들은 자신들의 초창기 어려운 시절을 돌아보는 것을 좋아한다. 그 사람도 예외는 아니었다. 그는 자신이 450달러와 독창적인 아이디어만 가지고 어떻게 사업을 시작했는지에 대해 오랫동안 이야기했다. 그가 실의를 떨쳐내고 조롱을 견디기 위해 노력하던 때와 휴일도 없이 하루 12시간에서 16시간을 일하면서 마침내 이겨낸 어려움에 관해 이야기했을 뿐만 아니라, 이제는 월 스트리트 최고의 거물들이 정보와 가르침을 얻기 위해 그를 찾아온다는 자랑도 늘어놓았다. 그는 그런 역사가 자랑스러웠다. 그는 자랑할 만했고 또 자랑하는 동안 너무 기분이 좋아 보였다. 이야기를 끝내고 나서 그는 큐벨리스 씨의 경력에 대해 짧게 물어보고는 부사장을 불러서 이렇게 이야기했다. "이 사람이 우리가 찾던 사람인 것 같네."

큐벨리스 씨는 지원한 회사 사장의 업적을 조사하는 노력을 했고, 상대와 상대의 문제에 관심을 보였다. 그리고 상대가 대부분의 이야기를 하도록 이끌어 좋은 인상을 주었다.

실제로, 내 친구들이라 할지라도 내가 자랑하는 것을 듣고 있는 것보다는 자신의 업적에 대해 늘어놓고 싶어 한다.

프랑스의 철학자 라 로슈푸코는 이렇게 말했다.

적을 만들려면 친구를 이겨라. 벗을 만들려면 친구가 이기게 하라.
If you want enemies, excel your friends; but if you want friends, let your friends excel you.

프랑수아 드 라 로슈푸코(François de La Rochefoucauld)
프랑스의 귀족, 철학자, 작가이다. 대표작으로 인간의 삶의 방향을 성찰하는 『잠언과 성찰』이 있다.

왜 그럴까? 우리를 이긴 친구는 자신의 존재가 인정받았다고 느끼지만, 우리에게 진 친구는 열등감과 부러움, 질투만 생기기 때문이다.

독일에는 이러한 속담이 있다. 'Die reinste Freude ist die Schadenfreude.' 해석하면 '우리가 질투하는 사람들이 어려움에 빠지는 것을 볼 때, 우리는 가장 큰 즐거움을 느낀다.' 혹은 '남의 곤경을 보고 느끼는 즐거움이 가장 크다.' 정도가 될 것이다. 실제로 여러분 친구 중에도 여러분이 의기양양할 때보다 곤경에 처했을 때 더 큰 만족을 얻는 사람이 분명 있을 것이다.

그러므로 자신의 업적은 최소로 드러내야 한다. 겸손해야 한다. 이 말은 언제나 유용하다. 어빈 코브는 이런 면에서 탁월했다. 한번은 법정에서 증인으로 나선 코브에게 변호사가 이런 질문을 했다. "코브 씨, 제가 듣기로 당신은 미국에서 가장 유명한 작가라고 하던데, 맞습니까?" 그러자 코브는 이렇게 대답했다. "분에 넘치게 운이 좋았을 뿐입니다."

우리는 겸손해야 한다. 여러분이나 나나 대단한 존재들이 아니기 때문이다. 앞으로 100년쯤 지나고 나면 우리는 모두 죽어 사람들 기억에서 완전히 사라지고 없을 것이다. 얼마 되지도 않는 자신의 업적을 자랑함으로써 다른 사람들을 지겹게 하기에는 인생이 너무 짧다. 자기 자랑은 그만두고 상대방이 이야기하도록 이끌자.

생각해보면 사실 우리에게 자랑할 만한 거리도 별로 없다. 여러분을 백치가 되지 않도록 해주는 것이 무엇인지 아는가? 별거 아니다. 여러분의 갑상선 안에 들어 있는 아주 소량의 요오드에 불과하다. 5센트 동전 하나면 그 정도 요오드는 살 수 있다. 누구건 목에 있는 갑상선에서 약간의 요오드만 제거해내면 바로 백치가 되어버린다. 길거리 어떤 약국에서건 값싸게 살 수 있는 약간의 요오드가 여러분과 정신병원 사이에 있는 전부다. 5센트의 요오드. 결코 자랑할 만한 것은 아니지 않은가?

그러므로 상대를 설득하고 싶다면, 다음 방법처럼 해보라!

📑 상대방을 설득하는 방법 6 ─────────────────────

- **나보다 상대가 더 많이 이야기하게 하라.**
  Let the other man do a great deal of the talking.

VII

협력을 이끌어내는
방법

HOW TO GET
CO-OPERATION

여러분은 은쟁반에 담겨 여러분에게 건네진 아이디어보다는 여러분이 직접 찾아낸 아이디어를 더 신뢰하지 않는가? 만일 그렇다면 여러분의 의견을 다른 사람 목구멍으로 억지로 밀어 넣으려는 것은 잘못된 판단 아닐까? 약간의 힌트만 제시하고 상대가 스스로 결론에 도달하도록 하는 것이 훨씬 현명한 행동 아닐까?

예를 들어보자. 필라델피아에 사는 카네기 강좌 수강생 아돌프 젤츠 씨의 이야기다. 젤츠 씨는 어느 날 갑자기 무기력하고 체계도 없는 자동차 판매 사원들에게 열정을 불어넣어야 하는 처지에 놓였다. 그는 판매 전략 회의를 열어 판매 사원들이 자신에게 정확히 어떤 것을 바라는지 발표하도록 했다. 사원들이 이야기하는 동안 그는 그 요구 사항들을 칠판에 적어나갔다. 그러고 나서 이렇게 이야기했다. "여러분이 제게 바라는 이 모든 조건을 다 들어드리겠습니다. 그러면 이제는 제가 여러분에게 기대해도 될 만한 것들을 말씀해주십시오." 순식간에 대답이 쏟아져나왔다. 충성, 정직, 솔선수범, 낙관주의, 팀워크, 하루 8시간의 일과 동안 열성적으로 일하기 등이었다. 하루 14시간을 일하겠다는 사람도 있었다. 회의 결과 새로운 용기와 의지가 생겼으며, 젤츠 씨의 이야기에 따르면 판매 신장은 눈부실 정도였다고 한다.

"사원들은 저와 일종의 도덕적 거래를 한 셈이지요. 제가 제 역할을 다하는 한 사원들도 자신의 역할을 다하겠다고 각오를 한 겁니다. 자신들의 희망 사항과 요청 사항을 털어놓는 것이 그들에게 절실히 필요했던 활력소였습니다."

판매의 대상이 되고 있다거나 지시를 받고 있다고 느끼고 싶은 사람은 아무도 없다. 우리는 우리가 원해서 구매를 한다거나 자기 생각에 따라 행동하고 있다고 느끼는 편을 훨씬 선호한다. 우리는 우리의 희망이나 욕구, 생각에 대해 털어놓는 것을 좋아한다.

실제 사례로 유진 웨슨 씨의 경우를 보자. 이런 진리를 깨닫기 전까지 그가 놓친 수수료 수입만 해도 수만 달러가 넘을 것이다. 웨슨 씨는 스타일리스트와 직물업자들에게 디자인을 제공하는 스튜디오에서 만들어낸 스케치를 판매하는 일을 했다. 그는 3년간 한 번도 빠짐 없이 매주 한 번씩 뉴욕의 한 유명 스타일리스트를 방문했다. 웨슨 씨에 따르면 그는 언제나 이런 식이었다고 한다. "그는 한 번도 방문을 거절하는 법이 없었습니다. 하지만 사는 법도 없었죠. 언제나 내 스케치를 유심히 살펴보고 나서는 '안 되겠네요, 웨슨 씨. 이번 그림은 우리랑 어울리지 않는 것 같군요.' 하고 이야기했습니다."

무려 150여 회에 걸친 실패 끝에 웨슨 씨는 자기 생각이 너무 상투적인 방식에 사로잡혀 있다는 것을 깨달았다. 그래서 1주일에 한 번, 저녁 시간을 이용해 사람 다루는 방법을 배우는 강의를 들으면서 새로운 아이디어도 개발하고 새로운 열정을 불러일으킬 결심을 했다.

얼마 안 가 그는 새로운 접근 방식을 시도해보고 싶은 의욕이 생겼다. 그래서 미완성 스케치 몇 장을 가지고 그 고객의 사무실로 찾아가 이렇게 말했다. "부탁드릴 일이 있어서 왔습니다. 작업 중인 스케치를 몇 장 가져왔는데, 어떤 식으로 마무리해야 당신에게 도움이 될 수 있을지 알려주시면 고맙겠습니다."

고객은 잠깐 아무 말 없이 스케치를 바라보다가 이렇게 이야기했다. "웨슨 씨, 이 스케치를 여기에 두고 갔다가 며칠 후에 다시 오시기 바랍니다." 웨슨은 3일 후 다시 방문해 고객의 설명을 들은 후 스케치를 가지고 스튜디오로 가서 고객의 생각에 따라 마무리하게 했다. 결과는 어떻게 되었을까? 물론 전부 팔았다.

그 일이 있던 것은 9개월 전의 일이다. 이후 그 고객은 자신의 아이디어를 바탕으로 한 스케치 수십 장을 구매했고, 거기서 웨슨 씨가 거둔 수수료 수입만 해도 6천 달러가 넘었다. 웨슨 씨는 이렇게 이야기했다. "이제 나는 지난 수년간 내가 왜 그 고객에게 스케치를 판매할 수 없었는지 압니다. 내 처지에서 생각한 것을 그 사람보고 사라고 강요하고 있었습니다. 이제는 그와 정반대로 합니다. 나는 그에게 자기 생각을 알려달라고 요청합니다. 지금 그는 자신이 디자인을 만들고 있다고 느끼고 있습니다. 그리고 실제로 그가 만들고 있습니다. 이제 나는 그에게 판매하지 않습니다. 그가 구매합니다."

시어도어 루스벨트는 뉴욕 주지사 시절 대단한 재주를 보여주었다. 정치 지도자들과 좋은 관계를 유지하면서도 그들이 강력히 반대하는 개혁을 밀고 나간 것이다. 그때 그가 했던 방법은 다음과 같다.

중요한 자리에 대한 인사이동이 있으면, 그는 정치 지도자들을 불러 추천을 받았다. 루스벨트는 이때의 일을 이렇게 이야기했다.

처음에 그들은 자기 정당에서 '신경을 써줘야 할' 별 볼 일 없는 정치꾼들을 제안하곤 했다. 그러면 나는 그런 사람들을 임명하는 것은 그다지 정치를 잘하는 게 아닌 것 같다고 말을 했다. 유권자들이 용납하지 않을 것이라는 이유를 댔다. 다음에 그들은 자기 당의 당직자들로서 자신에게 유리하지도 불리하지도 않은 그런 사람들을 추천했다. 그러면 나는 그 사람은 유권자의 기대에 부합하지 못하니 좀 더 자리에 어울리는 사람을 찾아줄 수 없느냐고 요청했다. 세 번째로 추천되는 사람은 거의 괜찮은 정도이긴 한데, 아직도 자리에는 미치지 못할 경우가 많았다.

내가 고맙다고 하고는 한 번만 더 찾아봐 줄 수 없느냐고 부탁하면 네 번째로는 수용할 만한 사람이 추천되었다. 즉, 내가 직접 골라도 될 만한 사람의 이름을 가지고 왔다. 그 사람들에게 도와줘서 고맙다고 하면서 그 사람을 임명했다. 그러면서 그 자리에 임명된 게 그 사람들 덕분이라고 공을 돌렸다. 그러고는 이번에는 내가 여러분을 기쁘게 해드렸으니 다음에는 여러분이 나를 기쁘게 해줄 차례라고 이야기를 해두었다.

실제로 그들은 보답했다. 그들은 루스벨트의 개혁 법안인 공무원법이나 프랜차이즈 과세 법률을 지지하는 것으로 보답을 했다.

기억해야 할 것은 루스벨트가 상대의 의견을 듣기 위해 상당히 많은 양보를 먼저 했고, 또 그들의 조언을 존중했다는 점이다. 중요한 인사이동을 행할 때 루스벨트는 정계 지도자들에게 자신들이 후보를 선출했으며, 선출의 기준 또한 자신들의 것이었다고 느끼도록 만들었다.

롱아일랜드에서 자동차 거래업에 종사하는 사람 중에도 이와 똑같은 방법을 사용해 스코틀랜드인 부부 고객에게 중고차를 판 사람이 있다. 이 업자는 그 고객에게 차를 수도 없이 보여주었으나 어느 것도 마음에 들어 하지 않았다. 이 차는 어울리지 않고, 저 차는 상태가 안 좋고 하는 식이었다. 그리고 너무 비쌌다. 언제나 너무 비싼 게 문제였다. 카네기 강좌를 수강하던 그 업자는 이런 상태에서 강좌 수강생들에게 어떻게 하는 게 좋겠냐고 도움을 청했다.

우리는 그 '샌디(스코틀랜드인을 뜻하는 별명)'에게 차를 팔려고 하지 말고 샌디가 차를 사게 만들어야 한다고 조언했다. 샌디에게 어떤 것을 사라고 말하지 말고, 샌디가 어떤 것을 사겠다고 말하게 하라는 뜻이었다. 샌디가 직접 선택한 것처럼 느끼게 만들어야 한다는 말이다.

이 말은 그럴듯해 보였다. 그래서 며칠 후 어떤 고객이 중고차를 팔고 새 차를 사겠다고 찾아오자 업자는 이 방법을 시도해보기로 했다. 업자가 보기에 이번 중고차는 샌디의 마음에 들 것 같았다. 그래서 업자는 샌디에게 전화를 걸어 잠깐만 시간을 내 조언을 좀 해줄 수 있겠느냐고 물어보았다.

샌디가 오자 업자는 이렇게 이야기했다. "손님께서는 꼼꼼하게 차를 살피고 차의 가격 매길 줄을 아시니까, 이 차를 한번 타면서 살펴보시고 제가 얼마쯤에 이 차를 사면 좋을지 가르쳐주지 않으시겠습니까?" 샌디는 아주 커다란 함박웃음을 지어 보였다. 마침내 그의 의견이 존중

되고 있고, 그의 능력 또한 인정받고 있으니 그럴 만도 했다. 그는 차를 끌고 나가 자메이카에서 포리스트 힐즈까지 퀸스 거리를 한 바퀴 달려보고 돌아와 이렇게 말했다. "이 차는 300달러에 사신다면 적당하실 것 같군요."

"제가 300달러에 이 차를 확보하면, 그 가격에 손님께서 사실 의향이 있으신가요?" 300달러에? 물론 그는 산다고 했다. 300달러는 그가 매긴 가격이었다. 거래는 바로 이뤄졌다.

한 X선 장비 제조업자도 이와 똑같은 심리를 이용해 자신의 장비를 브루클린에서 가장 큰 병원에 판매하는 데 성공했다. 그 병원은 신관을 증축하면서 미국에서 가장 좋은 X선 장비를 갖추려 하고 있었다. X선 파트를 총괄하는 L 박사에게 세일즈맨들이 수도 없이 찾아와 자신들의 장비가 최고라고 자랑을 늘어놓았다.

하지만 그중에도 머리를 쓸 줄 아는 제조업자가 있었다. 그는 다른 사람들보다 인간의 본성을 다루는 데 더 뛰어난 사람이었다. 그는 L 박사에게 이런 편지를 보냈다.

폐사는 최근 최신형 X선 장비를 제작했는데 첫 번째 물량이 지금 막 우리 사무실에 도착했습니다. 하지만 장비는 아직 완벽하지 않고, 저희도 그 점을 알고 있기에 성능을 개선하고자 노력하고 있습니다. 만일 박사님께서 시간을 내 장비를 살펴봐 주시고 개선점을 알려주신다면 정말 고맙겠습니다. 바쁘실 터이므로 아무 때든 시간을 정해주시면 차로 모시러 가도록 하겠습니다.

카네기 강좌에 온 L 박사는 이때의 일을 이렇게 이야기했다.

그 편지를 받고 저는 깜짝 놀랐습니다. 놀람과 더불어 뿌듯한 생각도 들었죠. 그전에는 어떤 X선 장비 제조업체로부터도 이런 요청을 받은 적이 없었으니까요. 제가 인정받고 있다는 생각이 들었습니다. 그 주에는 저녁 약속이 꽉 차 있었지만, 저녁 식사 약속 하나를 취소하고 장비를 살펴보러 갔습니다. 장비를 살펴보면 볼수록 마음에 들었습니다.

아무도 제게 그 장비를 팔려고 하지 않았습니다. 그 장비를 사서 병원에 설치해야겠다는 생각을 저 스스로 해냈다고 느꼈습니다. 장비의 뛰어난 성능이 아주 마음에 들어서 결국 장비를 사서 설치했습니다.

에드워드 M. 하우스 대령은 우드로 윌슨 대통령 시절 국내외 모든 분야에서 막대한 영향력을 휘두른 사람이었다. 윌슨 대통령은 자기 주변의 어떤 장관이나 참모보다도 하우스 대령과의 비밀스러운 토론과 그의 조언에 더 의지하고 있었다.

대령은 대통령에게 영향력을 미치기 위해 어떤 방법을 썼을까? 다행히 우리는 그 답을 알고 있다. 아서 스미스가 <더 새터데이 이브닝 포스트>에 쓴 글에 대령이 털어놓은 이야기가 들어 있기 때문이다.

하우스는 이렇게 말했다. "대통령을 알게 되고 나서 나는 대통령의 생각을 바꾸는 가장 좋은 방법을 터득하게 되었다. 그건 대통령에게 슬쩍 어떤 의견을 흘려주고는, 대통령이 거기에 관심을 갖고 자신이 직접 숙고해보도록 만드는 것이었다. 맨 처음 이 방법을 알게 된 건 우연한 일이었다. 언젠가 백악관으로 대통령을 찾아가 어떤 정책을 촉구했는데,

대통령은 별로 마음에 들어 하지 않아 보였다. 그런데 며칠 후 저녁 식사 자리에서 나는 깜짝 놀라고 말았다. 내가 제안했던 정책을 대통령이 마치 자신이 생각해낸 것처럼 술술 쏟아내는 게 아닌가."

하우스 대령이 대통령의 말을 막고 "그건 대통령이 아니라 제가 생각해낸 것입니다."라고 했을까? 천만의 말씀이다. 그건 하우스 대령의 방식이 아니었다. 그는 훨씬 노련했다. 누가 생각해냈느냐 하는 것은 그의 관심사가 아니었다. 그는 결과를 원했다. 그래서 그는 대통령이 자신의 아이디어라고 생각하도록 놔두었다. 거기서 한 걸음 더 나아가 하우스 대령은 그 아이디어는 대통령이 생각해낸 것이라고 공식화하였다. 우리는 만나는 사람이 우드로 윌슨 대통령이라도 다른 사람과 마찬가지로 인간일 수밖에 없음을 잊으면 안 된다. 그러니 하우스 대령의 방법을 사용하도록 하자.

에드워드 M. 하우스(왼쪽), 에드워드 M. 하우스와 우드로 윌슨이 함께 찍은 사진(오른쪽)

수년 전 캐나다 뉴브룬즈윅에서 숙박업을 하는 사람도 이 방법을 내게 사용해 나를 단골손님으로 만들어버린 일이 있었다. 당시 나는 뉴브룬즈윅 지방으로 낚시와 카누를 즐기기 위한 여행을 계획하고 있었다. 그래서 그 지역 관광 안내소에 정보를 요청했다. 그런데 내 이름과 연락처가 어딘가에 공개된 것이 분명했다. 순식간에 여러 곳의 캠프와 관광 안내원들이 보낸 편지와 안내 책자, 그리고 추천장이 수십 통 쏟아져 들어왔기 때문이다. 너무 정신이 없고 어디를 골라야 할지 도무지 알 수가 없었다.

이때 좀 다른, 현명한 방식으로 접근한 캠프장 주인이 있었다. 그는 뉴욕에서 자신의 캠프를 방문했던 사람들의 이름과 전화번호를 몇 개 알려주면서 나더러 직접 전화를 해보고 어떤 서비스를 원하는지 알려달라고 부탁했다.

놀랍게도 그 명단에는 내가 아는 사람도 들어 있었다. 나는 그에게 전화해서 캠프 경험이 어떠했는지 물어보았다. 그리고 난 후 나는 캠프장 주인에게 언제쯤 갈 테니 준비해달라고 연락했다. 다른 사람들은 자신들의 서비스를 팔기 위해 노력했지만, 그 사람은 스스로 선택하게 했다. 그만이 성공했다.

2,500년 전 중국의 현인 노자는 『도덕경』에 오늘날 이 책을 읽는 사람들도 명심해야 할 이야기를 남겼다.

강과 바다가 산에서 흘러내리는 수많은 냇물의 존경을 받는 이유는 낮은 데 있기 때문이다. 낮은 데 있음으로써 수많은 냇물을 거느릴 수 있다. 이렇듯 현자는 다른 사람 위에 있고자 함에도 사람들 아래에 선다.

앞에 서고자 함에도 사람들 뒤에 자리한다. 그리하면 사람들 위에 있더라도 무겁다 여기지 않으며 앞에 선다고 하더라도 무례하다 여기지 않는다.

그러므로 상대를 설득하고 싶다면, 다음 방법처럼 해보라!

상대방을 설득하는 방법 7

- 상대가 스스로 생각해냈다고 느끼게 하라.
  Let the other fellow feel that the idea is his.

VIII

기적의 공식

A FORMULA
THAT WILL WORK WONDERS FOR YOU

상대가 완전히 틀리는 때도 있을 수 있다. 하지만 상대는 자신이 틀렸다고 생각하지 않는다는 점을 명심해야 한다. 상대가 완전히 틀렸더라도 상대를 비난하지 말라. 비난은 어떤 바보라도 할 수 있다. 상대를 이해하려고 노력하라. 그렇게 하려고 노력하는 사람들은 현명하고 참을성 있는 예외적인 사람들뿐이다.

상대가 그렇게 생각하고 행동하는 데는 다 이유가 있게 마련이다. 그 숨겨진 이유를 찾아내면 그의 행동도 이해할 수 있고, 어쩌면 그의 성격까지도 이해할 수 있다.

진심으로 상대의 처지에서 사물을 보려고 노력하라.

'내가 그의 처지라면 어떤 생각이 들까? 어떤 반응을 하게 될까?' 하는 생각을 한다면, 모든 일이 빨리 해결되고 짜증 날 일도 줄어든다. 왜냐하면 '원인에 관심을 가지면 결과도 이해하게 되는 법'이기 때문이다. 게다가 인간관계의 기술에도 놀라운 진전이 생긴다.

케네스 M. 구드는 자신의 책 『사람을 황금처럼 빛나게 하는 법』에서 이렇게 말한다.

잠시 멈추고 당신이 자기 일에는 높은 관심을 두고 있지만, 이와 대조적으로 다른 모든 일에는 미미한 관심밖에 없음을 생각해보십시오. 세상 사람 누구나 다 그러함을 깨달아야 합니다. 그렇게 돼야 링컨이나 루스벨트처럼 당신은 어떤 일을 하건 성공할 수 있는 단 하나의 기반을 비로소 갖춘 것입니다. 다시 말해 사람을 잘 다루고 못 다룸은 상대의 처지를 얼마나 잘 이해하느냐에 달려 있다는 말입니다.

수년째 나는 틈날 때마다 집 근처 공원에서 산책하거나 말을 타면서 기분 전환을 하고 있다. 나는 고대 골 지역에 살던 드루이드족처럼 떡갈나무를 거의 숭배한다고 해야 할 정도인데, 매년 수많은 어린나무들과 관목들이 공연한 화재로 소실되는 것을 보면 마음이 무척 언짢아진다.

떡갈나무(왼쪽), 드루이드 상상화(오른쪽)

이런 화재는 부주의한 담배꽁초로 인한 게 아니었다. 대부분은 자연으로 간답시고 공원에 와서는 나무 아래서 소시지나 달걀을 요리해 먹는 아이들에 의해 일어나는 것이었다. 가끔은 화재가 너무 커져 소방차가 출동해서 대형 화재로 번지는 것을 막는 일도 있다.

공원 한쪽 구석에는 불을 낸 사람은 벌금이나 구류에 처할 수 있다는 경고 팻말이 있지만, 사람들이 잘 가지 않는 외진 곳에 있어서 그걸 읽는 이이들은 기의 없는 편이었다. 공원을 관리하는 기마경찰도 있지만, 임무에 충실한 편이 아닌지 화재가 일어나지 않은 해가 없었다.

한번은 공원에 불이 나 크게 번지고 있어서 경찰에게 달려가 소방서에 연락하라고 했더니, 경찰은 아무 일 아니라는 듯이 거기는 자기 담당이 아니니 자기는 알 바 아니라는 게 아닌가! 그 일로 크게 실망하고 나서는 말을 타고 공원에 갈 때면 내가 공공 재산 보호 위원회 위원이나 된 것처럼 자처하게 되었다.

유감스럽게도 나는 처음에는 아이들 처지에 서보려는 노력조차 하지 않았다. 나무 아래서 불을 피우는 것이 눈에 띄면 너무 기분이 나빠지고 또 얼른 옳은 일을 해야겠다는 마음에 지금 보면 옳지 않은 짓을 저지르곤 했다. 나는 말을 타고 아이들에게 다가가서는 불을 피우면 감옥에 갈 수 있다고 경고하고, 위엄 있는 목소리로 불을 끄라고 명령했다. 그래도 말을 듣지 않으면 체포하겠다고 엄포를 놓기도 했다. 아이들 처지는 생각하지 않고 그저 내 감정을 쏟아내고 있을 뿐이었다.

그 결과는? 물론 아이들은 내 말대로 했다. 언짢은 티도 내고 반감도 드러내긴 했지만 불을 껐다. 하지만 내가 말을 몰고 언덕을 넘은 후에 그들은 아마 다시 불을 피웠을 것이다. 그리고 온 숲을 다 태워버리고 싫었을지도 모른다. 세월이 흐르면서 내 생각이지만 나도 인간관계에 대해 아주 약간의 지혜도 생기고, 방법도 약간 늘고, 상대의 처지에서 사물을 보려는 경향도 조금 늘어난 것 같다. 그런 뒤에는 명령하는 대신 아이들 옆으로 말을 몰고 가 이런 식으로 말을 하게 됐다.

얘들아, 재미있게 놀고 있니? 저녁거리로는 뭘 준비하니? 어디 보자……, 나도 예전에는 불 피우는 걸 좋아했어. 지금도 마찬가지고. 그런데 너희들도 알겠지만 여기 공원에서는 상당히 위험해. 여기 있는 너희들이 나쁜 마음이 없다는 건 알지만 조심하지 않는 아이들도 있어서 말이야.

너희들이 불 피우는 걸 보고 다른 아이들도 불을 피우는데 그 아이들은 돌아갈 때 잘 끄지 않고 가거든. 그러면 마른 잎에 불씨가 튀어서 나무들을 태워버리지. 지금보다 더 조심하지 않으면 아마 이 숲에 나무가 하나도 남아나지 않을지도 몰라. 이렇게 불을 피우면 감옥에 갈 수도 있단다. 하지만 내가 이래라저래라하거나 즐겁게 노는 데 간섭할 생각은 아니야. 재미있게 놀아라. 그래도 불 근처 낙엽들은 지금 바로 치우는 게 좋지 않겠니? 그리고 떠날 때는 흙으로, 그것도 상당히 많은 흙으로 불을 잘 끄고 가 줄래? 그리고 다음번에 또 놀러 올 때는 저기 언덕 너머 모래밭에 불을 피우는 게 어떨까? 거기라면 안전하니까 말이야. 고마워, 얘들아. 재미있게 놀다 가거라.

이렇게 친근하게 말을 하면 대단한 차이가 생긴다. 아이들에게 협조하고 싶은 마음이 생기게 한다. 기분 나쁘게 하지도 않고, 화나게 하지도 않는다. 시키는 대로 하라고 강요받은 것도 아니고 체면을 구긴 것도 아니기 때문이다. 그들의 처지를 고려하면서도 상황을 잘 처리했기 때문에 그들이나 나나 다 기분이 좋다.

앞으로 누군가에게 불을 끄라고 하거나, 세제를 한 통 사오라고 심부름을 보내거나, 적십자사에 50달러를 기부하라고 시킬 때는 잠깐 멈춰서 눈을 감고 다른 사람의 처지에서 생각해보려고 노력하는 게 좋을 것이다. 그리고 이렇게 자문해보라. '어떻게 하면 저 일을 하고 싶게 만들 수 있을까?' 맞다. 이렇게 히려면 시간이 걸린다. 하지만 이렇게 해야 수고를 덜 들이고 마찰을 줄이면서 친구도 만들고 더 나은 결과도 얻어낼 수 있다.

하버드 비즈니스 스쿨의 도넘 학장은 이렇게 말했다. "누군가와 면담을 하러 가면서 '내가 어떤 말을 하게 될 것이며, 그의 관심사와 의도를 고려해볼 때 그가 어떤 대답을 할 것이다.'라는 게 명확하게 떠오르지 않는다면, 나는 차라리 그의 사무실 앞 골목길에서 두 시간이라도 서성이며 생각을 정리할 것이다."

하버드 비즈니스 스쿨(왼쪽), 하버드 비즈니스 스쿨의 2대 학장이었던 윌레스 브렛 도넘(오른쪽)

이 말은 너무나 중요한 말이므로 다시 한번 강조해서 적어보겠다. "누군가와 면담을 하러 가면서 '내가 어떤 말을 하게 될 것이며, 그의 관심사와 의도를 고려해볼 때 그가 어떤 대답을 할 것이다.'라는 게 명확하게 떠오르지 않는다면, 나는 차라리 그의 사무실 앞 골목길에서 두 시간이라도 서성이며 생각을 정리할 것이다."

이 책을 읽고서 여러분이 이 한 가지를 얻는다면, 즉 언제나 상대의 처지에서 생각하고 여러분 자신과 상대의 관점 둘 다를 가지고 사물을 보려는 경향이 늘어나기만 한다면, 그것은 여러분의 앞날에 커다란 이정표가 될 것임이 틀림없다.

그러므로 상대의 기분을 상하게 하거나 원한을 사지 않으면서 상대를 변화시키고자 한다면, 다음 방법처럼 해보라!

상대방을 설득하는 방법 8 ─────────────────

- **상대의 처지에서 사물을 보려고 진심으로 노력하라.**
  Try honestly to see things from the other person's point of view.

IX

모든 사람이
원하는 것

WHAT EVERYBODY
WANTS

논쟁을 그치게 하고 반감을 없애주며 호의를 불러일으키고, 상대가 관심을 두고 귀 기울이도록 만드는 마법의 말이 있다.

알고 싶은가? 그런가? 좋다. 여기에 있다. 그 말은 이렇게 시작한다. "그렇게 생각하시는 것이 당연합니다. 나라도 틀림없이 그렇게 생각했을 것입니다."

이처럼 대답하면 상대가 아무리 고질적인 시비꾼이라 할지라도 누그러지지 않을 수 없다. 그리고 여러분은 100% 진심으로 이 말을 할 수 있다. 왜냐하면 실제로 여러분이 그 처지라면 그렇게 생각할 수밖에 없을 것이기 때문이다.

예를 들어 보여주겠다. 알 카포네의 경우를 보자. 가령 여러분이 알 카포네와 같은 신체, 같은 기질, 같은 사고방식을 가지고 있다고 생각해보자.

그리고 그와 똑같은 환경과 경험까지도 갖고 있다고 생각해보자. 여러분은 생김새나 동작이나 행동이나 그와 똑같을 수밖에 없다. 현재의 그를 만든 것은 바로 앞에서 말한 것들이지 다른 어떤 것도 아니기 때문이다.

예를 들면, 여러분이 방울뱀이 아닌 유일한 이유는 여러분의 부모님이 방울뱀이 아니었기 때문이다. 여러분이 소에게 입을 맞추거나 뱀을 신성시하지 않는 이유가 있다면, 그것은 여러분이 인도의 브라마푸트라강 강가에 사는 힌두교 가정에서 태어나지 않았기 때문이다.

당신이 잘나서 지금의 당신이 된 게 아니다. 그리고 당신에게 화를 내고 말도 안 통하며, 고집불통인 사람들도 그렇게 된 데는 다 이유가 있다. 불쌍하다고 여기는 마음을 가져야 한다. 동정하는 마음을 가져야 한다. 이해하는 마음을 가져야 한다. 주정뱅이가 거리에서 비틀거리는 것을 보면서 존 B. 가프가 하던 말을 여러분도 기억하기를 바란다. "하느님의 은총이 아니라면 저기 가는 사람이 바로 나야."

미국에서 활동했던 폭력 조직의 두목 알 카포네(왼쪽), 알 카포네가 수감되었던 미국 필라델피아 동부 주립 교도소 감방(오른쪽)

여러분이 만나는 사람 네 명 중 세 명은 공감에 굶주리고 목마른 사람들이다. 여러분이 그들에게 공감하는 모습을 보이면 그들은 자연히 여러분을 사랑하게 된다.

나는 언젠가 방송에서 『작은 아씨들』의 작가 루이자 메이 올컷 여사에 관해 이야기한 적이 있다. 물론 나는 그녀가 매사추세츠주의 콩코드에 살면서 불멸의 역작을 지은 것을 알고 있었다. 그런데 나도 모르게 뉴햄프셔주의 콩코드라고 말을 하고 말았다. 그것도 한 번으로 끝났다면 넘어갈 수도 있었겠지만, 두 번이나 그렇게 이야기하고 말았다. 낭패가 아닐 수 없었다.

당장에 날카로운 비난을 퍼붓는 편지와 전보, 메시지가 벌떼처럼 밀려와 내 머리를 어지럽게 만들었다. 화를 내는 게 대부분이었지만 모욕적인 내용도 없지 않았다. 매사추세츠주 콩코드에서 자랐고 지금은 필라델피아에서 산다는 나이 든 부인은 화를 내는 게 이만저만이 아니었다. 올컷 여사가 뉴기니에 사는 식인종이라고 말했어도 이보다 더 화를 낼 수는 없을 정도였다.

그녀의 편지를 읽자니 이런 말이 절로 나왔다. "하느님, 감사합니다. 이런 여자와 결혼하지 않게 해주셨으니, 정말 감사합니다." 그리고 당장 편지를 써서 내가 비록 지명을 잘못 이야기하는 잘못을 저지르긴 했지만, 예의에 어긋나는 그녀의 행동이 훨씬 더 큰 잘못이라고 이야기해주고 싶었다. 이 정도 이야기는 단지 시작일 뿐이고, 그런 다음 본격적으로 팔을 걷어붙이고 시비를 가리고 싶었다. 하지만 나는 그러지 않았다. 꾹 참았다. 어떤 바보라도 화가 나면 그렇게 할 수 있고, 또 바보들이 대개 그렇게 한다.

루이자 메이 올컷(왼쪽), 1878년판 『작은 아씨들』 표지(가운데), 1869년판 『작은 아씨들』 삽화(오른쪽)

　나는 바보처럼 행동하고 싶지는 않았다. 그래서 그녀의 적대감을 호의로 바꿔놓기로 작정했다. 이건 도전이자 내가 즐길 수 있는 일종의 게임이었던 셈이다. 나는 이렇게 생각하며 그녀에게 공감하기로 했다. '만약 내가 그녀와 같은 처지였다면, 아마 나도 그렇게 생각했을 거야.' 그래서 그 후에 필라델피아를 방문했을 때 그녀에게 전화를 걸었다. 대화는 이런 식으로 진행되었다.

나　　안녕하세요. 지난번 보내주신 편지는 잘 받았습니다. 감사의 말
　　　씀을 드리고자 전화를 드렸습니다.
부인　(날카로우면서도 교양 있고 예의 바른 목소리로) 누구신가요?
나　　아마 잘 모르실 겁니다. 데일 카네기라고 합니다. 몇 주 전 일요일
　　　방송에서 루이자 메이 올컷 여사에 관해 이야기하다가 뉴햄프셔
　　　주 콩코드라고 말하는 어처구니없는 실수를 저지른 바로 그 사람
　　　입니다. 너무 큰 실수였기에 사과를 드리고자 합니다. 친절하게
　　　편지를 보내주셔서 정말 고마웠습니다.

부인	아닙니다, 카네기 씨. 제가 사과해야죠. 그런 편지를 쓰다니. 화가 나서 제정신이 아니었습니다. 미안합니다.

나	아뇨, 아닙니다. 부인이 사과할 일이 아닙니다. 제가 사과해야죠. 어린 학생들이라도 그런 실수는 하지 않았을 것입니다. 다음 주 일요일 방송을 통해 사과하기도 했지만, 개인적으로도 사과를 드리고 싶어 전화를 드렸습니다.

부인	저는 매사추세츠주 콩코드에서 태어났고 우리 집안은 지난 2백 년 동안 매사추세츠주에서 알아주는 집안이었습니다. 나는 내 고향에 대해 대단한 자부심이 있습니다. 그런데 당신이 올컷 여사가 뉴햄프셔주 출신이라고 말하는 것을 들으니 정말 화를 참을 수 없었습니다. 하지만 그 편지를 쓴 것에 대해서는 부끄럽군요.

나	저도 엄청나게 마음고생을 했다는 점을 말씀드리지 않을 수 없군요. 제가 저지른 실수가 매사추세츠의 이름에 누가 되지는 않을 겁니다. 다만, 저 자신에게 상처가 됐을 뿐입니다. 부인처럼 지위가 있고 교양 있는 분이 방송에서 떠드는 사람들에게 편지를 쓰는 일이 쉬운 일은 아니었을 것으로 생각합니다. 앞으로도 많은 지도와 편달 부탁드립니다.

부인	제 비판을 이런 식으로 이해해주시니 정말 대단한 분이란 생각이 드는군요. 앞으로 기회가 있으면 만나 뵐 수 있기를 바랍니다.

내가 이렇게 사과하고 상대의 처지에 공감하자 상대도 내게 사과하고 내 처지에 공감하게 됐다. 또한 나는 내 감정을 조절했다는 만족감과 더불어, 모욕을 받고도 호의를 보여주었다는 성취감도 얻었다. 그녀가 나에 대해 호감을 느끼도록 만들면서, 나는 그녀에게 강에나 뛰어들어버리라고 소리칠 때 얻을 수 있는 즐거움과는 비교도 할 수 없을 만큼의 더 큰 즐거움을 얻었다.

백악관의 주인이 된 사람은 누구나 거의 매일 인간관계와 관련된 예민한 문제들과 부닥치게 된다. 태프트 대통령도 예외는 아니었는데, 그는 경험을 통해 악감정이라는 산(酸)을 중화시키는 데는 공감만큼 큰 가치가 있는 화학 물질이 없다는 것을 알게 되었다. 태프트 대통령은 자신의 저서 『공직자의 윤리』에서 야심 차지만 실망을 맛본 어느 어머니의 분노를 가라앉힌 재미있는 사례를 이렇게 들려주고 있다.

워싱턴에 어떤 부인이 살고 있었는데, 남편은 정치적 영향력이 약간 있던 사람이었다. 그런데 그 부인이 자기 아들에게 자리를 하나 내달라고 6주인가 그 이상인가를 내게 매달렸다. 상원과 하원 의원들도 수도 없이 데리고 와서 특별히 부탁하도록 만들었다. 하지만 그 자리는 기술적인

백악관 책상에 앉아 있는 윌리엄 태프트

전문성을 요구하는 자리인지라 나는 그 부처 주무장관의 추천을 통해 다른 사람을 임명했다. 그러자 그 부인은 내게 은혜를 모르는 사람이라는 편지를 써 보냈다. 내가 마음만 먹으면 그녀를 행복하게 해줄 수 있는 데도 그러기를 거부했다는 게 이유였다. 게다가 자신이 주 의회 의원들을 열심히 설득해 내가 특별히 관심을 두고 추진하던 법안을 통과시켜주었는데, 그 보답이 이런 거냐는 이야기도 했다.

이런 종류의 편지를 받으면 우선 적절치도 않을뿐더러 무례하다고 볼 수도 있는 행동을 한 이 사람을 어떻게 혼내줄 수 있을까 하고 궁리하게 된다. 그런 다음에는 편지를 쓴다.

하지만 현명한 사람이라면 쓴 편지를 서랍에 넣고 잠그는 쪽을 택한다. 이런 편지 왕래는 이틀 정도의 시간이 걸리는 게 일반적이므로 이틀 후 편지를 꺼내 보면 보내지 않게 된다. 내가 선택한 것도 바로 이 방법이었다. 그래서 자리에 앉아 가능한 정중한 어조로, 이런 상황에서 부인이 실망하시는 것은 이해하지만 이번 임명 건은 내 개인적 판단으로 할 수 있는 게 아니고 기술적 전문성을 요구하는 자리인지라 부처 주무장관의 추천을 따라야 한다는 요지의 편지를 썼다. 또한 부인이 기대하는 바를 아드님은 지금의 자리에서도 충분히 이룰 수 있으리라 생각한다는 말도 적었다. 이 편지로 마음이 누그러졌는지 부인은 내게 지난번 편지를 보낸 데 대해 미안하다는 말을 전해왔다.

하지만 그 자리에 대한 임명안이 즉시 승인되지 않고 시간을 끄는 사이 다시 편지를 한 통 받았는데, 필적은 이전 편지와 같았지만 보낸 이는 부인의 남편이라고 돼 있었다. 편지에는 부인이 이번 일로 크게 상심한 나머지 신경쇠약에 걸려 자리에 눕게 되었는데, 아주 심각한 위암으로 발전했다는 내용이 적혀 있었다. 그러니 부인이 건강을 되찾을 수 있도록 임명을 철회하고, 자기 아들을 임명해줄 수 없겠느냐는 이야기였다.

나는 부인의 남편을 수신인으로 해서 다시 한번 편지를 써야 했다. 그리고 진단이 오진으로 판명 나기를 기대하며 부인의 건강 때문에 심려가 크신 것은 알지만 임명 철회는 불가능하다는 말을 전했다. 결국 임명 건은 원안대로 승인됐다.

내가 그 편지를 받은 지 이틀 후 백악관에서는 작은 음악회가 열렸다. 거기에서 나와 내 집사람에게 가장 먼저 인사를 건넨 두 사람은 바로 그 남편과 며칠 전만 해도 사경을 헤매고 있다던 부인이었다.

솔 휴로크는 아마 미국 음악계 최고의 감독일 것이다. 그는 20년에 걸쳐 샬리아핀, 이사도라 덩컨, 파블로바와 같은 세계 유명 예술가들과 함께 작업했다. 언젠가 휴로크는 내게 성미가 까다로운 스타들을 접하면서 가장 먼저 배운 교훈은, 그들의 우스꽝스러울 정도로 강한 개성을 이해하고, 이해하고, 또 이해해야 한다는 점이었다고 털어놓았다.

그는 3년간 표도르 샬리아핀의 흥행을 담당한 적이 있었다. 샬리아핀은 굵직한 저음으로 메트로폴리탄 오페라 극장을 찾은 상류층 청중들에게 전율을 선사하던 세계적인 베이스 가수였다. 하지만 샬리아핀은 항상 말썽을 일으켰다. 그의 행동은 마치 버릇없는 아이 같았다. 휴로크의 독특한 표현을 빌리면 '그는 모든 면에서 구제 불능인 친구였다'.

한 가지 일화를 보기로 하자. 샬리아핀은 공연이 있는 날 낮에 휴로크에게 전화를 해서 이렇게 말하곤 했다. "솔, 나 몸이 안 좋아. 목구멍이 굽지 않은 햄버거처럼 꺼칠꺼칠해. 오늘 밤 공연에서 노래하기 힘들겠는데?" 휴로크가 안 된다며 그와 다투었을까? 절대 그러지 않았다. 그는 흥행사라면 예술가를 그렇게 다루어서는 안 된다는 것을 잘 알고 있었다. 휴로크는 샬리아핀이 묵고 있는 호텔로 달려가서 지나칠 정도로 그에게 동정심을 표시했다. "이 불쌍한 친구, 정말 안됐네. 물론 노래하면 안 되지. 당장 공연을 취소하겠네. 몇천 달러 정도 손해 보기야 하겠지만 자네의 명성이 떨어지는 것에 비하면 아무것도 아니지."

그러면 샬리아핀은 한숨을 내쉬며 이렇게 말했다. "이따가 다시 와주면 좋겠네. 5시에 와서 다시 상태를 봐주게."

5시가 되면 휴로크는 다시 호텔로 가 동정심을 표시했다. 그리고 다시 한번 공연을 취소하자고 하면 샬리아핀은 한숨을 쉬면서 이렇게 말했다. "한 번 더 와주는 게 어떻겠나. 그때가 되면 조금 나아질지도 모르니 말이야."

7시 30분이 되면 샬리아핀은 노래하는 데 동의한다. 다만 휴로크가 메트로폴리탄 오페라 극장 무대에 나가서 샬리아핀이 지금 지독한 감기에 걸려 목 상태가 좋지 않다는 것을 청중들에게 알려야 한다는 조건으로 동의하는 것이다. 휴로크는 실제로는 안 했지만, 일단은 그렇게 하겠

솔 휴로크(왼쪽), 매트로폴리탄 오페라 극장(가운데), 표도르 샬리아핀(오른쪽)

다고 대답했다. 왜냐하면 그것만이 이 베이스 가수를 무대에 세우는 유일한 길임을 알고 있었기 때문이다.

아서 I. 게이츠 박사는 그의 명저 『교육 심리학』에서 이렇게 말했다.

동정심은 모든 인간이 갈망하는 것이다. 아이들은 자신의 상처를 보여주려고 애쓰기도 하고, 심지어는 더 많은 동정심을 얻기 위해 자해를 하기도 한다. 같은 이유로 어른들도 자신의 상처를 드러내 보이고 사건이나 질병에 대해, 특히 외과 수술의 경우에는 세세한 부분까지 이야기하려고 한다. 현실의 일이건 상상 속의 일이건 불행한 일에 대한 '자기 연민'은 어느 정도는 누구에게나 있는 법이다.

그러므로 상대를 설득하고 싶다면, 다음 방법처럼 해보라!

상대방을 설득하는 방법 9

· **상대의 생각과 욕구에 공감하라.**

Be sympathetic with the other person's ideas and desires.

X

모든 사람이
좋아하는 호소법

AN APPEAL
THAT EVERYBODY LIKES

나는 미주리주의 변두리에서 자랐다. 마침 그곳은 미국 서부 역사상 가장 악명 높았던 갱인 제시 제임스가 활약하던 지역에서 가까운 곳이라, 커니에 있는 그의 농장을 방문했던 적이 있다. 농장에는 여전히 제시 제임스의 아들이 살고 있었다. 그의 아내는 내게 제시가 기차를 강탈하고 은행을 털던 이야기며, 그렇게 얻은 돈을 근처 농부들에게 나눠주고 빚을 갚도록 했던 일에 대해 자세히 이야기해주었다.

제시는 자신보다 1세기 후에 등장하는 더치 슐츠나 '쌍권총 크로울리', 아니면 알 카포네와 마찬가지로 내심 자신을 이상주의자라고 여기고 있었던 것 같다. 사실 여러분 자신을 포함해 우리가 만나는 모든 사람은 스스로 괜찮은 사람으로 여기고 있으며 자기 나름대로는 남을 생각할 줄 아는 괜찮은 사람이 되고 싶어 한다.

제시 제임스 수배 포스터(왼쪽), 제시 제임스 묘비(오른쪽)

미국의 대 은행가이자 미술품 수집가로도 유명한 J. P. 모건은 자신의 경험을 이야기하는 도중에 사람들이 어떤 행동을 하는 데는 대개 두 가지의 이유, 즉 그럴듯해 보이는 이유와 진짜 이유가 있다고 했다.

인간은 진짜 이유를 고려하게 마련이다. 그 점은 강조하지 않아도 된다. 하지만 모든 인간은 마음으로는 이상주의자이기 때문에 그럴듯해 보이는 동기도 고려하고 싶어 한다. **그러므로 상대를 변화시키고 싶다면 고상한 동기에 호소해야 한다.**

사업에 적용하기에는 너무 이상론적인 방법으로 보이는가? 그렇다면 예를 들어 살펴보자. 펜실베이니아주 글레놀던에 있는 파렐 미첼 사의 사장 해밀턴 J. 파렐의 경우다.

파렐 씨는 세를 놓는데 세입자 중 한 사람이 무슨 일로 화가 났는지 이사를 하겠다고 위협을 해왔다. 임대료는 한 달에 55달러였고, 계약 기간은 4개월이나 남아 있었다. 그런데도 그 세입자는 임대 계약에 상관없이 즉시 방을 비우겠다고 통보해왔다.

이때의 일을 파렐 씨는 이렇게 이야기했다.

이 사람들은 내 집에서 겨울을 났습니다. 사실 겨울은 비용이 가장 많이 드는 계절입니다. 그리고 지금 방이 비면 가을까지는 방을 세놓기가 힘들다는 것을 나는 알고 있었습니다. 220달러가 날아가는 것이 눈에 훤하더군요. 사실 정말로 화가 났습니다.

다른 때 같았으면 당장 세입자에게 달려가서 계약서를 잘 읽어보라고 말했을 것입니다. 만일 지금 이사하면 전체 계약 기간에 대한 임대료를 즉시 내야 한다는 점을 명확히 해주었을 것입니다. 그리고 당연히 받아낼 수 있고, 또 받아낼 것이라고 못 박아 두었을 테죠.

하지만 분통을 터뜨리며 소란을 부리는 대신에 다른 방법을 쓰기로 마음먹었습니다. 그래서 이렇게 말을 시작했습니다. "선생님 말씀은 잘 들었습니다. 하지만 이사하실 거라고 믿고 싶지는 않군요. 오랫동안 임대 사업을 해봐서 사람 보는 눈이 좀 있다고 생각하는데, 선생님은 한눈에 약속을 잘 지키시는 분으로 보였습니다. 사실 그런지 아닌지 내기를 걸어도 좋을 정도로 확신하고 있습니다.

제가 한 가지 제안을 하죠. 며칠 시간을 두고 어떻게 하실지 생각해보십시오. 다음 달 1일이 임대료 납부일이니까 그때까지 오셔서 여전히 이사하실 생각이라고 하시면 그게 최종 결정이라고 알고 받아들이겠습니다. 이사할 권리를 드리고, 제 판단이 틀렸다고 저 스스로 인정하면 됩니다. 하지만 아직도 전 선생님이 약속을 잘 지키는 분이라서 계약 기간까지 계속 계시리라 믿습니다. 우리가 사람이 되느냐 원숭이가 되느냐 하는 것은 어쨌거나 우리 선택에 달린 일 아니겠습니까?"

다음 달이 되자 그 신사분은 직접 찾아와 임대료를 냈습니다. 그의 이야기로는 부인과 상의해 보았는데 계속 있기로 했다더군요. 명예를 지키는 방법은 계약 기간이 끝날 때까지 사는 것밖에 없다는 결론을 내린 것이죠.

작고한 노스클리프 경은 자신이 공개하고 싶지 않은 사진이 신문에 실린 것을 보고는 편집장 앞으로 편지를 보냈다. 그런데 경이 "그 사진을 더는 사용하지 말아 주십시오. 저는 그것을 원치 않습니다."라고 했을까? 아니다. 그는 더 고상한 동기에 호소하는 방법을 썼다. 사람이면 누구나 갖고 있는 어머니에 대한 존경과 사랑에 호소했다. 그는 이렇게 썼다. "그 사진을 더는 사용하지 말아 주십시오. 어머님께서 좋아하지 않으십니다."

존 D. 록펠러 2세가 사진 기자들이 자신의 아이들을 쫓아다니며 사진을 찍어대는 것을 막을 때 쓴 방법도 이 고상한 동기에 호소하는 것이었다. 그는 "나는 우리 애들 사진이 신문에 실리는 것을 원치 않소."라고 하지 않았다. 그는 우리가 모두 근본적으로 가진, 아이들을 해치고 싶지 않다는 욕구에 호소하는 방법을 썼다. 그는 이렇게 말했다. "왜 그런지는 여러분도 잘 아시잖습니까? 여러분 중에도 자녀를 둔 분이 있을 텐데, 아이들 얼굴이 너무 알려지면 별로 좋지 않다는 건 다 아는 이야기 아닌가요?"

〈새터데이 이브닝 포스트〉, 〈레이디스 홈 저널〉 등을 소유한 백만장자 사이러스 H. K. 커티스 씨도 처음에는 메인주 출신의 가난한 소년이었을 뿐이다. 그가 백만장자로 가는 화려한 경력을 쌓기 시작하던 초창기 시절, 그는 다른 잡지사처럼 원고료를 지급할 수가 없었다. 그리고 돈을 주어야만 글을 써주던 1급 작가들을 고용할 수도 없었다. 그래서 그는 고상한 동기에 호소하는 방법을 사용했다. 예를 들면, 그는 단지 1백 달러만 들이고도 당시 최고의 명성을 날리던 『작은 아씨들』의 작가 루이자 메이 올컷 여사의 글을 받아내는 데 성공했다. 그 비결은 여사 본인이 아니라 여사가 가장 소중히 생각하는 자선단체 앞으로 수표를 발행하는 것이었다.

이 이야기를 듣고 비판론자들은 "그런 건 노스클리프나 록펠러나 감상적인 소설가에게나 통하는 이야기지. 내가 돈을 받아내야 하는 억센 인간들한테 그런 방법이 통하기나 하겠어?" 하고 말할지도 모르겠다.

그 말이 맞을지도 모른다. 모든 경우, 모든 사람에게 통하는 것은 이 세상에 없다. 만일 지금 거두고 있는 결과에 만족한다면 바꿀 필요가 없다. 하지만 만족하지 못한다면 시도해볼 만하지 않은가?

아무튼 편안한 마음으로 예전에 카네기 강좌 수강생이던 제임스 L. 토머스 씨가 들려주는 실제 경험담을 들어보기를 바란다.

한 자동차 회사의 고객 여섯 명이 이용료를 내지 않겠다고 했다. 청구서 전부를 거부한 사람은 한 사람도 없고, 다들 어떤 항목이 잘못 계산되었다고 주장했다. 고객들 전부가 서비스를 받을 때 확인하고 서명했으므로 회사가 보기에는 회사가 옳았다. 그리고 그것을 고객들에게 이야기했다. 하지만 이것이 첫 번째 실수였다.

회사의 채권 부서 직원은 과다 청구되었다는 금액을 회수하기 위해 다음과 같이 조처했다. 여러분이 보기에는 성공했을 것 같은가?

1. 각 고객을 방문해 납품 기일이 많이 지난 대금을 회수하기 위해 왔다고 통명스럽게 말했다.

2. 청구서는 완벽하며 조금도 의심할 여지가 없으니, 고객이 완벽히 조금도 의심할 여지도 없이 틀렸다는 점을 명확히 했다.

3. 자동차에 대해서는 회사가 고객이 꿈도 꾸지 못할 정도로 잘 알고 있다는 점을 은근히 비추었다. 그러니 다투어봐야 무슨 소용이 있겠는가?

4. 결과: 다툼이 일어났다.

이 중 하나라도 고객의 마음을 돌리고 분쟁을 종결시켰을까? 여러분도 답을 알 수 있을 것이다.

상황이 이렇게 흘러 채권 부서 과장이 막 법적인 절차에 돌입하려는 찰나 다행스럽게도 부장이 이 일을 알게 됐다. 부장이 이 미납 고객들을 조사해보았더니 지금까지 한 번도 체납한 적이 없는 사람들이었다. 대금 회수 방식에 문제가 있어도 단단히 있는 게 틀림없었다. 그래서 부장은 제임스 L. 토머스에게 이 '악성 채권'을 회수해달라고 요청했다. 토머스 씨가 취한 방법을 그의 입을 통해 직접 들어보자.

1. 고객 방문의 목적은 전과 마찬가지로 우리가 보기에는 아주 정확히 청구되었는데 오랫동안 납부되지 않고 있는 대금을 회수하는 것이었습니다. 하지만 나는 그런 말은 한마디도 꺼내지 않았습니다. 나는 회사가 어떤 서비스를 했고 어떤 점이 부족했는지 확인하고자 왔다고 설명했습니다.

2. 나는 고객의 이야기를 듣기 전에는 어떤 판단도 내리지 않겠다는 점을 명확히 했습니다. 고객에게 회사가 절대 오류가 없음을 주장하는 게 아니라고 이야기했습니다.

3. 나는 고객에게 내 관심은 오로지 고객이 사용하는 차인데, 그 차에 대해서는 고객이 누구보다도 더 잘 알고 있으며, 고객이 그 주제에 대해서는 최고 권위자라고 이야기했습니다.

4. 나는 고객이 이야기하도록 하고는 주의 깊게, 그리고 공감을 하며 귀를 기울였습니다. 이것이야말로 고객이 그토록 기대하고 원하던

것이었습니다.

5. 마침내 고객이 냉정해지자 그의 페어플레이 정신에 호소했습니다. 고상한 동기에 호소한 것입니다. 나는 이렇게 이야기했습니다. "우선 제 생각에도 이 일의 처리 절차가 아주 많이 잘못되었다는 점을 말씀드리고 싶습니다. 저희 직원 때문에 불편을 겪고, 짜증 나고, 화도 나셨던 것으로 알고 있습니다. 절대 있을 수 없는 일인데 말입니다. 정말 죄송스럽고, 회사를 대표해 사과드립니다. 여기 앉아서 선생님 말씀을 듣고 있자니 너무 공정하고 참을성 있으신 분이라는 생각을 금할 수 없었습니다. 이렇게 공정하고 참을성 있으신 분이시니 한 가지 부탁드리고자 합니다. 선생님보다 이 일을 잘하거나 더 잘 아는 사람은 아무도 없기 때문입니다. 여기 선생님에 대한 청구서가 있는데, 선생님이 우리 회사 사장이라 생각하시고 이 청구서를 정정해주시면 저도 안심할 수 있을 것 같습니다. 전적으로 선생님께 맡기고, 어떤 말씀을 하시든 그대로 하겠습니다."

고객이 청구서를 정정했을까요? 물론 그랬습니다. 그리고 그러면서 자못 즐거운 것 같았습니다. 청구서 금액은 150달러에서 400달러까지 있었는데 고객이 자기에게 유리하게만 했을까요? 맞습니다. 한 사람은 그렇게 했습니다. 그 사람은 논란이 된 부분에 대해서는 한 푼도 낼 수 없다고 거절했습니다. 하지만 나머지 다섯 사람은 전액을 냈습니다. 그리고 이 이야기의 가장 재미있는 대목은 그 후 2년 안에 고객 여섯 명이 모두 새로 차를 주문했다는 점입니다.

고객에 관한 아무런 정보가 없을 때, 고객은 진지하고 양심적이며 믿을 만하고 계산이 제대로 됐다는 확신이 들기만 하면 언제든 대금을 지급하고자 하는 사람이라고 전제하는 것이 일해나가는 데 있어 가장 중요한 출발점이라는 사실을 나는 경험을 통해 배웠습니다. 이 말을 조금 바꿔 좀 더 정확하게 말하자면 사람들은 정직하며 자신들의 의무를 다하고자 한다는 것입니다. 이 원칙에서 벗어나는 사람들은 비교적 드물며, 여러분을 속이려 드는 사람도 여러분이 그를 정직하고 똑바르며 공정한 사람으로 봐주면 대부분 호의적으로 반응할 거라 확신합니다.

그러므로 상대를 설득하고 싶다면, 다음 방법처럼 해보라!

상대방을 설득하는 방법 10

- **상대의 고상한 동기에 호소하라.**
  Appeal to the nobler motives.

XI

영화와 TV에서도
사용하는 방법

THE MOVIES DO IT. RADIO DOES IT.
WHY DON'T YOU DO IT?

수년 전 〈필라델피아 이브닝 불리튼〉은 위험한 소문에 시달리고 있었다. 악의적인 소문이 유포되고 있었다. 광고주들에게 문제의 신문이 광고는 너무 많고 뉴스는 너무 적어 독자를 잃고 있다는 이야기가 들어갔다. 소문을 잠재우기 위해 즉각 조처해야 했다. 하지만 과연 어떻게 해야 하는가? 신문은 다음과 같은 방법을 썼다.

〈불리튼〉 지는 어느 하루를 택해 그날 정규 판 신문에 들어 있는 모든 종류의 읽을거리를 골라내고 분류해 한 권의 책으로 만든 뒤 책 제목을 『하루』라고 정했다. 〈불리튼〉 지에 하루에 실린 뉴스와 특집을 뽑아낸 이 책은 무려 307쪽으로 꽤 두툼해 2달러를 받아도 충분했으나, 불리튼 지는 이 책을 단돈 2센트에 팔았다. 이 책의 출간은 〈불리튼〉 지가 엄청나게 많은 양의 재미있는 기사를 싣고 있다는 사실을 극적으로 보여주었다.

이 책은 몇 날 며칠 동안 숫자를 대고 주장하는 것보다 더 생생하게, 더 재미있게, 그리고 더 인상적으로 사실을 전달했다.

케네스 구드와 젠 카우프만이 지은 『사업과 쇼맨십』이라는 책에는 연출을 통해 매출을 신장한 다양한 사례가 생생하게 그려져 있다. 예를 들면, 일렉트로룩스가 냉장고를 팔 때 얼마나 조용한지를 극적으로 보여주기 위해 고객의 귀에 성냥 긋는 소리를 들려준 일, 1.95달러짜리 모자에 명배우 앤 소던의 자필 서명을 넣음으로써 유명인을 활용한 사례가 된 시어즈 로벅사의 카탈로그, 움직이는 윈도 디스플레이가 멈추면 관심도가 80%나 감소한다는 것을 보여준 조지 웰바움, 미키 마우스가 백과사전에 이름이 오르게 된 사연과 장난감에 미키 마우스의 이름을 붙임으로써 망해가던 회사가 기사회생한 일, 이스턴 항공이 창가를 더글러스 항공의 실제 조종간처럼 만들어 고객들을 창가에 앉도록 유도한 일, 헤리 알렉산더가 자사 제품과 경쟁사 제품이 벌이는 가상의 복싱 시합을 방송해 세일즈맨들의 사기를 북돋워 주던 일, 우연히 캔디 디스플레이에 조명을 비추었더니 매상이 두 배나 늘어났던 사례, 크라이슬러사가 자기 회사 자동차가 얼마나 튼튼한지를 보여주기 위해 차 위에 코끼리를 올려놓은 일 등등이 그것이다.

뉴욕대의 리처드 보든과 앨빈 뷔스는 1만 5천 건에 달하는 매출 상담을 분석하고는 『토론에서 이기는 법』이라는 책을 썼고, 같은 주제로 '판매의 여섯 가지 원칙'이라는 강의를 했다. 이후에 이 책은 영화로도 만들어져 수백 개 대기업의 판매 사원들이 이 영화를 보았다. 이것들은 그들이 발견해낸 원칙을 설명할 뿐 아니라 실제로 구현해서 보여주기도 한다. 관객들을 앞에 두고 논쟁을 붙여 판매를 하는 좋은 방법과 나쁜 방법을 보여주는 것이다.

요즘은 연출의 시대다. 단순히 사실을 말하는 것만으로는 부족하다. 사실을 생생하고, 재미있게, 극적으로 제시해야 한다. 쇼맨십을 사용하지 않으면 안 된다. 영화나 라디오, TV에서도 그렇게 하고 있다. 관심을 끌고 싶으면 여러분도 그렇게 하지 않으면 안 된다.

쇼윈도 디스플레이 전문가들은 극적 연출의 매력을 잘 알고 있다. 예를 들면, 새로 쥐약을 개발한 어느 업체는 대리점 쇼윈도에 살아 있는 쥐 두 마리를 전시하도록 했다. 그러자 그 주 매출이 평소보다 5배나 증가했다. <아메리칸 위클리> 지의 제임스 B. 보인튼은 상세한 시장조사 보고서를 브리핑해야 하는 상황에 있었다. 그의 회사는 유명한 콜드크림 브랜드에 대한 방대한 조사를 막 마친 상태였다. 경쟁업체의 가격 인하에 대응하기 위한 자료를 즉시 제공해줘야 했다. 자료를 요청한 사람은 광고 업계에서 막강하고 가장 영향력이 컸다. 더구나 첫 번째 브리핑에서 이미 한 번 실패를 맛본 상황이었다. 보인튼의 말을 들어보자.

지난번 브리핑에서는 쓸데없이 조사 방법론에 대해 다루느라 시간을 다 보내고 말았습니다. 그도 우기고 나도 우겼죠. 그는 내 방법이 틀렸다고 말하고, 나는 내 방법이 옳다는 것을 보여주려고 노력했습니다. 결국 내가 이겨서 만족스럽기는 했지만, 시간이 다 가버려 회의가 끝나버렸습니다. 본론은 아직 시작도 안 했는데 말입니다.

두 번째 갈 때는 숫자나 데이터를 도표화하는 데는 신경도 쓰지 않았습니다. 나는 그 사람을 찾아가서 사실을 극적으로 제시했습니다. 사무실에 들어갔더니 그 사람은 전화 중이었습니다. 그가 전화로 이야기를 하는 사이 나는 가방에서 콜드크림 32개를 꺼내 그의 책상 위에 늘어놓았습니다.

다 그가 아는 제품이었죠. 그의 경쟁사 제품들이었으니까요.

콜드크림 병마다 시장조사 결과가 적힌 메모지를 붙여놓았습니다. 각각의 메모지가 간단하게 자신의 이야기를 하고 있었습니다. 극적인 방식으로 말입니다. 그래서 어떻게 되었냐고요? 다툴 일이 하나도 없었습니다. 기존과 다른 신선한 방식이었으니까요. 그는 하나씩 콜드크림 병을 들어 올리며 붙어 있는 메모지의 내용을 읽었습니다. 그러면서 대화가 편하게 오갔습니다. 추가적인 질문도 있었습니다. 그는 상당히 관심을 보였습니다. 원래 보고서 설명에 허락된 시간은 10분이었지만 그 10분이 지나고, 20분이 지나고, 40분이 지나더니 결국 1시간이 지날 때도 우리는 대화를 계속하고 있었습니다.

이번에 갖고 온 자료는 지난번과 똑같은 것이었습니다. 하지만 극적인 효과와 쇼맨십을 사용한 이번과 지난번의 결과는 너무나 달랐습니다.

그러므로 상대를 설득하고 싶다면, 다음 방법처럼 해보라!

📋 상대방을 설득하는 방법 11 ─────────────

- **당신의 생각을 극적으로 표현하라.**
  Dramatize your ideas.

XII

방법이 통하지 않을 때는
이렇게 하라

WHEN NOTHING ELSE WORKS,
TRY THIS

찰스 슈워브가 경영하는 공장 중에 생산량이 기대에 미치지 못하는 공장이 있었다. 슈워브가 공장장에게 "당신처럼 유능한 사람이 있는데, 왜 실적은 기대에 미치지 못하는 거요?" 하고 물었더니, 공장장은 "저도 모르겠습니다. 달래 봐도, 밀어붙여 봐도, 화를 내거나 심지어 다 해고 해버리겠다고 위협해도 통하지를 않습니다. 직원들이 일하려고 하지 않습니다."라고 대답했다.

마침 저녁 시간이라 야간 근무조가 투입될 시간이었다. 슈워브는 분필을 하나 달라고 하고는 근처 직원에게 "이번 조는 오늘 용해 작업을 몇 번 했소?"라고 물었다. 직원이 여섯 번이라고 대답하자 아무 말 없이 바닥에 '6'이라고 크게 쓰고는 가버렸다.

야간 근무조가 들어와서는 바닥에 '6'이라는 숫자가 있는 것을 보고 이게 뭐냐고 묻자, 주간 근무조 직원은 "사장님이 오늘 다녀가셨는데, 오늘 용해 작업을 몇 번 했느냐고 묻기에 여섯 번 했다고 말씀드렸더니, 바닥에 '6'이라고 쓰고는 가버리셨다."라고 대답했다.

다음 날 아침 슈워브가 다시 공장으로 갔다. 전날 야간 근무조가 '6'이라는 숫자를 지우고 '7'이라고 써놓았었다. 그날 출근한 주간 근무조는 바닥에 '7'이라는 숫자가 커다랗게 쓰여 있는 것을 보았다. '야간 근무조가 주간 근무조보다 더 낫다고 생각한다 이거지?' 주간 근무조는 야간 근무조의 콧대를 꺾어주고 싶었다. 그래서 정열적으로 작업에 매달렸다. 마침내 그날 일을 끝내고 나가면서 그들은 '10'이라는 엄청난 숫자를 커다랗게 써놓았다. 상황이 개선되고 있었다.

얼마 전까지만 해도 다른 공장에 비해 생산량이 한참 떨어지던 이 공장은 순식간에 다른 공장보다도 더 많은 생산을 해내기 시작했다.

비결이 무엇이었을까? 찰스 슈워브는 이렇게 말했다.

> 일이 되게 하려면 경쟁심을 자극해야 합니다. 돈벌이에 급급한, 치사한 경쟁심이 아니라 남보다 앞서고 싶다는 경쟁심 말입니다.

찰스 미카엘 슈워브(Charles Michael Schwab)
미국의 기업가, 엔지니어이다. 앤드루 카네기의 철강 회사에서 엔지니어로 경력을 시작하였다. 이후 베들레헴 철강 회사(Bethlehem Steel)를 운영하였다.

남보다 앞서고 싶다는 욕구! 도전! 과감히 덤비기! 이런 것이야말로 용감한 사람들에게 호소할 수 있는 절대적인 방법이다.

도전하지 않았다면 시어도어 루스벨트는 결코 미국 대통령이 되지 못했을 것이다. 러프라이더 연대를 모집해 스페인과의 전쟁에 참전했던 루스벨트는 전쟁이 끝나고 쿠바에서 귀국하자마자 뉴욕 주지사로 선출됐다. 하지만 반대파에서 그가 더는 뉴욕주의 법적 거주자가 아님을 발견해내자 지레 겁을 먹은 루스벨트는 사퇴하고자 했다. 이때 뉴욕 출신의 거물급 상원의원인 토머스 콜리어 플래트가 루스벨트에게 도전 의욕을 불러일으켰다. 그는 갑자기 루스벨트를 찾아가 이렇게 호통을 쳤다. "스페인전의 영웅이 갑자기 겁쟁이가 되었단 말인가?"

루스벨트는 싸우기로 마음을 굳혔고, 그 결과 부통령을 거쳐 대통령까지 될 수 있었다. 도전은 그의 삶을 바꾸어놓았을 뿐 아니라 미국 역사에까지 지대한 영향을 끼쳤다.

1898년 스페인 - 미국 전쟁 때 창설된 미국 의용 기병대인 러프라이더 연대

찰스 슈워브는 도전이 가진 엄청난 힘을 알고 있었다. 플래트 상원의원도 그랬고, 알 스미스도 그랬다. 알 스미스가 뉴욕 주지사였을 때 그는 어려운 문제에 봉착한 적이 있었다. 데블스 아일랜드 서쪽에 자리한 싱싱 교도소에는 소장이 없었다. 스캔들과 추잡한 소문들이 교도소 안팎에 넘쳐나고 있었다. 스미스 주지사는 싱싱 교도소를 관리할 강력한 사람, 철인이 필요했다. 누구를 보낼 것인가? 그는 뉴 햄프턴에 있던 루이스 E. 로스를 불렀다.

"싱싱 교도소를 맡아주는 게 어떤가?" 로스가 오자, 그는 가볍게 말을 꺼냈다. "경험 많은 사람이 필요하다네."

로스는 난감했다. 그는 싱싱 교도소의 위험을 잘 알고 있었다. 그것은 정치적 인사였고, 정치 동향에 따라 흔들리는 자리였다. 교도소장은 수시로 바뀌었다. 어떨 때는 3주 만에 바뀌기도 했다. '앞으로의 경력도 생각해야 하는데, 과연 위험을 감수할 만한 일일까?'

그가 망설이는 것을 보고 스미스는 몸을 뒤로 젖혀 의자에 기대고는

알 스미스(왼쪽), 싱싱 교도소 목판화(가운데), 루이스 E. 로스(오른쪽)

웃음을 지으며 이렇게 말했다. "아직 젊은 친구니 겁먹는 거 가지고 탓하지는 않겠네. 그 자리가 힘든 자리긴 하지. 그 자리를 책임져줄 거물급 인사를 찾아보기로 하겠네."

이렇게 스미스는 로스의 도전 의욕을 자극하였다. 로스는 거물급 인사를 필요로 하는 자리에 도전한다는 생각이 마음에 들었다.

결국 그는 싱싱 교도소로 갔다. 그리고 거기서 교도소장으로 오랫동안 재임하며 살아 있는 교도소장으로는 가장 유명한 사람이 되었다. 그가 쓴 『싱싱 교도소에서 보낸 2만 년』이라는 책은 수십만 부나 팔렸다. 그는 방송에도 나갔으며 교도소 생활에 대한 그의 이야기를 토대로 수십 편의 영화가 만들어졌다. 수감자들을 '인간적으로 대하는' 그의 방식은 교도소 개혁이란 측면에서 기적을 만들어냈다.

파이어스톤 타이어 앤드 러버 컴퍼니를 설립한 하비 S. 파이어스톤은 이렇게 말했다. "돈만으로는 좋은 사람들을 데려오거나 붙들 수 없습니다. 게임 자체가 중요하다고 생각합니다."

하비 S. 파이어스톤(왼쪽), 1923년의 파이어스톤 타이어 앤드 러버 컴퍼니(오른쪽)

이 말은 성공한 사람이라면 누구나 좋아한다. 게임! 자기표현의 기회! 자신의 가치를 증명하고, 남보다 앞서고, 이길 기회! 도보 경주나 고함지르기 시합, 파이 먹기 대회 등이 열리는 이유가 바로 여기에 있다. 남보다 앞서고자 하는 욕망, 남에게 인정받고자 하는 욕망 말이다.

그러므로 다른 사람, 그중에서도 용기 있는 사람, 정열이 넘치는 사람을 설득하고 싶다면, 다음 방법처럼 해보라!

📋 상대방을 설득하는 방법 12 ────────────

· **도전 의욕을 불러일으켜라.**

Throw down a challenge.

상대방을 설득하는 12가지 방법

1. 논쟁에서 이기는 방법은 논쟁을 피하는 것뿐이다.

2. 상대의 의견을 존중하라. 상대의 잘못을 지적하지 말라.

3. 잘못을 했을 때는 빨리, 분명하게 잘못을 인정하라.

4. 우호적으로 시작하라.

5. 상대가 선뜻 '네, 네.'라고 대답할 수 있게 만들어라.

6. 나보다 상대가 더 많이 이야기하게 하라.

7. 상대가 스스로 생각해냈다고 느끼게 하라.

8. 상대의 처지에서 사물을 보려고 진심으로 노력하라.

9. 상대의 생각과 욕구에 공감하라.

10. 상대의 고상한 동기에 호소하라.

11. 당신의 생각을 극적으로 표현하라.

12. 도전 의욕을 불러일으켜라.

PART

4

반감이나 반발 없이
상대를 변화시키는
9가지 방법

Nine Ways to Change People Without Giving Offense Or
Arousing Resentment

I

칭찬과 감사의 말로
시작하라

IF YOU MUST FIND FAULT,
THIS IS THE WAY TO BEGIN

캘빈 쿨리지 대통령의 초청으로 내 친구 한 명이 백악관에서 주말을 보내게 되었다. 그 친구는 대통령 개인 서재로 들어서다가 대통령이 비서에게 이렇게 말하는 것을 들었다. "오늘 입은 옷이 참 예쁘군. 자네는 정말 매력적인 아가씨야."

그 비서에게는 '침묵의 캘빈'이라고 불릴 정도로 말이 없는 대통령이 이 정도로 칭찬하는 일은 생전 처음이었을 것임이 틀림없었다. 전에 없던 일이고 예상 밖의 일인지라 비서는 당황해 얼굴을 붉혔다. 그러자 대통령이 이렇게 말했다. "그렇다고 너무 우쭐하지는 말게. 기분 좋아지라고 일부러 한 말이니까. 그런데 말이야, 앞으로 문장부호에 좀 더 신경을 써주면 좋겠네."

쿨리지 대통령의 경우는 약간 노골적으로 보이긴 하지만, 그래도 인간

심리에 대한 그의 이해는 훌륭한 것이었다. **언제나 장점에 대해 칭찬을 받고 나면 안 좋은 소리를 듣기가 훨씬 편해지는 법이다.**

이발사는 면도하기 전에 비누칠을 한다. 윌리엄 매킨리가 1896년 대통령 선거에 출마했을 때 사용한 방법이 바로 이런 것이었다. 당시 공화당의 열렬한 당원 한 사람이 선거 연설문을 써왔다. 그 사람은 자신의 글이 키케로와 자유가 아니면 죽음을 달라던 패트릭 헨리, 그리고 대니얼 웹스터 같은 명연설가를 다 합친 것보다도 더 잘 쓴 연설문이라고 생각하고 있었다. 뿌듯해진 그 친구는 자신이 쓴 불멸의 연설문을 매킨리에게 큰 소리로 읽어주었다.

연설문에 장점이 없지는 않았지만, 그대로 사용하기는 어려웠다. 비판의 화살이 쏟아질 게 뻔했다. 매킨리는 그의 감정을 상하게 하고 싶지 않았다. 그의 뛰어난 열정을 죽이지 않으면서도 안 된다고 말해야만 했다. 그가 얼마나 멋지게 이 일을 해냈는지 한번 살펴보자.

미국의 제30대 대통령 캘빈 쿨리지(왼쪽), 미국의 제25대 대통령 윌리엄 매킨리(오른쪽)

매킨리는 그에게 이렇게 말했다. "여보게, 정말 멋지고 훌륭한 연설이 었네. 누구도 이보다 더 잘 쓰지 못할 거야. 아주 정확한 지적을 많이 했군. 그런데 이번 대선과 같은 상황에선 그런 말이 적당할지 잘 모르겠군. 개인의 관점에서 보면 합리적이고 건전한 발언이지만, 나는 당의 관점에서 그 효과를 고려해야 한다네. 돌아가서 내가 한 말을 염두에 두고 다시 한번 연설문을 써서 보내주게나."

그는 매킨리가 시키는 대로 했다. 매킨리는 그의 두 번째 연설문을 검토하고 그가 다시 고쳐 쓸 수 있도록 도와주었다. 그 결과 그는 선거 기간에 훌륭한 연사로 활약했다.

다음에 볼 것은 에이브러햄 링컨 대통령이 쓴 편지 중에 두 번째로 유명한 편지다(링컨의 가장 유명한 편지는 빅스비 여사에게 보낸 것으로 여사가 전쟁으로 다섯 아들을 잃은 것을 애도하는 내용을 담고 있다). 링컨은 이 편지를 5분 안에 써 내려간 것으로 보인다. 이 편지는 1926년 경매에 부쳐졌을 때 1만 2천 달러에 낙찰되었다. 참고로 말하면, 이 금액은 링컨이 50년간 열심히 일해 모을 수 있던 돈보다도 더 많은 금액이었다.

링컨이 이 편지를 쓴 1863년 4월 26일은 남북전쟁에서 북군이 가장 고전 중이던 때였다. 무려 1년 6개월 동안 링컨이 임명한 북군 사령관들은 패배에 패배를 거듭하고 있었다. 그것은 아무런 소득도 없는 미련한 인간 학살에 불과했다.

전국이 공포에 질렸고 수천의 병사들이 탈영했다. 심지어 링컨 자신이 소속된 공화당 의원들까지 반발해 링컨의 퇴진을 요구하기에 이르렀다. 당시 링컨은 "우리는 지금 파멸 직전에 있습니다. 하느님도 우리를 버린 것으로 여겨질 정도입니다. 희망의 빛은 조금도 보이지 않습니다."라고 말했다.

이 편지는 이처럼 어두운 슬픔과 혼란이 가득 찬 시기에 쓰였다. 여기서 이 편지를 인용하는 이유는, 국가의 운명이 장군 한 사람의 행동으로 결정될 수 있던 시기에 제멋대로 행동하는 장군을 바꿔놓기 위한 링컨 대통령의 노력을 알아보기 위해서이다.

이 편지는 아마 링컨이 대통령이 된 후 쓴 편지 중 가장 비판적인 편지일 것이다. 하지만 여러분은 이런 편지에서조차 링컨이 장군의 중대한 잘못을 언급하기 전에 먼저 장군을 칭찬하고 있음을 보게 될 것이다.

후커 장군이 저지른 것은 분명 중대한 잘못이었다. 하지만 링컨은 그렇게 말하지 않았다. 링컨은 더 온건했고 더 외교적이었다. 링컨은 이렇게 썼다. "장군에게 충분히 만족할 수 없는 점이 몇 가지 있습니다." 은근하거나 외교적인 말이란 바로 이런 것을 말하는 것이다.

링컨이 후커 장군에게 보낸 편지는 다음과 같다.

나는 장군을 포토맥 부대의 지휘관으로 임명했습니다. 물론 충분한 이유가 있어서 그렇게 했지만, 그런데도 장군에게 충분히 만족할 수 없는 점이 몇 가지 있음을 장군도 알아주셨으면 합니다.

나는 장군이 용감하고 유능한 군인이라고 믿고 있으며, 그런 점이 마음에 듭니다. 또한 장군이 정치와 자신의 본분을 혼동하지 않는다고 믿고 있으며, 그런 면에서 장군을 바르게 생각하고 있습니다. 장군은 스스로에 대한 확신이 있고, 그런 점은 필수적이라 할 수 없을지는 몰라도 소중한 자질입니다.

장군이 야심을 가진 것은 합리적인 한도 내에서라면 도움이 되는 일입니다. 하지만 번사이드 장군 휘하에 있는 동안 장군은 야심에 사로잡혀 최대한 그의 명령을 불이행함으로써 혁혁한 전공을 쌓은 명예로운 동료 장군과 국가에 중대한 잘못을 저질렀습니다.

나는 장군이 최근 군대와 국가에는 모두 독재자가 필요하다고 말했음을 전해 들어 알고 있습니다. 내가 장군을 지휘관으로 임명한 것은 그 말을 했기 때문이 아니라, 그 말을 했음에도 불구하고 임명한 것임을 당연히 알고 있으리라 생각합니다. 성공을 거둔 장군만이 독재자를 자처할 수 있습니다. 내가 지금 장군에게 요구하는 것은 군사적 성공이며, 그렇게만 할 수 있다면 독재라도 감수할 생각이 있습니다.

정부는 최선을 다해 장군을 도울 것입니다. 지금까지도 그렇게 해왔고, 어떤 지휘관에게라도 그렇게 할 것입니다. 장군은 병사들 사이에 지휘관을 비판하고, 지휘관을 신뢰하지 않는 풍조가 생기도록 했습니다. 이제 그 결과가 장군에게 되돌아오지 않을까 심히 걱정됩니다. 나는 그러한 사태를 방지하기 위해 최선을 다해 도울 생각입니다.

장군은 물론 나폴레옹이 다시 살아난다 해도 그런 분위기가 팽배한 군대를 가지고 좋은 결과를 만들어낼 수는 없을 것입니다. 그러니 경솔한

조지프 후커 장군(왼쪽), 포트맥 부대 석판화(오른쪽)

언동은 삼가고, 전심전력을 다해 전투에 임함으로써 우리에게 승리를 안겨주시기를 바랍니다.

여러분은 쿨리지도 아니고 매킨리도 아니며, 링컨도 아니다. 여러분은 이런 철학이 여러분의 실제 사업 관계에서도 유효한 것인지 알고 싶을 것이다. 과연 유효할까? 사례를 들어 살펴보자.

W. P. 고 씨는 여러분이나 나와 마찬가지로 평범한 시민으로 필라델피아에 있는 와크 컴퍼니에서 일하고 있다. 그는 필라델피아에서 진행된 카네기 강좌의 수강생이었는데, 아래 이야기는 강의 시간에 들려준 그의 이야기 중 하나다.

와크 컴퍼니는 필라델피아에서 정해진 기한까지 대형 사무용 빌딩을 완공하기로 하는 계약을 따냈다. 공사는 일정대로 잘 진척되어 완공을 눈앞에 두고 있었는데 갑자기 빌딩 외벽에 붙일 청동 장식을 납품하기로 한 업체에서 정해진 날까지 납품을 할 수 없다고 알려왔다. 큰일이었다. 공사가 전면 중단될 위기였다. 만약 공사가 중단될 경우, 막대한 배상금을 포함한 손해가 이만저만이 아니었다. 모든 게 단 한 사람 때문이었다. 장거리 통화를 몇 번씩이나 걸고 논쟁을 벌이며 열띤 대화를 나누었지만, 소용이 없었다. 그래서 하청업체와 담판을 벌이기 위해 고 씨가 뉴욕으로 가게 되었다.

"브루클린에 사장님 성함을 가진 사람이 딱 한 사람뿐이란 것을 알고 계신가요?" 고 씨는 하청업체의 사장실로 들어서면서 이렇게 말했다. 사장은 깜짝 놀란 표정이었다. "아뇨, 전혀 몰랐습니다."

"오늘 아침 기차에서 내려서 사장님 회사 주소를 알기 위해 전화번호부를 펼쳐보았는데, 브루클린 지역에 사장님 성함을 가진 사람은 사장님 딱 한 사람밖에 없더군요."

"전혀 몰랐네요." 사장은 이렇게 대답하고는 흥미로운 듯 전화번호부를 뒤져보았다. "정말, 흔치 않은 이름이네요." 사장은 자랑스럽게 말했다. "우리 집안이 네덜란드를 떠나 여기 뉴욕에 정착한 지 거의 2백 년이 지났습니다."라고 하면서 그는 자신의 집안과 선조들에 대해 몇 분간 더 이야기를 이어나갔다. 그가 이야기를 마치자 고 씨는 공장이 정말 크다는 칭찬을 하며 그가 가본 여타 공장들과 비교해봤을 때 훨씬 더 낫다고 이야기했다. "정말 제가 본 공장 중에서 가장 깨끗하고 정돈이 잘되어 있는 공장입니다."

그러자 사장은 "이 사업을 이렇게 일으키는 데 평생을 바쳤습니다. 지금은 무척 자랑스럽답니다. 공장을 좀 둘러보시겠습니까?"라고 말했다.

공장을 둘러보는 동안 고 씨는 제작 시스템을 칭찬하면서 경쟁업체들의 시스템에 비해 어떤 점에서 더 뛰어나 보이는지 들려주었다. 고 씨가 몇 가지 처음 보는 기계들에 대해 언급하자, 사장은 자신이 직접 그 기계들을 발명했노라고 자랑하면서 상당한 시간을 할애해 그 기계들이 어떻게 작동하는지, 그리고 얼마나 좋은 결과가 나오는지 설명해주었다. 그러고는 자기와 점심 식사를 같이하자고 굳이 우겨댔다. 지금까지 고 씨가 방문한 진짜 목적에 대해서는 한마디도 나오지 않았다는 점을 유의하기를 바란다.

점심 식사 후 사장은 이렇게 말했다. "자 이제 사업 이야기를 하시죠. 무슨 일로 오셨는지 물론 알고 있습니다. 하지만 우리의 만남이 이렇게 즐거울 줄은 전혀 예상치 못했습니다. 필라델피아로 돌아가시면 다른 작업을 제쳐놓더라도 주문한 물건은 제시간에 제작해서 납품하겠다며 약속했다고 말씀하셔도 좋습니다."

고 씨는 요청하지도 않았는데 원하던 모든 것을 얻게 되었다. 물건은 제시간에 납품되었고, 건물은 완공 계약 기간이 끝나는 날 완공되었다. 만일 고 씨가 그런 상황에서 대개 사용하는 고압적인 방법을 썼더라면 이런 결과가 나올 수 있었을까?

반감이나 반발을 사지 않으면서 다른 사람을 변화시키고 싶다면, 다음 방법처럼 해보라!

📋 반감이나 반발 없이 상대를 변화시키는 방법 1 ──────

- **칭찬과 솔직한 감사의 말로 시작하라.**
  Begin with praise and honest appreciation.

II

원망받지 않고
비판하는 방법

HOW TO CRITICIZE—
AND NOT BE HATED FOR IT

어느 날 점심 무렵, 찰스 슈워브는 한 제철공장을 돌아보다 담배를 피우고 있는 직원들을 보았다. 직원들 머리 바로 위에는 '금연' 표시가 붙어 있었다. 슈워브가 표시를 가리키며 "글 읽을 줄 모르나?" 하고 말했을까? 절대 그렇지 않았다. 그건 슈워브의 방식이 아니었다.

그는 직원들에게 다가가서 시가를 하나씩 손에 쥐여주며 이렇게 말했다. "어이 친구들, 밖으로 나가서 이 시가를 태워주면 정말 고맙겠네." 자신들이 규칙을 어겼음을 슈워브가 알고 있다는 것을 직원들도 알았다. 하지만 거기에 대해서는 일언반구도 없이 오히려 작은 선물까지 주면서 자신들이 인정받고 있다고 느끼도록 해주었기 때문에 직원들은 이런 슈워브를 존경하게 되었다. 여러분이라 하더라도 어찌 이런 사람을 좋아하지 않을 수 있겠는가?

존 워너메이커도 똑같은 방법을 사용했다. 워너메이커는 필라델피아에 있던 자신의 대형 매장을 매일 돌아보았다. 그러던 어느 날 그는 고객이 계산대에서 기다리고 있는 것을 보게 되었다. 하지만 누구도 그 고객에게 조금의 신경도 쓰지 않고 있었다. 판매사원들? 그들은 계산대 한쪽 구석에 모여서 자기들끼리 잡담을 하며 키득거리고 있었다. 워너메이커는 아무런 말도 하지 않았다. 그는 조용히 계산대로 들어가 자신이 직접 고객의 계산을 처리한 뒤, 판매 사원들에게 물건을 건네주어 포장하게 하고는 자리를 떠났다.

1887년 3월 8일, 설교를 잘하기로 소문난 헨리 워드 비처가 사망했다. 동양식 표현을 빌리자면 유명을 달리했다. 라이먼 애벗은 비처의 사망으로 인해 비어 있는 설교대에서 그다음 일요일에 설교해달라는 요청을 받았다. 최선을 다하기 위해 그는 플로베르처럼 엄청 꼼꼼하게 신경을 써서 설교문을 쓰고 또 고쳐 썼다. 그리고서 설교문을 아내에게 읽어주

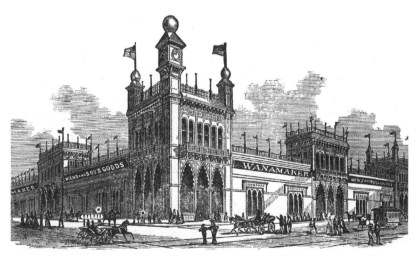

1876년 필라델피아의 존 워너메이커의 의류 하우스

었다. 종이에 쓴 연설문이 대부분 그렇듯 그의 설교문도 형편없었다.

만일 판단력이 떨어지는 아내였다면 이렇게 말했을지도 모르겠다. "여보, 아주 형편없어요. 그거로는 안 되겠어요. 사람들을 다 졸게 할 참이에요? 마치 백과사전을 읽는 것 같아요. 그렇게 오랫동안 설교했는데 이 정도밖에 못 하나요? 세상에, 왜 사람이 말하는 것처럼 말하지 않는 거예요? 좀 더 자연스러울 수 없어요? 그걸 읽으면 톡톡히 망신당할 것 같네요."

그의 아내는 이렇게 말할 수도 있었다. 만일 그랬다면 어떤 일이 벌어졌을지 여러분도 알 것이다. 그의 아내도 물론 알고 있었다. 그래서 그녀는 <노스 아메리칸 리뷰>에 싣는다면 정말 좋은 글이 될 것 같다고 이야기해주었다. 달리 말하면 그의 글을 칭찬하면서도 동시에 연설로는 그리 좋지 않다는 것을 넌지시 암시했던 셈이다. 라이먼 애벗은 말뜻을

미국의 설교가 헨리 워드 비처(왼쪽), 미국의 신학자이자 작가 라이먼 애벗(오른쪽)

알아듣고는 정성스레 준비한 원고를 찢어버리고 심지어 메모 하나 없이 설교했다.

반감이나 반발 없이 상대를 변화시키고자 한다면, 다음 방법처럼 해보라!

📋 반감이나 반발 없이 상대를 변화시키는 방법 2 ────────

- **상대의 실수를 간접적으로 지적하라.**

  Call attention to people's mistakes indirectly.

III

자신의 잘못에 대해
먼저 이야기하라

TALK ABOUT
YOUR OWN MISTAKES FIRST

수년 전 캔자스시에서 살던 내 조카딸 조세핀 카네기가 내 비서가 되 겠다고 집을 떠나 뉴욕으로 왔다. 조세핀은 당시 열아홉 살이었고 고등 학교를 졸업한 지 3년이 되었지만, 사회생활에 대한 경험은 거의 없었 다. 조세핀이 지금은 서구 사회에서 가장 완벽한 비서가 됐지만, 처음에 는 뭐랄까, 개선의 여지가 상당했다.

그런데 하루는 조세핀을 야단치려고 하다가 이런 생각이 들었다. '잠 깐만. 데일 카네기, 잠깐만. 자네는 조세핀보다 나이가 두 배는 많고, 사회 경험은 만 배 많지. 어떻게 걔가 자네가 가진 시각, 판단력, 적극성 등을 가질 수 있겠어? 자네도 그다지 좋지는 않지만 말이야. 그리고 잠깐만, 데일. 자네는 19세 때 무얼 하고 있었지? 그때 자네가 저지른 어리석은 잘못들과 미련한 실수를 기억하지? 이런 실수도 있었고, 저런 잘못도

있었고……'

솔직하고 공정하게 이런 생각을 하고 나자 나는 19세로 볼 때 조세핀의 타율이 적어도 나보다는 높고, 이런 말 하기 부끄럽지만, 조세핀이 마땅히 받아야 할 칭찬도 내가 제대로 못 해주고 있다는 결론을 내리게 되었다.

그래서 그 후 조세핀의 잘못을 지적하고자 할 때 나는 이렇게 말을 시작했다. "조세핀, 여기 실수한 게 있구나. 하지만 내가 그보다 더 큰 실수를 더 많이 했다는 건 하느님도 아신단다. 판단력은 태어날 때부터 갖고 나오는 게 아니라 경험을 통해 얻어지는 것이야. 그리고 너는 내가 너만 할 때보다 훨씬 낫다. 나는 멍청하고 바보 같은 짓을 너무 많이 저질렀기 때문에 너든 누구든 비판하고 싶은 생각이 조금도 없다. 하지만 네가 이러저러한 식으로 했다면 훨씬 더 현명한 일이었을 것으로 생각하지 않니?"

비판을 하는 사람이 먼저 겸손하게 자신 또한 완벽한 사람이 아니라는 것을 인정하면서 시작한다면 잘못을 되풀이해 지적하는 경우라도 조금은 받아들여지기가 수월할 것이다.

기품 있기로 알려진 베른하르트 폰 뷜로 후작은 이미 1909년에 이런 방식의 필요성을 절감했다. 폰 뷜로는 빌헬름 2세가 다스리는 독일 제국의 총리였다. 당시 독일 황제 빌헬름 2세는 어떤 나라라도 쓸어버릴 수 있을 만큼 강력한 육군과 해군을 보유하고 있다고 자랑했기에 '오만한 빌헬름', '도도한 빌헬름', '최후의 독일 황제 빌헬름' 등으로 불리고 있었다.

그런데 그때 놀라운 일이 일어났다. 황제가 어떤 이야기를 했는데, 그것은 믿기 힘든 이야기였지만 그 말로 인해 유럽 대륙이 요동치고 세계 각처에서 폭발음이 들리기 시작했다. 황제는 어리석고 이기적이며 터무니없는 그 발언을 영국 방문길에 공개적으로 했으며, 또한 그 발언을 〈데일리 텔레그래프〉에 실어도 좋다고 허락했기 때문에 상황은 걷잡을 수 없이 악화됐다. 그가 한 말은 다음과 같았다. "황제 자신은 영국에 우호적인 유일한 독일 사람이다. 일본의 침략에 대비하기 위해 해군을 양성하고 있다. 황제 자신이, 그리고 자신만이, 영국이 러시아와 프랑스에 짓밟혀 나뒹구는 것을 막아주었다. 남아프리카에서 영국의 로버츠 경이 보어인을 물리칠 수 있었던 것은 황제 자신이 세운 전투 작전 때문이었다……."

그 이전 100년 동안 유럽에 있는 어떤 왕들도 평화적인 시기에 이처럼 놀라운 말을 쏟아낸 적이 없었다. 온 유럽 대륙이 벌집을 쑤신 듯 소란스러웠다. 예기치 않은 대소동에 겁을 집어먹은 황제는 폰 뷜로에게 대신 책임져달라고 요청했다. 황제는 폰 뷜로가 "모든 책임은 황제에게

베른하르트 폰 뷜로 후작(왼쪽), 빌헬름 2세의 인터뷰가 실린 1908년 〈데일리 텔레그래프〉의 헤드라인(가운데), 빌헬름 2세(오른쪽)

잘못 조언한 나에게 있다."라고 발표하기를 원했던 것이다.

그에 대해 폰 뷜로는 이렇게 대꾸했다. "황제 폐하, 독일인이나 영국인 중에 제가 황제 폐하에게 그런 말을 하도록 조언했다고 믿을 사람은 하나도 없을 것으로 보입니다."

폰 뷜로는 이 말을 뱉는 순간 자신이 커다란 실수를 저질렀음을 깨달았다. 황제는 불같이 화를 냈다. "당신은 내가 어리석어서 당신이라면 절대 저지르지 않을 잘못을 저질렀다고 생각하는구려."

폰 뷜로는 비판을 하기 전에 칭찬해야만 했음을 알고 있었다. 하지만 이미 너무 늦어버렸으므로 그는 차선책을 택했다. 비판한 후에 칭찬하는 것이었다. 그리고 종종 칭찬이 그러는 것처럼 그 결과는 놀라웠다.

그는 겸손하게 이렇게 대답했다. "절대 그런 뜻이 아닙니다. 여러 면에서 황제 폐하가 저보다 훨씬 뛰어나신 분입니다. 해군이나 육군에 대한 지식은 물론이거니와, 무엇보다도 자연과학에 뛰어나신 분입니다. 황제 폐하께서 기압계나 무선 전신, 혹은 뢴트겐 광선(X선)에 관해 설명하실 때 저는 감탄하며 들었던 적이 종종 있습니다. 저는 부끄럽게도 어떤 분야의 자연과학에도 무지해 화학이나 물리학이 뭔지 알지도 못하고 가장 단순한 자연 현상도 설명하지 못합니다. 하지만 그에 대한 보상인지 모르지만, 역사에 대해서는 약간의 지식이 있고, 정치 특히 외교에 유용한 어떤 자질도 갖고 있지 않나 생각하고 있습니다."

황제의 얼굴이 밝아졌다. 폰 뷜로가 황제를 칭찬했다. 폰 뷜로는 황제를 높이 세우고 스스로 몸을 낮추었다. 그러자 황제는 어떤 것이라도 용서할 수 있을 것 같았다. 황제가 열띤 목소리로 감탄하듯 말했다. "우리는 놀라울 정도로 서로 보완적인 관계라고 내가 말하지 않았소? 우리는 함께 가야지. 그러고말고."

황제는 폰 뷜로의 손을 잡고 흔들었다. 그것도 한 번이 아니라 여러 번이었다. 그리고 그날 오후 황제는 열정에 넘쳐서 주먹을 불끈 쥐며 이렇게 이야기했다. "누구든 내 앞에서 폰 뷜로에 대해 안 좋은 이야기를 하면 주먹으로 콧대를 부러뜨려놓을 것이오."

폰 뷜로는 너무 늦지 않게 화를 모면할 수 있었다. 하지만 빈틈없는 외교관인 그도 한 가지 실수를 저질렀다. 그는 황제가 좀 모지란 사람이라 누가 돌봐줘야 한다는 암시를 풍기기 이전에, 자신의 부족한 점과 황제의 뛰어난 점을 언급하는 것으로 시작해야 했었다.

자신을 낮추고 상대를 칭찬하는 말 몇 마디만으로도 모욕감을 느끼던 오만한 황제를 절친한 친구로 만들 수 있다면, 겸양과 칭찬이 우리

1910년대에 프레데릭 버 오퍼가 그린 빌헬름 2세의 풍자화

일상생활에서 얼마만 한 일을 할 수 있는지 상상해보라. 제대로 사용한다면 겸양과 칭찬은 인간관계에서 실질적인 기적을 만들어낼 것이다.

반감이나 반발 없이 상대를 변화시키고자 한다면, 다음 방법처럼 해보라!

반감이나 반발 없이 상대를 변화시키는 방법 3

- **상대를 비판하기 전에 자신의 잘못에 대해 먼저 이야기하라.**
  Talk about your own mistakes before criticizing the other person.

IV

명령받고 싶은 사람은
아무도 없다

NO ONE
LIKES TO TAKE ORDERS

최근 나는 미국 전기 작가들의 대모라 할 수 있는 아이다 타벨 여사와 식사를 함께할 기회가 있었다. 그 자리에서 나는 여사에게 이 책을 쓰고 있다고 말했다. 우리는 '사람들과 사이좋게 어울리는 법'이라는 지고의 주제에 관해 활발하게 의견을 교환했으며, 이와 관련한 여사의 경험도 들을 수 있었다.

여사가 오웬 D. 영의 전기를 쓰고 있을 때였다. 여사는 영과 3년째 같은 사무실을 쓰는 사람을 인터뷰한 적이 있었다. 그 사람은 자기가 죽 봐왔는데 오웬 D. 영이 다른 사람에게 직접 명령을 내리는 걸 본 적이 한 번도 없다고 단언했다.

영은 언제나 명령이 아닌 제안을 했다. 이를테면 오웬 D. 영은 절대로 "이렇게 하시오.", "저렇게 하시오.", 아니면 "이렇게 하지 마시오.", "저렇게 하지 마시오."라고 하지 않았다. 그는 언제나 "이런 것도 고려해야 하지 않을까요?" "이렇게 하면 될 것 같습니까?" 하고 말했다. 편지를 구술시키고 난 후에는 종종 "이렇게 쓰는 게 어떤가요?"라고 이야기하곤 했다. 비서가 써온 편지를 검토한 후에는 "이런 식으로 고치면 더 좋을 것 같네요."라고 말했다. 그는 언제나 사람들에게 본인이 직접 일을 처리할 수 있도록 기회를 주었다. 그는 비서들에게 결코 일을 시키는 법이 없었다. 비서들이 일하도록 놔두고, 실수를 통해 배우도록 했다.

이와 같은 테크닉은 상대가 쉽게 자신의 실수를 바로잡을 수 있게 만들어준다. 또한 상대의 자존심을 살려주고 상대에게 인정받고 있다는 생각이 들도록 한다. 이를 통해 반발 대신에 협력하려는 마음이 생기게 하는 것이다.

반감이나 반발 없이 상대를 변화시키고자 한다면, 다음 방법처럼 해보라!

📋 반감이나 반발 없이 상대를 변화시키는 방법 4 ─────────

- **직접적으로 명령하지 말고 질문을 하라.**

  Ask questions instead of giving direct orders.

체면을 세워줘라

LET THE OTHER MAN
SAVE HIS FACE

오래전 제너럴 일렉트릭 컴퍼니(GE)는 찰스 스타인메츠를 부서장 자리에서 끌어내려야 하는 까다로운 문제에 봉착했다. 스타인메츠는 전기에 관해서는 타의 추종을 불허했지만, 회계 부서의 부서장으로는 부적격이었다. 하지만 회사로서는 그의 감정을 상하게 하고 싶지 않았다. 그는 여전히 필요한 존재였다. 하지만 그는 대단히 예민한 사람이기도 했다. 그래서 회사에서는 'GE 컨설팅 엔지니어'라는 새로운 직위를 만들어 그에게 부여했다. 그가 예전에 하던 일과 같은 일이었다. 그리고 회계 부서에는 새로운 부서장을 임명했다.

스타인메츠는 만족했다. 회사 간부들도 만족스럽기는 마찬가지였다. 체면을 세워주는 방법으로 무척 까다로운 유명 인사의 문제를 깔끔히, 아무런 잡음 없이 처리했기 때문이다.

상대의 체면을 세워줘라! 이 얼마나 중요한, 절대적으로 중요한 일인가! 그런데 잠시라도 짬을 내어 그런 생각을 하는 사람은 몇이나 되는가!

우리는 상대의 감정 따윈 거들떠보지도 않고 우리 고집대로 한다. 흠을 잡고, 위협을 하고, 다른 사람들 앞에서 자녀나 종업원을 나무란다. 심지어 상대의 자존심에 상처를 입히는 것인데도 전혀 개의치 않는다. 잠시 생각을 가다듬거나 사려 깊은 말 한두 마디만 하면, 그리고 상대의 태도에 대한 진정한 이해를 보여주기만 하면 상대가 받는 아픔이 훨씬 줄어드는데도 말이다.

앞으로 하인이나 종업원을 해고하는 것과 같이 편치 않은 상황이 닥칠 때 이 점을 기억하도록 하자.

해고당하는 일이야 더 말할 것도 없겠지만, 직원을 해고하는 일도 그다지 유쾌한 일은 아닙니다. (나는 지금 공인회계사인 마셜 A. 그레인저가 내게 보낸 편지를 인용하고 있다) 우리 일은 한 철 장사가 대부분이라 3월이 되면 많은 사람을 내보내야 합니다.

사람을 자르는 일이 유쾌하지 않다는 것은 우리 직종에 있는 사람들은 누구나 다 아는 이야기입니다. 따라서 가능하면 간단히 처리하는 관습이 자리 잡게 되었는데, 대개는 다음과 같습니다.

"스미스 씨, 앉으시죠. 시즌이 끝나서 더는 일을 드릴 수가 없을 것 같습니다. 물론 시즌 동안만 일한다는 조건으로 채용되었다는 점은 이미 알고 있으리라 생각합니다. 등등…….'

이 말을 들으면 상대는 실망감과 함께 '모멸감'을 갖게 됩니다. 그들 대부분은 평생 회계 분야에서 일한 사람이지만, 자신들을 그토록 아무렇지도 않은 듯이 해고하는 회사에 대해서는 손톱만큼의 애착을 두지 않습니다.

최근 나는 나머지 인력을 내보낼 때 좀 더 지혜롭고 사려 깊은 방법을 써야겠다고 마음먹었습니다. 그래서 면담하기 전에는 반드시 그가 겨울 동안 한 일을 꼼꼼히 살펴보았습니다. 그러고 나서 이런 식으로 이야기 했습니다.

"스미스 씨, 일을 정말 잘해주셨습니다(실제로 일을 잘한 경우의 이야기 입니다). 지난번 뉴욕 출장 건은 힘든 일이었더군요. 어려우셨을 텐데도 잘 끝내고 오신 점에 대해 회사로서는 자랑스럽게 생각하고 있습니다. 능력이 있으신 분이니 어디에서 일해도 잘하실 수 있을 것입니다. 우리가 스미스 씨를 믿고 있으며 언제나 성원을 보내고 있다는 점을 잊지 말아 주시기 바랍니다."

그 결과 사람들은 해고당하는 것에 대해 전보다 훨씬 편한 마음을 가지게 되었습니다. '모멸감'도 느끼지 않게 되었습니다. 만일 일이 있기만 했다면 해고하지 않았으리란 점을 그들도 압니다. 그리고 다시 회사가 그들을 필요로 할 때 그들은 우리 회사에 개인적으로 상당한 애정을 가지고 와줍니다.

작고한 드와이트 머로는 핏대를 세우며 다투기를 좋아하는 사람들을 화해시키는 데 비상한 재주를 갖고 있었다. 어떻게 했을까? 그는 양측에서 정당하고 옳은 부분을 세심하게 찾아내 그 부분을 칭찬하고, 강조하며, 조심스럽게 드러나게 했다. 그리고 어떤 식으로 해결이 되더라도 어느 쪽도 틀린 편이 되지 않도록 만들었다.

바로 이것, 즉 상대의 체면을 세워줘야 한다는 것은 진정한 중재자라면 누구나 알고 있어야 한다. 진짜 위대한 사람, 즉 평범한 세계를 넘어선 사람은 자신의 개인적인 승리에 희희낙락하며 시간을 보내지 않는다. 예를 들어보자.

1922년, 수백 년에 걸친 극심한 대립 끝에 터키 사람들은 자국 영토에서 그리스 사람들을 영원히 몰아내야 한다는 결정을 내렸다. 무스타파 케말은 병사들에게 나폴레옹처럼 원대한 포부를 담은 연설을 했다. "여러분의 목표는 지중해다." 이 연설과 함께 현대사에서 가장 치열한 전쟁이 일어났다. 승리한 쪽은 터키였다. 그리스의 두 장군, 트리코피스와 디오니스가 항복하기 위해 케말이 있는 곳으로 가는 동안 터키 사람들은 굴복한 적에게 끝없는 저주를 퍼부어댔다.

하지만 케말의 태도는 전혀 승리자의 것이 아니었다. "여러분, 앉으십시오." 케말이 그들의 손을 잡으며 말했다. "피곤하시죠." 그런 후 전쟁에 대해 상세히 의견을 교환하고 나서, 그는 그들이 패배를 너무 심각하게 받아들이지 않도록 했다. 그는 군인 대 군인의 처지에서 이렇게 말했다. "전쟁이란 게임과 같아서 뛰어난 사람이 지는 경우도 가끔 있습니다."

주체할 수 없는 승리의 기쁨 속에서도 케말은 이 중요한 규칙을 기억하고 있었다.

📋 반감이나 반발 없이 상대를 변화시키는 방법 5

- **상대의 체면을 세워줘라.**
  Let the other person save face.

VI

사람들을
성공으로 이끄는 방법

HOW TO SPUR PEOPLE
ON TO SUCCESS

피트 발로는 내 오랜 친구다. 그는 동물 쇼를 하면서 오랫동안 서커스 단과 곡예단을 따라 떠돌아다녔다. 나는 피트가 새로운 개를 데려다가 쇼에 내보낼 수 있게 훈련하는 것을 구경하길 좋아했다. 나는 개가 조금 이라도 더 잘하면 그가 쓰다듬으며 칭찬하고 고기를 주는 등 야단법석 을 떠는 것을 보았다.

그것은 새로운 방법이 아니었다. 동물 조련사들은 그와 같은 방법을 수백 년 전부터 사용해왔다.

그런데 왜 우리는 개를 훈련할 때 사용하는 것과 똑같은 상식을 사 람을 변화시키고자 할 때는 쓰지 않는 것일까? 왜 우리는 채찍 대신에 고기를 쓰지 않는 것일까? 왜 우리는 비난 대신에 칭찬을 사용하지 않 는 것일까? **조그마한 진전이라도 보이면 칭찬을 해주도록 하자. 그러면**

상대는 더욱 분발하게 되는 법이다.

루이스 E. 로스 교도소장은 범죄 행위에 대한 가책조차 느끼지 않는 싱싱 교도소의 수감자들이라 하더라도 조그마한 발전을 칭찬해주면 변화가 생긴다는 사실을 발견했다. 바로 이 부분을 쓰는 도중에 루이스 소장으로부터 편지를 받았다. 내용을 보면 다음과 같다. "재소자들의 노력에 대해 적절하게 칭찬하는 것이 잘못을 심하게 비판하거나 비난하는 것보다 그들의 협력을 얻어내고, 그들이 최종적으로 사회에 재적응하는 것을 증진하는 데 훨씬 더 나은 결과를 가져온다는 사실을 발견했습니다."

나는 '싱싱'에 갇혀본 적이 없다. 적어도 지금까지는 그렇다. 하지만 나 자신의 삶을 돌아보며 몇 마디 칭찬의 말이 그 후의 내 인생을 송두리째 바꿔놓은 때가 있음을 알 수 있다. 여러분의 인생에서도 이와 똑같은 일을 볼 수 있지 않은가? 역사에는 칭찬이 부리는 마술을 보여주는 놀라운 예가 수도 없이 많다.

예를 들면, 50년 전 열 살 난 소년이 나폴리에 있는 공장에서 일하고 있었다. 그는 가수가 되고 싶었으나 그의 첫 번째 선생님이 기를 꺾어놓았다. 그 선생님은 소년에게 이렇게 이야기했다. "너는 노래를 할 수 없어. 네 목소리에는 울림이 전혀 없어. 네 목소리는 꼭 문틈으로 새는 바람 소리처럼 들린다."

하지만 가난한 농부였던 소년의 어머니는 아들의 어깨를 감싸 안으며 칭찬하고, 그가 노래를 잘할 수 있으며 벌써 나아지고 있다고 이야기해주었다. 그리고 돈을 아껴 소년의 음악 수업 비용을 충당하려고 맨발로 걸어 다니기도 했다. 농부였던 어머니의 칭찬과 격려가 소년의 인생을 바꿔놓

있다. 여러분도 그에 대해 들어보았을 것이다. 그의 이름은 카루소였다.

오래전 런던에서 작가가 되기를 희망한 소년이 있었다. 그러나 그에게 우호적인 조건은 하나도 없었다. 그가 학교에 다닌 기간은 4년에 불과했다. 아버지는 빚에 시달리다 감옥에 들어갔고, 소년은 굶주림에 시달려야 했다. 마침내 일자리를 잡았으나, 그 일은 쥐가 들끓는 공장에서 검정 물감 깡통에 상표를 붙이는 일이었다. 그는 밤이면 런던 빈민가를 떠돌아다니던 부랑아 소년 둘과 함께 음침한 다락방에서 잠을 잤다.

그는 자기의 글 쓰는 능력에 자신이 없었기 때문에, 다른 사람의 비웃음을 사지 않으려고 한밤중에 몰래 나가 초고를 출판사로 보내곤 했다. 계속해서 작품을 보냈지만 모두 반송되었다. 그러다 마침내 기념비적인 날이 왔다. 작품 하나가 받아들여진 것이다. 원고료는 한 푼도 받지 못했지만, 그는 한 편집장의 칭찬을 받았다. 한 사람의 편집장은 그를 인정했다. 그는 너무 기쁜 나머지 뺨에 눈물이 흘러내리는 것도 아랑곳하지 않고 거리를 정처 없이 헤매고 다녔다.

작품 한 편이 인쇄되어 나옴으로써 그 소년이 받은 칭찬과 인정은 그의 인생을 완전히 바꾸어놓았다. 그 격려가 없었더라면 그는 쥐가 득실대는 공장에서 일하면서 생애를 마쳤을지도 모를 일이기 때문이다. 여러분은 그 소년의 이름도 들어보았을 것이다. 그의 이름은 찰스 디킨스였다.

지금부터 50년 전, 또 한 소년이 런던의 한 포목점에서 점원으로 일하고 있었다. 그는 아침 5시에 일어나 가게를 청소한 후 하루 14시간 동안 노예처럼 일해야만 했다. 그것은 매우 고된 노역이었고, 소년은 그게 너무나 싫었다. 2년 정도가 흐르자 소년은 더는 참을 수가 없었다. 그래서 어느 날 아침 일어나자마자 소년은 해가 뜨기를 기다리지도 않고 15

찰스 디킨스(왼쪽), 찰스 디킨스가 지은 『올리버 트위스트』(가운데)와 『크리스마스 캐럴』의 삽화(오른쪽)

마일을 걸어서 가정부로 일하고 있던 어머니를 찾아갔다.

소년은 미쳐 날뛰기도 하고, 애원하기도 하고, 울기도 했다. 가게에 있을 바에는 차라리 죽는 게 낫다고 어머니에게 호소했다. 그러고 나서 그는 모교의 교장 선생님께 자신은 너무 상심이 커서 더는 살고 싶지 않다는 애절한 내용의 긴 편지를 써 보냈다. 교장 선생님은 먼저 그를 칭찬하고 난 뒤, 그가 매우 똑똑할 뿐 아니라 지금보다 나은 일을 할 만한 사람이라고 확신시켜주면서 그에게 선생님이 되는 게 어떠냐고 제안했다.

이때의 칭찬이 소년의 미래를 바꿔놓았을 뿐 아니라, 영국 문학사에 흔적을 길이 남길 수 있게 만들었다. 소년은 그 후 77권의 책을 저술하고, 펜으로만 1백만 달러 이상의 부를 쌓았다. 아마 그 소년의 이름도 들어보았을 것이다. 그는 『타임머신』의 작가 H. G. 웰스였다.

1922년 캘리포니아주 외곽에 아내를 부양하며 힘든 시절을 보내고 있던 어떤 남자가 있었다. 그는 일요일에는 교회 성가대에서 노래했고, 가끔 결혼식에서 '오 프라미스 미'를 불러 5달러를 벌기도 했다. 집안이 너무 어려웠으므로 시내에 살 수 없었던 그는 포도 농장 한가운데 있는

H. G. 웰스(왼쪽), 『타임머신』 표지(가운데), H. G. 웰스의 이름을 띤 달의 분화구(오른쪽)

낡은 집을 세내어 살았다. 월세가 12달러 50센트밖에 안 드는 집이었다. 이렇게 월세가 낮았지만, 돈이 없어 이미 열 달째 월세를 못 내고 있었다. 그는 포도 농장에서 포도 따는 일을 하면서 밀린 월세를 조금씩 갚아나갔다. 그는 내게 포도 말고는 먹을 게 없던 시절도 있었다고 이야기해주었다. 너무 의기소침해진 그는 가수로서의 꿈을 접고 생계를 위해 트럭을 팔 생각을 하고 있었는데, 그때 마침 루퍼트 휴스의 칭찬을 들었다. 루퍼트 휴스는 그에게 이렇게 말했다. "자네는 위대한 가수가 될 자질이 있네. 뉴욕에 가서 공부해야 해."

그 젊은 친구는 최근 내게 그 자그마한 칭찬이, 그 약간의 격려가 인생에 전환점이 되었다고 털어놓았다. 그 말을 듣고 그는 2천 5백 달러를 빌려 동부로 갔기 때문이다. 여러분도 그의 이름을 들어보았을 것이다. 그는 바로 미국 서부 출신의 전설적인 바리톤 로렌스 티베트였다.

우리는 지금 사람을 변화시키는 방법에 관해 이야기하고 있다. 여러분이나 내가 상대에게 영감을 불어넣어 그가 숨겨진 보물을 갖고 있다는 사실을 깨닫게 한다면, 우리는 사람을 단순히 변화시키는 것을 넘어서서 문자 그대로 완전히 다른 사람이 되게 할 수도 있다.

과장으로 들리는가? 그렇다면 하버드대학 교수이며 미국이 낳은 가장 뛰어난 심리학자이자 철학가인 윌리엄 제임스의 말을 들어보자.

우리가 가진 잠재성에 비추어볼 때 우리는 단지 절반 정도만 깨어 있다. 우리는 우리가 가진 육체적·정신적 자원의 일부만을 사용하고 있을 뿐이다. 이것을 일반화해 이야기해보자면 개개인의 인간은 그럼으로써 자신의 한계에 한참 못 미치는 삶을 영위하고 있다. 인간은 습관상 활용하지 못하고 있는 다양한 종류의 능력을 소유하고 있다.

지금 이 책을 읽고 있는 여러분에게도 여러분이 습관적으로 활용하지 않고 남겨둔 다양한 종류의 능력이 있다. 그리고 여러분이 충분히 활용하지 않고 있는 능력 중에는 상대를 칭찬하고 영감을 불어넣어 상대가 자신의 잠재 능력을 깨닫도록 하는 마법의 능력도 있다.

반감이나 반발을 사지 않으면서 상대를 설득하고자 한다면, 다음 방법처럼 해보라!

📋 반감이나 반발 없이 상대를 변화시키는 방법 6

- **아주 조금의 진전이라도 칭찬하라. 어떤 진전이든 칭찬하라.**
  "진심으로 인정하고 아낌없이 칭찬하라."
  Praise the slightest improvement and praise every improvement.
  Be "hearty in your approbation and lavish in your praise."

VII

개에게도 착한 개라고
말해주어라

VE THE DOG
A GOOD NAME

내 친구 어니스트 겐트 부인은 뉴욕 스카스데일에서 살고 있었다. 그녀는 어느 날 하녀를 고용해서 다음 월요일부터 출근하라고 했다. 그 사이 그녀는 하녀가 전에 일하던 집에 전화를 걸어 그녀에 관해 물어보았다. 그런데 무척 문제가 많았다. 하녀가 일하러 오자 그녀는 이렇게 말했다. "넬리, 전에 네가 일하던 집에 전화해보았단다. 그 집 안주인은 네가 정직하고 믿을 만하며 요리도 잘하고 아이들도 잘 돌본다고 하더구나. 하지만 네가 지저분하고 집을 잘 정리하지 않는다는 말도 했단다. 하지만 나는 그 사람이 거짓말을 했다고 생각한다. 너는 복장이 단정해. 그건 누가 봐도 알 수 있지. 네가 옷 입는 거와 마찬가지로 집도 깨끗하게 정돈할 것이라고 믿어 의심치 않는다. 너랑 나는 좋은 관계가 될 것 같구나."

그래서 실제로 그렇게 됐다. 넬리에 대한 좋은 평가는 그녀가 지켜야 할 기준이 되었다. 그리고 넬리는 그 기준에 맞추어 행동했다. 집 안은 언제나 반짝반짝하게 유지되었다. 겐트 부인의 기대를 저버리기보다 차라리 일과 후에라도 집 안을 닦고 털고 하는 데 한 시간을 더 들이려 했다.

볼드윈 로코모티브 웍스 사의 사장 새뮤얼 보클레인은 이렇게 말했다. "대개의 사람은 그들이 존경하는 사람이 자신들이 가진 어떤 능력을 높이 평가하고 있음을 보여주는 경우, 그가 이끄는 대로 쉽게 움직인다."

간단히 말해 상대의 어떤 부분을 개선하고자 한다면, 문제의 특성이 이미 상대의 뛰어난 점 중의 하나인 것처럼 행동해야 한다. 셰익스피어는 다음과 같이 말했다.

내가 못 가진 덕성은 가진 것처럼 행동하라.
Assume a virtue if you have it not.

상대에게 어떤 장점을 계발시켜주고 싶다면 공개적으로 상대가 그런 장점을 갖고 있다고 생각하면서 말하는 것이 좋다. 상대에게 그가 지키고 싶을 만한 괜찮은 평판을 주어라. 그러면 상대는 여러분이 실망하는 것을 보지 않기 위해서라도 열심히 노력하는 편을 택할 것이다.

조제트 르블랑은 저서 『추억, 마테를링크와 함께한 내 인생』에서 벨기에 출신의 미천한 신데렐라가 고귀한 모습으로 변해가는 놀라운 과정을 묘사하고 있다.

이웃 호텔의 하녀가 내게 식사를 날라다 주는 일을 맡았다. 호텔에 들어와 처음 한 일이 식기 닦는 일이었기 때문에 그녀는 '접시닦이 마리'라는 별명을 갖고 있었다. 눈은 사팔뜨기이고 다리는 안짱다리여서 보기에도 흉했다. 육체와 영혼 모두가 별 볼 일 없는 아이였다.

하루는 내 식사로 마카로니를 가져왔는데 그녀의 손에 마카로니 소스가 잔뜩 묻어 빨개져 있었다. 그것을 보고 나는 그녀에게 대뜸 이렇게 말을 했다. "마리, 너는 네 안에 어떤 보물이 들어 있는지 전혀 모르고 있구나."

감정을 숨기는 데 익숙해 있던 마리는 야단맞을까 두려운 듯 조금도 움직이지 못하고 마냥 서 있었다. 그렇게 몇 분이나 흘렀을까. 이윽고 마리는 탁자 위에 접시를 내려놓고 나서 한숨을 내쉬고는 진심 어린 목소리로 이렇게 말했다. "마님, 마님께서 말씀해주시지 않았다면 저는 결코 그렇게 생각하지 못했을 거예요." 그녀는 의심하지도 않았고 의문을 제기하지도 않았다.

그녀는 그저 부엌으로 되돌아가서 내가 한 말을 두고두고 되풀이했다. 그녀가 너무나 확고하게 그 말을 믿고 있었기에 아무도 그녀를 놀리지 않았다. 더 나아가 그날부터 그녀를 눈여겨보게 되었다.

하지만 무엇보다도 신비한 변화는 그 보잘것없던 마리 자신에게서 일어나고 있었다. 자신 안에 보이지 않는 경이로움이 있다고 믿게 되자, 그녀는 자신의 용모와 신체를 정성스레 가꾸기 시작했다. 그러자 지금껏 감추어져 있던 젊음이 피어나기 시작했고, 못생긴 외모도 어느 정도 감추어졌다.

두 달 뒤 내가 그곳을 떠날 때 마리는 주방장의 조카와 결혼하게 되었다는 소식을 전해주었다. "저도 이제 어엿한 귀부인이 될 거예요."라고 말하며 마리는 내게 감사의 말을 했다. 몇 마디 말이 한 소녀의 인생을 통째로 바꾸어놓았던 것이었다.

프랑스의 소프라노 조제트 르블랑(왼쪽), 조제트 르블랑의 남편이자 벨기에의 극작가인 모리스 마테를링크(오른쪽)

조제트 르블랑은 '접시닦이 마리'에게 지키고 싶은 좋은 평판을 주었고, 그 평판은 그녀의 삶을 변모시켜놓았다.

헨리 클레이 리스너가 프랑스에 주둔 중인 미 보병부대 병사들의 품행을 개선하고자 했을 때도 이와 똑같은 방법을 사용했다. 미국에서 가장 유명한 장군 제임스 G. 하보드가 리스너에게 프랑스에 주둔 중인 2백만의 미군 보병들이 자신이 직접 보거나 아니면 책에서 읽은 군인 중에서 가장 깨끗하고 이상적이라고 생각한다고 이야기했다.

과장된 칭찬일까? 그럴지도 모른다. 하지만 리스너가 이 말을 듣고 어떻게 했는지 살펴보자. 그는 이렇게 쓰고 있다.

나는 기회가 있을 때마다 병사들에게 장군이 이렇게 이야기했다고 말하고 다녔습니다. 한 번도 그 말이 사실인지 아닌지 의심하지 않았습니

1918년 프랑스 투르에서 촬영한 사진. 제임스 G. 하보드(왼쪽에서 4번째 인물)는 제1차 세계 대전 때 미국 원정군(AEF) 사령관인 퍼싱(왼쪽에서 3번째 인물)과 협력하여 작전을 수행하였다.

다. 설혹 사실이 아니라고 하더라도, 하보드 장군이 그렇게 생각한다는 것을 아는 것만으로도 병사들이 그 기준에 맞추고자 노력할 것이라는 점을 알고 있었기 때문입니다.

옛말에 이런 말이 있다. '미친개라고 낙인을 찍는 것은 그 개의 목을 매다는 것이나 마찬가지다.' 그렇다면 좋은 개라고 말해주면 어떻게 될까?

부자이건 가난뱅이건, 거지이건 도둑이건, 대다수 사람은 자신이 정직하다는 평판이 나면 그 평판대로 살려고 한다.

싱싱 교도소 소장으로 죄수들에 대해서라면 누구보다도 잘 아는 로스는 이렇게 이야기한다. "악당을 다뤄야만 하는 상황에서 그를 이길 수 있는 유일한 방법은 그 사람을 존경할 만한 사람처럼 대해주는 것뿐이다. 그가 그 정도 대우를 당연히 받을 만하다고 여겨라. 그렇게 대해주면 누군가 자신을 믿어준다는 것에 뿌듯한 그도 기분이 좋아져 그런 대우에 걸맞게 행동하게 된다."

이 말은 너무나 좋은 말이고, 중요한 말이기 때문에 한 번 더 적어보겠다. "악당을 다뤄야만 하는 상황에서 그를 이길 수 있는 유일한 방법은 그 사람을 존경할 만한 사람처럼 대해주는 것뿐이다. 그가 그 정도 대우를 당연히 받을 만하다고 여겨라. 그렇게 대해주면 누군가 자신을 믿어준다는 것에 뿌듯한 그도 기분이 좋아져 그런 대우에 걸맞게 행동하게 된다."

반감이나 반발을 사지 않으면서 상대의 행동에 영향을 미치고자 한다면, 다음 방법처럼 해보라!

반감이나 반발 없이 상대를 변화시키는 방법 7

- **상대가 지키고 싶은 좋은 평판을 주어라.**
  Give a man a fine reputation to live up to.

VIII

고치기 쉬운
잘못이라고 말하라

MAKE THE FAULT

SEEM EASY TO CORRECT

얼마 전 마흔쯤 된 내 친구가 독신 생활을 접고 약혼을 했는데, 약혼녀의 설득으로 늦은 나이에 댄스 교습을 받게 되었다. 그러고 나서 내게 그때의 일을 이야기해주었다.

내가 댄스 교습을 받아야 한다는 건 누구나 알 만한 일이었지. 내 춤은 내가 20년 전에 춤을 추기 시작했을 때 그대로니까 말이야. 내 첫 번째 선생은 아마도 내게 진실을 말해주었을 거야. 그녀는 내 춤이 정말 엉망이라서 모두 다 잊고 처음부터 다시 시작해야 한다고 말했지. 하지만 그 말을 듣자 배우고 싶은 마음이 싹 달아나버리고 말았다네. 의욕이 생기지 않더군. 그래서 그만두고 말았지.

그다음 만난 선생은 아마 거짓말을 했을지도 모르지만 내 마음에는 들었다네. 그녀는 별일 아니라는 듯이 내 춤이 조금 구식이긴 하지만 기본은 제대로 되어 있으니 새로 몇 가지 스텝 정도 배우는 건 그리 어렵지 않을 거라고 확신시켜주더군.

첫 번째 선생은 잘못을 지적해 내 의욕을 꺾어놓았는데 새로운 선생은 그와는 정반대였어. 내가 잘한 건 칭찬을 하고 실수는 가볍게 넘겨주었지. "리듬 감각을 타고나셨네요." "정말 타고난 춤꾼이시네요." 그녀는 이렇게 이야기해주더라고. 나도 상식이 있으니 내가 4류 댄서이고, 앞으로도 그러리라는 것 정도는 알지. 하지만 내 마음 깊은 곳에서는 그녀의 말이 사실일 수도 있다고 생각하고 싶었다네. 분명한 건 내가 돈을 내니까 그녀가 그런 말을 한다는 건데, 그걸 들춰내 봐야 뭐하겠나?

어쨌거나 내가 리듬 감각을 타고났다는 이야기를 듣기 전보다는 이제 춤을 더 잘 추게 된 것 같다네. 그 이야기가 용기를 북돋워 주고 희망을 주며, 나를 분발하도록 만들었다네.

여러분이 자녀나 배우자나 종업원에게 '멍청하다, 무능하다, 재능이 없다, 엉망이다.'라고 한다면, 그것은 그들이 개선을 위해 노력하고자 하는 의욕을 모조리 꺾어놓는 일이다. 그러나 그 반대의 방법을 사용해보라. **격려를 아끼지 말라. 쉽게 할 수 있는 일이라고 말해주어라. 상대가 그 일을 할 수 있는 능력이 있다고 여러분이 믿고 있음을 상대에게 보여 주고, 상대에게 감춰진 재능이 있음을 상대가 알게 하라. 그러면 그는 더 나아지기 위해 밤낮을 가리지 않고 노력할 것이다.**

로웰 토머스가 이용하는 방법도 바로 이것이다. 그가 인간관계의 대가라는 사실은 두말할 필요도 없다. 그는 상대를 칭찬한다. 상대에게 자신감을 심어준다. 상대가 용기와 믿음을 갖게 한다. 예를 들어보자. 나는 최근 토머스 부부와 함께 주말을 보낸 적이 있다. 토요일 밤이었는데 그는 내게 따뜻한 화롯가에 앉아 편하게 브리지 게임이나 즐기자고 청했다. 브리지 게임이라니. 내가? 절대로, 절대로 나는 브리지 게임을 즐기지 않는다. 나는 그 게임에 대해 하나도 모른다. 그 게임은 내게 영원한 수수께끼 그 자체다. 못 한다. 불가능하다.

그러자 로웰이 이렇게 말했다. "여보게 데일, 브리지 게임은 별거 아닐세. 기억력과 판단력만 잘 연결하면 된다네. 자네는 언젠가 기억력에 관한 책도 쓰지 않았나. 이 정도는 누워 떡 먹기일 거야. 자네 취향에 꼭 어울리는 게임이라네."

그리고 내가 무얼 하는지 미처 깨닫기도 전에 나는 생전 처음으로 브리지 게임을 하고 있었다. 그것은 순전히 내가 타고난 재능이 있다는 말을 듣기도 했거니와, 게임이 쉬워 보였기 때문이다.

브리지 게임에 대해 이야기를 하자니 일리 컬버트슨이란 사람이 생각난다. 컬버트슨이란 이름은 브리지 게임을 하는 곳에서는 어디서나 나오는 이름이다. 그가 지은 브리지 게임에 관한 책은 수십 종류의 언어로 번역되었으며 수백만 부가 팔렸다. 하지만 그가 내게 털어놓은 바에 따르면, 한 젊은 여인이 자기에게 게임에 대한 재능이 있다고 확신시켜 주지 않았더라면, 자기는 결코 브리지 게임에 정통해지지 않았을 것이라고 했다.

컬버트슨은 1922년 미국에 도착했다. 그때 그는 철학과 사회학을 가르칠 수 있는 자리를 찾아보았으나 찾을 수가 없었다. 그래서 석탄 판매를 시작했으나 실패했다. 커피 판매업에 도전했지만, 그 일에서도 역시 실패했다.

당시 그는 브리지 게임을 직업으로 삼는 것은 전혀 생각지도 않았다.

그는 카드놀이에 서툴렀을 뿐 아니라, 고집도 무척 셌다. 하나하나 물어보는 데다가 게임이 끝나고 나면 왜 그렇게 되었는지 분석하려 들었기 때문에 아무도 그와 게임을 하려고 하지 않았다.

그러다가 조세핀 딜론이라는 예쁜 브리지 게임 교사를 만나 사랑에 빠지고 결국 결혼했다. 그녀는 그가 카드 게임을 세세히 분석하는 것을 보고는 그가 카드 게임에 천재적인 잠재력이 있음을 확신시켜주었다. 그의 말에 따르면 그 말 때문에, 오로지 그 말 때문에 그는 브리지 게임을 직업으로 선택하게 되었다고 했다.

반감이나 반발을 사지 않으면서 사람을 변화시키고자 한다면, 다음 방법처럼 해보라!

📋 반감이나 반발 없이 상대를 변화시키는 방법 8

- **격려하라. 고쳐주고 싶은 잘못이 있으면 그것이 고치기 쉬운 것으로 보이게 하라. 상대가 하기를 바라는 것은 하기 쉬운 것으로 보이게 하라.**

  Use encouragement. Make the fault you want to correct seem easy to correct; Make the thing you want the other person to do seem easy to do.

IX

내가 원하는 바를
기꺼이 하도록 만드는 방법

MAKING PEOPLE GLAD TO DO
WHAT YOU WANT

지난 1915년 무렵, 미국은 놀라움을 금치 못하고 있었다. 인류가 흘린 피의 역사를 통틀어 볼 때 전에는 꿈도 꾸지 못할 정도로 규모가 큰 학살이 이미 1년이 넘도록 유럽 국가 간에 진행되고 있었다. 과연 평화는 찾아올 것인가? 아무도 알 수 없었다. 하지만 우드로 윌슨은 평화를 위해 노력하겠다고 결심했다. 그는 자신을 대리하는 평화 사절단을 유럽에 파견해 전쟁 중인 각국 지도자들과 협의하고자 했다.

'평화의 대변자, 브라이언'으로 알려져 있던 열렬한 평화론자인 윌리엄 제닝스 브라이언 국무장관이 그 역할을 맡고 싶어 했다. 그는 그 시기 인류 평화에 이바지하는 업적을 세움으로써 자신의 이름을 영원토록 남길 기회라고 생각했다. 하지만 윌슨 대통령은 그가 아니라 자신의 가까운 친구인 하우스 대령을 지명했다. 하우스에게는 브라이언이 기분

상하지 않도록 하면서 이 반갑잖은 소식을 전해야 하는 곤란한 임무가 떨어졌다. 이때의 일을 하우스 대령은 그의 일기에 이렇게 적고 있다.

내가 평화 사절단으로 유럽에 가게 되었다는 이야기를 듣고 브라이언은 실망감을 감추지 않았다. 그는 자신이 그 일을 할 준비를 하고 있었다고 말했다.

나는 그에게 대통령은 누구든 이 일을 공식적으로 하는 것은 그리 바람직하지 않으며, 만일 그가 가게 된다면 너무 많은 관심이 쏠릴 것이고, 그가 왜 왔는지에 대해 사람들이 이상하게 볼 것이라고 말해주었다.

여러분은 이 말이 암시하는 바를 알 수 있을 것이다. 하우스는 사실상 브라이언이 그 임무를 맡기에는 지나치게 중요한 인물이라는 이야기를 했다. 브라이언은 만족했다.

현명하고 세상사에 대한 경험이 많은 하우스 대령은 인간관계의 중요한 원칙 하나를 충실히 이행했다. **'언제나 내가 제안하는 것을 상대가 기꺼이 하게 만들어라.'**

우드로 윌슨은 심지어 윌리엄 깁스 맥아두에게 자신의 내각에서 일해달라고 요청할 때도 이 원칙을 지켰다. 각료가 되어달라고 요청하는 것은 그가 누군가에게 줄 수 있는 최고의 영예였지만 윌슨은 그럴 때도 상대가 인정받고 있다고 두 배나 더 많이 느끼도록 만들었다. 맥아두 자신이 직접 한 이야기를 들어보자. "윌슨 대통령은 자신이 내각을 구성하고 있는데, 내가 재무장관을 맡는 것을 승낙해주면 더할 나위 없이 기쁘겠다고 말했다. 그는 다른 사람이 듣기 좋게 말을 하는 재주가 있었다. 그런 영광스러운 제안을 받으면서도 내가 호의를 베푸는 듯한 인상이 들게 했다."

불행히도 윌슨은 항상 그런 방법을 사용하지는 않았다. 만일 그가 항상 그런 방법을 사용했더라면 역사가 바뀌었을지도 모른다. 예를 들면, 미국이 국제 연합(UN)의 전신인 국제 연맹에 가입하려 했을 때 윌슨은 상원과 공화당이 기쁘게 느낄 수 있도록 만들어주지 않았다. 윌슨은 국제 연맹을 구성하기 위해 평화 회담을 하러 가면서 엘리후 루트나 휴스, 혹은 헨리 캐보트 로지 같은 쟁쟁한 공화당 의원 중 한 사람을 데리고 가는 대신, 자기 당에서 이름 없는 의원들을 선발해 데리고 갔다.

그는 공화당 사람들을 냉대했다. 그럼으로써 그들이 대통령과 함께 연맹을 구상해냈다고 생각하면서 그 설립에 간여하려고 하는 것을 막았다. 이렇게 형편없게 인간관계를 처리한 결과 윌슨은 결국 실각하였고, 건강이 나빠지면서 결국 수명이 짧아지게 되었다. 그리고 미국이 국제 연맹에 가입하지 않음으로써 세계 역사도 달라졌다.

더블데이 페이지라는 유명한 출판사는 이 규칙, 즉 '언제나 내가 제안하는 것을 상대가 기꺼이 하게 만들어라.'라는 규칙을 충실히 지켰다. 이 회사가 어찌나 이 규칙을 잘 사용했던지 오 헨리는 다른 출판사가 출판하겠다고 할 때보다 더블데이 페이지 사가 거절할 때 더 기분이 좋다고 말할 정도였다. 더블데이 페이지 사는 작품을 거절할 때도 그 가치를 잘 인정해주면서도 아주 정중하게 거절했기 때문이다.

내가 아는 사람 중에 시간이 없어서 많은 강연 초청을 거절해야만 하는 사람이 있다. 그가 거절한 초청 중에는 친구들이 부탁한 것도 있고, 신세를 진 사람들이 부탁한 것도 있었다. 하지만 그는 거절하더라도 상대가 만족할 수 있도록 만드는 재주가 있다. 그는 어떻게 그럴 수 있을까? 너무 바쁘다거나 이런저런 사정이 있어서라고 이야기만 하는 방식은 아니다. 초청에 대한 감사의 뜻과 초청을 받아들일 수 없는 자신의 상황에 대한 유감의 뜻을 표한 뒤 그는 자신을 대신할 만한 강연자를 추천한다. 다시 말해 그는 절대로 상대에게 거절당했다고 기분 나빠할 틈을 주지 않는다. 순식간에 상대의 생각을 자기 대신 구할 수 있는 다른 강연자에게로 돌려놓는 것이다.

"제 친구 중에 <브루클린 이글> 지의 편집장으로 있는 클리블랜드 로저스가 있는데, 그 친구에게 강연을 부탁하는 게 어떨까요? 아니면 가이 히콕에 대해서는 생각해보셨나요? 그는 유럽 특파원으로 파리에서 15년간 근무한 경험이 있어서 놀랄 만큼 화제가 풍부합니다. 아니면 인도에서 맹수 사냥에 관한 영화를 제작한 적이 있는 리빙스턴 롱펠로는 어떠신가요?"

뉴욕에서도 가장 큰 인쇄회사인 J. A. 원트 오가니제이션을 경영하고 있는 J. A. 원트에게는 고민거리가 하나 있었다. 그것은 기계공 한 사람의 태도를 바로잡아주는 것이었는데, 그러면서도 그가 반발하지 않게 하는 것이 문제였다. 그 기계공은 타자기를 비롯해 밤낮으로 쉴 새 없이 돌아가는 수십 대의 기계를 관리하는 일을 맡고 있었다. 그런데 그는 언제나 일이 너무 많다거나 일하는 시간이 너무 길다거나 조수를 붙여달라고 하면서 불평을 터뜨리고 있었다.

J. A. 원트는 조수를 붙여주지도 않고, 시간을 줄이거나 일을 줄이지도 않으면서도 그 기계공이 만족하도록 만들었다. 어떻게 했을까? 그는 기계공에게 개인 사무실을 내주었다. 문에는 그의 이름이 적혀 있었는데

이름 옆에는 '서비스 파트 매니저'라는 직함이 붙어 있었다.

이제 그는 누구나 불러서 일을 시킬 수 있는 수리공이 아니었다. 서비스 파트의 매니저였다. 권위도 생겼고 인정도 받으니 자신이 중요한 존재가 된 듯한 느낌이 들었다. 그는 아무런 불평도 하지 않고 만족스럽게 일했다.

유치한가? 그럴지도 모른다. 나폴레옹이 레지옹 도뇌르 훈장을 만들어 1천 5백 명의 군인들에게 수여하고 18명의 장군에게 '프랑스 대원수'라는 직위를 하사하며, 자신의 군대를 '대육군'이라고 불렀을 때도 사람들은 유치하다고 말했다. 역전의 용사들에게 어떻게 유치하게 '장난감'이나 줄 수 있느냐고 비판하자 나폴레옹은 이렇게 대답했다.

장난감으로 지배당하는 게 인간이다.
Men are ruled by toys.

나폴레옹 보나파르트(Napoléon Bonaparte)
프랑스 제1제국의 황제. 프랑스 혁명 시기에 전쟁에서 활약하면서 프랑스 국민의 지지를 받아 황제의 자리에 올랐다. 그러나 라이프치히 전투에서 패배하여 실각하였고, 이후 엘바섬에 유배되었다.

이처럼 직위와 권위를 부여하는 방식은 나폴레옹에게 유용한 수단이 되어주었다. 그리고 이런 방식은 여러분에게도 유용한 수단이 되어줄 것이다. 예를 들면, 내가 이미 여러분에게 소개한 바 있는 뉴욕 스카스데일에 사는 내 친구 겐트 부인의 경우에도 이런 방식은 유용한 수단이 됐다. 그녀는 한때 아이들이 잔디밭으로 마구 뛰어다니며 잔디를 망가

뜨려서 골치를 썩인 적이 있었다. 야단치기도 하고 달래 보기도 했지만, 소용이 없었다.

그래서 그 다음번엔 그 아이 중에 대장 노릇을 하는 꼬마에게 권위가 생겼다고 느낄 수 있도록 직위를 부여하는 방법을 써보기로 했다. 그녀는 꼬마에게 '탐정'이라는 칭호를 주고 아이들이 잔디밭에 들어가지 못하도록 하는 일을 맡겼다. 그러자 문제는 깨끗이 해결되었다. 그 '탐정'이 뒤뜰에 모닥불을 피워 쇠꼬챙이를 빨갛게 달구고는 어떤 녀석이든 잔디밭에 들어가기만 하면 뜨거운 맛을 보여주겠다고 겁을 주었다.

이런 게 인간 본성이다.

그러므로 반감이나 반발 없이 상대를 변화시키고자 한다면, 다음 방법처럼 해보라!

📋 반감이나 반발 없이 상대를 변화시키는 방법 9 ────────

- **내가 제안하는 것을 상대가 기꺼이 하게 만들어라.**

  Make the other person happy about doing the thing you suggest.

PART 4

반감이나 반발 없이 상대를 변화시키는 9가지 방법

1 칭찬과 솔직한 감사의 말로 시작하라.

2 상대의 실수를 간접적으로 지적하라.

3 상대를 비판하기 전에 자신의 잘못에 대해 먼저 이야기하라.

4 직접적으로 명령하지 말고 질문을 하라.

5 상대의 체면을 세워줘라.

6 아주 조금의 진전이라도 칭찬하라. 어떤 진전이든 칭찬하라.
   "진심으로 인정하고 아낌없이 칭찬하라."

7 상대가 지키고 싶은 좋은 평판을 주어라.

8 격려하라. 고쳐주고 싶은 잘못이 있으면 그것이 고치기 쉬운 것으로
   보이게 하라. 상대가 하기를 바라는 것은 하기 쉬운 것으로 보이게
   하라.

9 내가 제안하는 것을 상대가 기꺼이 하게 만들어라.

기적을 일으킨
편지들

Letters That Produced Miraculous Results

기적을 일으킨 편지들

LETTERS THAT PRODUCED
MIRACULOUS RESULTS

여러분이 어떻게 생각하는지 나도 분명히 안다. 여러분은 아마 속으로 이렇게 생각하고 있을 것이다. '기적을 일으킨 편지들이라. 웃기는군. 꼭 만병통치약 광고 같군.'

그렇게 생각해도 여러분을 탓하지는 않겠다. 15년 전이었다면 나라도 이런 책을 보고 그렇게 생각했을 것이기 때문이다. 사람을 너무 못 믿는 것 같은가? 나는 쉽사리 믿지 않는 사람들을 좋아한다. 나는 스무 살까지 미주리주에서 컸다. 여러분도 잘 알다시피 미주리주의 별명이 'Show Me State'이다. 그래서 나도 꼭 보여줘야만 직성이 풀리는 사람들을 좋아한다. 인류의 사상이 조금이라도 진보했다면, 그것은 예수의 부활을 보고도 만져보지 않고는 믿으려 하지 않았던 사도 토마스와 같은, 의심하고 도전하고 '내게 보여달라.'라고 외치던 사람들에 의해 이루어졌다.

정직하게 이야기해보자. '기적을 일으킨 편지들'이란 제목이 정확한 것일까? 아니다. 솔직히 말해 그 제목은 정확하지 않다.

실은 그 제목은 사실을 의도적으로 완곡하게 표현한 것이다. 여기에 나오는 몇몇 편지는 기적의 두 배라고 평가해야 할 정도의 결과를 거두었다. 이런 평가를 한 사람은 미국에서 가장 유명한 판촉 전문가인 켄 R. 다이크다. 그는 예전에 존스 맨빌 사의 판촉 담당 매니저였다가 지금은 콜게이트 팜올리브 피트 컴퍼니의 홍보 매니저이면서 전미 광고주 협회 이사장직을 맡고 있다.

다이크는 판매업자에 대한 정보 조사차 편지를 보내면 회신율이 5~8%를 넘는 법이 거의 없다고 한다. 만일 15%가 응답을 하면 정말 대단한 것이고, 20%가 응답을 하는 것은 거의 기적으로 봐도 된다고 말했다.

하지만 이 책에 실린 다이크 씨의 편지에 대해서는 42.5%가 응답을 했다고 한다. 다른 식으로 말하면 그 편지는 기적의 두 배에 해당하는 결과를 거둔 셈이다. 이런 결과는 웃어넘길 만한 일이 아니다. 더군다나 이 편지는 예외적인 일이었거나, 어쩌다 재수가 좋아서 생겼다거나, 우연히 생긴 일이 아니었다. 다른 수십 통의 편지에서도 비슷한 결과가 나왔다.

그는 어떻게 이런 결과를 만들어낼 수 있었을까? 켄 다이크 씨의 설명을 들어보자. "편지의 효율이 이토록 놀랍게 증가한 것은 내가 '효과적인 화술과 인간관계'라는 카네기 강좌에 참가한 직후에 일어난 일입니다. 나는 강좌에 참가하고서 전에 내가 사용하던 접근 방식이 옳지 않다는 것을 깨달았습니다. 그래서 이 강좌에서 가르치고 있는 원칙들을 적용해보기로 마음먹었습니다. 그랬더니 정보를 요청하는 내 편지의 효율이 다섯 배에서 여덟 배까지 올라갔습니다."

아래에 편지가 있다. 편지는 상대에게 약간의 부탁을 함으로써 상대를 기쁘게 만들고 있다. 왜냐하면 그 부탁이 상대가 자신이 인정받고 있다는 느낌이 들게 하는 부탁이기 때문이다.

괄호 안에는 편지에 대한 내 소감을 적어보았다.

존 블랭크 귀하
귀사의 일익 번창을 기원합니다.

이렇게 편지를 드린 건 풀기 힘든 어려움이 있어 귀사의 도움을 청하기 위해서입니다.

(상황을 정리해보자. 애리조나주에 있는 목재 딜러가 존스 맨빌 사의 임원으로부터 이런 편지를 받았다고 생각해보자. 그런데 편지 서두에 뉴욕의 이 잘나가는 임원이 상대에게 어려움을 해결하기 위해 도와달라고 한다. 애리조나주의 딜러는 이렇게 생각할 것이다. '뉴욕에 있는 이 친구가 뭔가 도움이 필요하다면 사람을 제대로 찾아왔군. 나는 언제나 너그럽게 사람들을 도와주려고 했으니까 말이야. 어디 무슨 문제인가 볼까?')

지난해 저는 지붕 재처리재의 판매 증가를 위해 딜러들이 본사에 가장 절실히 바라는 것은 연중 끊임없이 DM(광고용 우편물)을 발송하는 것이며, 그 비용은 본사가 부담해야 한다는 점을 회사 측에 설득시키는 데 성공했습니다.

(애리조나주의 딜러는 아마 이렇게 생각할 것이다. '당연히 당신네가 부담해야지. 이익 대부분을 당신네가 가져가니까 말이야. 나는 임대료 내기도 버거운데 당신네는 수백만 달러를 벌잖아. 근데 이 친구 뭐가 문제라는 거야?')

최근 저는 DM 계획에 참여했던 1,600명의 딜러에게 설문지를 발송했으며 수백 통의 답변을 받았습니다. 보내주신 답변은 유용하게 사용할 것이며, 기꺼이 협조해주신 딜러 여러분께 감사의 말씀을 드립니다. 이런 결과에 힘을 얻어 딜러 여러분에게 더 큰 도움이 될 새로운 DM 계획을 준비했습니다.

하지만 오늘 아침 전년도 계획 시행 결과를 보고하는 회의에서 대표이사로부터 실제로 매출과 연결되는 비율이 얼마나 되느냐는 질문을 받았습니다. 대표이사라면 누구나 물을 만한 질문이었습니다. 여기에 답하기 위해서 딜러 여러분의 도움을 청할 수밖에 없는 상황입니다.

(이런 표현은 괜찮은 표현이다. "여기에 답하기 위해서 딜러 여러분의 도움을 청할 수밖에 없는 상황입니다." 뉴욕의 거물이 속내를 털어놓고 있다. 이 말은 그가 솔직하고도 진지하게 애리조나주에 있는 존스 맨빌 사의 거래 상대방을 인정하고 있다는 뜻이 된다. 그리고 켄 다이크 씨가 자기 회사가 얼마나 큰 회사인지 이야기하는 데 시간을 낭비하고 있지 않다는 점에 주목해야 한다. 오히려 그는 자신이 상대에게 얼마나 의지하고 있는지를 바로 이야기하고 있다. 켄 다이크 씨는 상대방의 도움 없이는 회사 대표에게 올리는 보고서도 작성하지 못함을 인정하고 있다. 애리조나주에 있는 딜러도 당연히 인간인지라 이런 식의 어투를 좋아하게 마련이다.)

도움을 요청하는 부분은 다음과 같습니다. (1) 지난해 발송된 DM이 어느 정도나 실제로 지붕 작업이나 지붕 재처리 작업으로 연결되었는지, (2) 작업에 투여한 비용 기준으로 매출액이 얼마나 되는지, 가능하면 센트까지 정확하게 계산하셔서 동봉한 엽서에 적어 보내주시기를 바랍니다.

보내주신 정보는 유용하게 사용할 것이며, 친절하게 도움을 주신 점에 미리 감사드리는 바입니다.

판촉 담당 매니저

켄 다이크 올림

(마지막 문단에서 그가 얼마나 '나'는 낮추면서 '상대'는 높이고 있는지 주목해 보기를 바란다. 그가 '유용하게', '친절하게', '감사' 등의 말을 얼마나 잘 사용하는지에도 주목하기를 바란다.)

분명히 단순한 편지에 불과하다. 하지만 이 편지는 상대에게 약간의 부탁을 하고, 그 부탁을 들어주는 상대에게 인정받고 있다는 느낌이 들게 함으로써 '기적'을 만들어냈다.

이런 심리 활용은 여러분이 석면으로 된 지붕 재료를 팔고 있건, 멋진 차를 타고 유럽을 여행하고 있건 어느 경우에나 똑같이 적용할 수 있다.

예를 들어보자. 나는 내 동향 출신 작가 호머 크로이와 프랑스 내륙 지방을 자동차로 여행하다가 길을 잃었다. 구식 T형 포드를 길가에 세우고 근처 농부들에게 어디로 가야 가까운 읍내로 갈 수 있느냐고 물어보았다.

깜짝 놀랄 만한 반응이 왔다. 나무로 만든 신발을 신고 있던 그 농부들은 미국 사람이면 누구나 부자인 줄 알았던 것 같다. 그리고 그 지역에서는 자동차를 보는 것도 정말로 드문 일이었다. 자동차를 타고 프랑스 여행을 하는 미국인들이라니! 백만장자로 보일 수밖에 없었을 것이다. 어쩌면 헨리 포드의 사촌쯤 되는 사람들일 것으로 생각했을지도 모르겠다.

그런데 그런 우리가 모르는 것을 그들은 알고 있었다. 우리가 그들보다 돈이 많을지는 몰라도 가까운 읍내로 가는 길을 찾기 위해서는 공손하게 그들에게 물어봐야 했다. 그것으로 그들은 자신들이 의미 있는 존재가 된 듯한 느낌이 들었다. 그들은 모두가 한꺼번에 입을 열어 말을 하기 시작했다. 이런 드문 기회를 놓칠세라 한 사람이 얼른 나서서 다른 모든 사람의 입을 다물게 했다. 길을 가르쳐주는 뿌듯함을 혼자만 즐기고 싶었다.

여러분도 한번 해보기를 바란다. 다음번에 낯선 도시에 가게 되면 경제적인 면이나 사회적인 지위 면에서 여러분보다 낮은 사람을 붙잡고 이렇게 물어보라. "조금 곤란한 상황인데, 도와주실 수 있으신가요? 이러저러한 곳에 가려면 어떻게 해야 하는지 가르쳐주시겠습니까?"

벤저민 프랭클린도 이런 방법을 써서 자신을 신랄하게 비판하던 적을 평생의 친구로 만들었다. 젊은 시절 프랭클린은 자신의 모든 저축을 조그만 인쇄회사에 투자해놓고 있었다. 때마침 그는 필라델피아 의회에 선출직 직원으로 들어갈 수 있었는데, 모든 공문서 인쇄를 관장하는 자리였다. 이 일은 수입이 좋은 자리여서 그는 그 자리를 유지하고자 했다. 하지만 위기가 목전에 닥쳐왔다. 돈 많은 거물급 의원 한 명이 그를 무척이나 싫어했다. 단지 싫어할 뿐 아니라 공공연하게 비난하고 다녔다.

위험해도 아주 위험한 상황이었다. 그래서 프랭클린은 그 의원이 자기를 좋아하게 만들어야겠다고 마음먹었다. 하지만 어떻게 할 것인가? 그것이 문제였다. 적에게 호의를 베풀어서 될 것인가? 아니었다. 그건 상대의 의심을 살 뿐 아니라, 상대가 비웃을지도 모를 일이었다.

그런 초보적인 함정에 빠지기에 프랭클린은 훨씬 현명하고 훨씬 노련했다. 그는 그와는 정반대의 행동을 했다. 적에게 호의를 베풀어달라고 요청을 했다.

프랭클린은 돈을 좀 꿔달라고 부탁하지 않았다. 그런 종류의 부탁은 절대 통하지 않는다. 그는 상대를 기쁘게 하는 부탁, 상대의 허영심을 채워주는 부탁, 상대의 존재를 인정하는 부탁, 자신이 상대의 지식과 업적을 존경하고 있음을 은연중에 드러내는 그런 부탁을 했다.

나머지 이야기는 프랭클린 본인을 통해 직접 들어보자.

그의 장서 중에 대단히 귀하고 진기한 책이 있다는 이야기를 듣고 나는 그에게 편지를 써서 그 책을 꼭 한번 보고 싶으니 며칠만 빌려줄 수 없느냐고 부탁했다. 그는 즉시 책을 보내왔다. 나는 그 책을 1주일 정도 갖고 있다가 그의 호의에 정말 감사한다는 말과 함께 돌려보냈다. 의회에서 그를 다시 만났을 때 그는 대단히 정중하게 말을 건넸다(이전에는 그가 내게 말을 건넨 적이 한 번도 없었다).

그리고 그 이후로 내 부탁은 언제나 기꺼이 들어주었다. 그렇게 해서 우리는 가까운 친구가 되었고, 우리의 우정은 그가 죽을 때까지 지속되었다.

프랭클린이 사망한 지 이제 150년도 넘게 지났으나, 상대에게 호의를 요청함으로써 상대의 마음을 사로잡던 그의 방법은 아직도 계속 유용하게 사용되고 있다.

예를 들면, 내 강좌의 수강생인 앨버트 B. 암젤은 이런 방법을 사용하여 큰 성공을 거두었다. 배관 및 난방 장치를 판매하는 암젤은 브루클린에 있는 한 배관업자를 고객으로 잡으려 노력하고 있었다. 그 배관업자는 사업 규모도 무척 컸고, 신용도도 매우 좋았다. 하지만 암젤의 시도는 처음부터 난관에 부닥쳤다. 그 배관업자는 거칠고 심술궂은 것을 자랑으로 삼는, 대하기 힘든 사람이었다. 암젤이 그의 사무실에 들어설 때마다 그는 입 한쪽에 시가를 꼬나물고 책상 뒤에 앉은 채로 그에게 이렇게 소리쳤다. "오늘은 아무것도 안 사. 서로 시간 낭비하지 말자고. 자, 자, 어서 나가!"

그러던 어느 날 암젤은 새로운 방법을 시도해보았다. 그 결과 거래를 시작하게 되었고, 친구 사이가 되면서 새로운 주문도 많이 받게 되었다.

암젤이 다니던 회사는 롱아일랜드의 퀸스 빌리지에 새로 대리점을 내기 위해 사무실 임대 관련 협상을 진행하고 있었다. 그곳은 그 배관업자가 잘 알고 있고 또 사업도 많이 하는 지역이었다. 그래서 그의 사무실을 다시 찾아갔을 때 암젤은 이렇게 말했다. "사장님, 오늘은 무엇을 팔려고 온 게 아닙니다. 괜찮으시면 부탁을 하나 드릴까 해서 들렀습니다. 시간을 약간 내주실 수 있겠습니까?"

그러자 배관업자가 시가를 옮겨 물며 대답했다. "그럽시다. 무슨 일이요? 얼른 털어놔 보시오."

그래서 암젤은 이렇게 말했다. "우리 회사가 이번에 퀸스 빌리지에 새로 대리점을 열 계획인데, 그 지역은 사장님께서 누구보다도 잘 아시는 지역 아닙니까? 그래서 어떻게 생각하시는지 여쭤보러 왔습니다. 이쪽으로 오는 게 잘하는 일일까요?"

이것은 새로운 상황이었다. 수년간이나 이 배관업자는 세일즈맨을 쫓아내고 어서 나가라고 소리치는 데서 자신의 존재감을 느껴 왔었는데, 이번에는 세일즈맨이 조언을 요청하고 있다. 그것도 중요한 문제를 어떻게 해야 할지 자신에게 묻는 세일즈맨이라니.

"여기 앉게나." 그는 의자를 잡아당겼다. 그리고 그로부터 한 시간 동안 그는 퀸스 빌리지의 배관업 시장에 관한 세세한 장단점에 관해 설명해주었다. 그는 대리점을 여는 문제에 대해 동의해주었을 뿐 아니라 상품구매에서부터 재고를 정리하는 방법, 그리고 사업을 개시할 때의 주의점 등 모든 과정에 관한 행동 방침에 대해 자신이 아는 바를 총동원해 조언해주었다.

그는 배관 자재를 도매로 공급하는 회사를 상대로 어떻게 장사해야 하는지를 일러주면서 자신이 인정받는 존재가 된 느낌이 들었다. 그러면서 그는 개인적 영역으로까지 화제를 넓혔다. 이렇게 점점 친해지더니 그는 결국 암젤에게 자신의 내밀한 집안 문제와 부부 사이의 다툼에 대해서까지 말하게 되었다.

"그날 저녁 저는 장비에 대한 첫 주문서를 주머니에 넣고서 그 사무실에서 나왔을 뿐 아니라, 아주 단단한 사업상의 우정에 대한 조석도 쌓아놓은 상태였습니다. 전에는 소리를 지르며 나를 내쫓던 그 친구와 이제는 골프를 같이 치는 사이가 되었습니다. 그 친구가 이렇게 변한 건 내가 그 친구에게 자신이 인정받고 있다는 느낌이 들게 하는 그런 부탁을 했기 때문이었습니다."

켄 다이크의 편지를 한 통 더 살펴보면서 그가 얼마나 이 '부탁 하나만 들어주세요.'라는 심리 활용법을 잘 사용하는지 주목해 보기로 하자.

수년 전 다이크는 사업가, 계약자, 건축업자들에게 편지를 보내 정보를 달라고 요청해도 회답을 잘 받을 수가 없어서 속을 썩이고 있었다.

당시 그가 건축업자나 엔지니어에게 편지를 보내면 회답을 받는 경우는 1%를 넘는 경우가 드물었다. 2%면 우수한 편이었고, 3%면 대단히 뛰어난 경우였다. 그럼 10%라면? 10%라면 기적이라고 할 만한 상황이었다.

하지만 아래 소개하는 편지에는 50%가 회답을 보내왔다. 기적적인 다섯 배의 결과다. 그리고 그것도 간단한 대답들이 아니었다. 2~3페이지에 걸친 장문의 편지들이었고, 우호적인 조언과 협력의 뜻이 넘치는 편지들이었다.

여기에 편지가 있다. 여러분은 그 안의 심리 활용이라든가, 어떤 곳은 구절에 이르기까지 앞에 소개된 편지와 똑같다는 것을 보게 될 것이다.

편지를 읽으면서 행간의 의미를 파악하고 편지를 받은 사람의 심정을 분석해보기를 바란다. 이 편지가 왜 기적의 다섯 배나 되는 결과를 거둘 수 있었는지 알아보기를 바란다.

친애하는 아무개 씨,

이렇게 편지를 드린 건 저희에게 귀사의 도움 없이는 풀기 힘든 어려움이 있어 귀사의 도움을 청하기 위해서입니다.

1년 전쯤 저는 건축회사들이 우리 회사에 가장 바라는 것은 건물을 수리하는 데 사용되는 우리 회사의 모든 건축자재와 부품을 볼 수 있는 카탈로그였으므로, 그런 카탈로그를 제공해줘야 한다고 회사를 설득했습니다.

첨부하는 자료는 그 결과로 나온 카탈로그이며, 이런 종류로는 처음인 것으로 알고 있습니다.

하지만 이제 재고가 거의 떨어져 가고 있어서 이런 사실을 대표이사에게 보고했더니 ―어떤 대표이사든 이런 질문을 하겠지만― 대표이사는 카탈로그가 원래 기획 의도대로 제 역할을 다했다는 충분한 증거를 제시하면, 새로 제작에 들어가도 괜찮다고 말했습니다.

저는 어쩔 수 없이 여러분에게 도움을 요청할 수밖에 없는 상황이라, 실례를 무릅쓰고 전국 각처에 있는 49개 업체 여러분에게 배심원이 되어달라는 요청을 드리는 바입니다.

일을 덜어드리기 위해 이 편지 뒤에 간단한 질문을 첨부했습니다. 답을 표시해주시고, 혹시 하시고자 하는 말씀이 있으면 덧붙여 적으신 다음,

동봉하는 회신용 봉투에 넣어 보내주시면 저 개인적으로도 대단한 은혜로 생각할 것입니다.

반드시 하셔야 할 일이 아니라는 사실은 말씀드리지 않아도 알고 계시리라 생각하며, 다만 카탈로그가 여기에서 중지돼야 할지, 아니면 여러분의 경험과 조언을 바탕으로 개선해서 다시 제작해야 할지 여러분의 판단에 맡기고자 합니다.

어떤 경우이든 여러분의 협력에 제가 심심한 감사의 뜻이 있음을 기억해주시기 바랍니다. 다시 한번 감사드리며, 이만 줄이겠습니다.

판촉 담당 매니저
켄 R. 다이크

다시 한번 당부의 말을 해야 하겠다. 이 편지를 읽고 여기에 사용된 심리 활용법을 기계적으로 베끼려고 하는 사람들도 있을 것이란 점을 경험으로 알고 있다. 그들은 진실하고 사실적인 칭찬이 아니라 아첨과 사탕발림으로 상대의 자부심에 바람을 넣으려고 한다. 하지만 그런 방법은 통하지 않는다.

사람들은 누구나 칭찬과 인정을 갈망하고, 또 그것을 얻기 위해서라면 어떤 일이든 하려고 한다는 점을 명심해야 한다. 하지만 누구도 사탕발림은 원치 않는다. 누구도 아첨은 원치 않는다.

다시 한번 말하지만, 이 책에서 가르치는 원칙들은 가슴에서 우러나올 때만 진정한 효과가 있다. 나는 잔재주를 안겨주려고 하는 것이 아니다. 나는 새로운 방식의 삶에 대해 말하고 있다.

PART 6

행복한 가정을 만드는 7가지 비결

Seven Rules For Making Your Home Life Happier

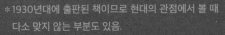

*1930년대에 출판된 책이므로 현대의 관점에서 볼 때
다소 맞지 않는 부분도 있음.

I

가정을 무덤으로 만드는
가장 빠른 방법

HOW TO DIG YOUR MARITAL GRAVE
IN THE QUICKEST POSSIBLE WAY

75년 전 나폴레옹 보나파르트의 조카인 나폴레옹 3세는 테바의 백작이자 세상에서 가장 아름다운 여인 마리 유지니를 사랑하게 되었고, 후에 둘은 결혼했다. 황제 주변 사람들은 그녀가 스페인의 이름 없는 백작의 딸일 뿐이란 점을 지적하자 나폴레옹은 이렇게 대꾸했다. "그래서 어떻단 말인가?" 그녀가 보여주는 위엄, 그녀의 젊음, 그녀의 매력, 그녀의 아름다움이 그에게 천상의 행복을 맛보게 해주었다. 황제의 자리에서 한 연설을 통해 그는 모든 사람의 반대를 물리쳤다. 그는 이렇게 선언했다. "나는 내가 모르는 여인이 아니라 내가 사랑하고 존경하는 여인을 선택했노라."

나폴레옹 3세 부부는 행복과 부, 권력, 명예, 미모, 사랑, 존경 등 완벽한 사랑 이야기를 만드는 데 필요한 모든 요소를 갖추고 있었다. 결혼이라는 불꽃이 만들어내는 신성한 불빛이 이처럼 환하게 비친 적은 한 번도 없었다. 하지만 오래지 않아 신성한 불빛은 흔들렸고, 타오르던 불꽃도 차가워지더니 재가 되어 사라지고 말았다. 나폴레옹 3세는 유지니를 황후로 만들 수도 있었다. 그러나 프랑스 황제가 가진 어떤 능력으로도, 황제가 보여주는 사랑도, 황제의 권좌에서 나오는 권능으로도 그녀의 잔소리는 막을 수 없었다.

질투에 눈이 멀고 의심에서 헤어나오지 못하던 유지니는 황제의 명령도 가벼이 여기고, 황제가 혼자 있고 싶다고 해도 무시하기 일쑤였다. 그녀는 국정을 논하는 공식 석상에 뛰어 들어가기도 했다. 황제의 가장 중요한 회의를 방해하기도 했다. 황제가 혼자 있겠다고 해도 다른 여자와 놀아날 것을 두려워해 절대로 혼자 두는 법이 없었다. 언니에게 달려가서

나폴레옹 3세(왼쪽), 유지니 황후(오른쪽)

남편 험담을 하고, 불평하고, 울고불고 난리를 치는 일도 종종 일어났다. 황제의 서재로 밀고 들어가서는 온갖 잔소리와 욕설을 퍼부어댔다. 호화스러운 궁전을 수도 없이 갖고 있던 나폴레옹 3세였지만 마음 놓고 쉴 수 있는 곳은 한 군데도 없었다.

이 모든 행동으로 유지니가 얻은 것은 무엇이었을까?

여기에 답이 있다. E. A. 라인하르트의 명저 『나폴레옹과 유지니: 제국의 희비극』에서 인용해보겠다. '그리하여 나폴레옹은 밤이면 자주 부드러운 모자를 깊숙이 눌러 써 얼굴을 가리고 작은 문을 통해 밖으로 몰래 빠져나왔다. 그리고는 때때로 가까운 친구와 단둘이서만 자신을 기다리고 있는 어여쁜 여인에게로 실제로 가기도 하고, 때로는 예전 모습 그대로의 큰 도시 이곳저곳을 걷다가 동화 속에서나 봄 직한 종류의 거리를 지나가며, 유지니가 잔소리하지 않았더라면 훨씬 더 좋았을 것이라는 상념에 빠지곤 했다.'

유지니의 잔소리 결과는 바로 이런 것이었다. 그녀가 프랑스의 권좌에 앉았던 것은 사실이다. 그녀가 세상에서 가장 아름다운 여인이었던 것도 사실이다. 하지만 권세나 아름다움도 잔소리라는 치명적 결함 앞에서는 사랑을 살아 있게 할 힘이 없었다. 유지니는 오래전 욥이 했던 것처럼 소리 높여 울부짖을 수도 있었을 것이다. "내가 심히 두려워하던 것이 내게 닥쳤노라." 그녀에게 닥쳐온 것일까? 그 가련한 여인은 질투와 잔소리를 통해 그런 결과를 자초했다.

사랑을 파괴하기 위해 지옥의 모든 악마가 만들어낸 수단 중에서 가장 확실하며 가장 악독한 것이 잔소리다. 그것은 실패하는 경우가 없다. 마치 킹코브라에게 물린 것처럼 그것은 언제나 파괴하고, 언제나 소멸시킨다.

톨스토이의 부인은 너무 늦게야 그 사실을 깨달았다. 그녀는 죽기 전 딸들에게 이렇게 고백했다. "너희 아버지를 죽게 한 주범은 바로 나란다." 딸들은 아무런 대답도 하지 않았다. 다만 모두 울고 있을 뿐이었다. 그들은 어머니의 말이 사실임을 알고 있었다. 어머니가 끊임없이 불평하고, 끊임없이 비난하고, 끊임없이 잔소리하는 바람에, 아버지가 돌아가셨다는 것을 그들은 알고 있었다.

하지만 톨스토이 부부야말로 그 누구보다도 행복할 수밖에 없던 사람들이었다. 톨스토이는 인류 역사상 최고의 소설가라 할 만했다. 그의 두 편의 걸작 『전쟁과 평화』와 『안나 카레니나』는 인류가 가진 문학적 보고(寶庫) 중에서도 영원히 빛날 것이다.

톨스토이는 너무나 유명했기에 추종자들이 밤낮으로 따라다니면서 그가 말하는 한마디 한마디를 속기로 받아 적을 정도였다. 심지어 그가 단지 "이제 자러 가야 할 것 같군." 하고 이야기해도 사람들은 그것을 받아 적었다. 러시아 정부도 그가 쓴 모든 문장을 인쇄할 정도였다. 그의

톨스토이 부부(왼쪽), 『전쟁과 평화』 초판 첫 페이지(가운데), 『안나 카레니나』 삽화(오른쪽)

글을 엮은 책만 해도 1백 권은 넘을 것이다.

명예와 더불어 톨스토이 부부는 부와 사회적 지위, 많은 자녀를 갖고 있었다. 이만큼 축복받은 부부도 없었다. 처음에는 그들의 행복이 지속되기에 너무 완벽하고, 너무 강렬한 것처럼 느껴져서, 두 사람은 무릎을 꿇고 자신들의 지고한 행복이 깨지지 않게 해달라고 하느님께 기도를 올릴 정도였다.

그러다가 놀라운 일이 일어났다. 톨스토이가 조금씩 변했다. 그는 전혀 다른 사람이 되었다. 자신이 쓴 걸작들에 대해서 부끄러워하게 되었고, 그 후로는 평화를 설파하는 전단을 쓰는 일과 전쟁과 굶주림을 물리치는 일에 온 생애를 바쳤다.

언젠가 자신이 젊었을 때, 생각할 수 있는 모든 종류의 죄를, 심지어 살인까지도 저질렀노라고 고백했던 이 사람이 이제는 글자 그대로 예수의 가르침을 따르려고 노력했다. 그는 자신의 모든 땅을 나눠주고 가난한 삶을 살았다. 그는 들판에 나가 나무를 베고 건초 더미를 쌓는 일을 했다. 신발을 직접 만들어 신고, 자신의 방을 직접 치우고, 나무로 된 식기를 사용하며, 원수까지도 사랑하려고 애썼다.

톨스토이의 삶은 비극이었는데 그 비극의 원인은 결혼이었다. 그의 아내는 사치를 좋아했지만, 그는 사치를 경멸했다. 그녀는 명성과 사회적 갈채를 좋아했지만, 그에게 이런 하찮은 것들은 아무런 의미도 되지 않았다. 그녀는 돈과 재산을 원했지만, 그는 부와 사적 소유는 죄라고 믿었다.

그가 자신의 책에 대한 판권을 아무런 대가 없이 포기하겠다고 고집하자, 수년 동안 그녀는 잔소리하고 야단치고 비명을 질러댔다. 그녀는 그 책들이 벌어주는 돈을 원했다.

그가 말을 듣지 않으면 그녀는 히스테리에 빠져서 입에 아편 병을 물고 마룻바닥을 떼굴떼굴 구르며 죽어버리겠다, 우물에 뛰어들겠다고 협박을 했다.

그들의 삶에서는 다음과 같은 장면도 있었는데, 이 장면이야말로 역사상 가장 슬픈 장면 가운데 하나가 아닐까 생각한다. 이미 말한 것처럼 결혼 초기에 그들은 너무나 행복했다. 하지만 48년이 지난 시점이 되자 그는 아내를 쳐다보는 것도 싫어하게 되었다. 저녁이면 종종 나이 들고 상심한 아내는 애정에 굶주려 그의 발치에 무릎을 꿇고 앉아 50년 전 그가 자신에 대한 사랑을 멋지게 노래한 일기 한 구절을 소리 내 읽어달라고 부탁하곤 했다. 그러면 톨스토이는 이제는 영원히 사라져버린 그 아름답고 행복했던 시절에 대해 읊곤 했다. 그러다가 부부는 모두 울음을 터뜨렸다. 오래전 그들이 꿈꾸던 아름다운 사랑과 현실의 삶은 달라도 너무 달랐다.

마침내 여든두 살이 되었을 때, 톨스토이는 자기 가정의 불행을 더는 견딜 수 없어 1910년 10월 어느 눈 내리는 밤 아내로부터 도망쳤다. 자신이 어디로 가는지도 모른 채 차가운 어둠 속으로 도망쳤다.

11일 후 그는 기차 정거장에서 폐렴으로 죽은 채 발견되었다. 그의 마지막 유언은 자신이 있는 곳에 아내가 나타나서는 안 된다는 것이었다. 톨스토이 부인이 잔소리하고 불평을 하고 히스테리를 부린 결과는 이런 것이었다.

잔소리를 할 만하니까 했을 것으로 생각하는 독자들도 있을 것이다. 그렇다고 하자. 하지만 지금 초점은 그게 아니다. 잔소리해서 문제가 해결되었느냐, 아니면 문제가 극단적으로 악화하였느냐 하는 것이다.

'내가 제정신이 아니었다는 생각이 너무 많이 드는구나.' 이것이 톨스토이 부인의 생각이었다. 하지만 이미 너무 늦은 뒤였다.

에이브러햄 링컨의 생애를 대단한 비극으로 만든 것도 역시 결혼이었다. 암살이 아니라 결혼이라는 점에 주목해주기를 바란다. 부스가 저격했을 때 링컨은 자신이 총에 맞았다는 사실도 깨닫지 못했다. 하지만 그는 23년간 하루도 빠짐없이 그의 동료 변호사인 헌든의 표현대로 '가정불화의 고역'을 감내해야 했다. '가정불화의 고역?' 이것도 완곡한 표현이라고 할 수 있다. 거의 25년 동안이나 링컨 부인은 끊임없는 잔소리로 남편을 괴롭혔다.

그녀는 항상 불만을 터트리고 남편을 비난했다. 남편에게는 마음에 드는 구석이 한 군데도 없었다. 걸음걸이만 해도 남편은 등을 앞으로 구부린 채 인디언처럼 발을 똑바로 들었다 내렸다 하면서 어색하게 걸었다. 그녀는 그의 걸음걸이에 탄력이 없고 움직임에 우아함이 없다고 불평했다. 그녀는 그의 걸음걸이를 흉내 내며, 마담 렌텔이 운영하는 렉싱턴의 기숙학교에서 자신이 배운 것처럼 발 앞쪽 끝을 먼저 디디며 걸으라고 바가지를 긁었다.

그녀는 머리에서 바로 위쪽으로 삐죽 솟아 있는 그의 커다란 귀도 마음에 들지 않았다. 심지어는 코가 삐뚤어졌다, 아랫입술이 튀어나왔다, 폐병 환자처럼 보인다, 손발이 너무 크다, 머리는 너무 작다는 등의 말을 하기도 했다.

에이브러햄 링컨과 부인 메리 토드 링컨은 교육, 환경, 기질, 취미, 사고방식 등 모든 면에서 서로 달랐다. 그들은 늘 서로의 행동을 언짢아했다.

이미 작고했지만, 링컨에 관한 당대 최고의 권위자로 인정받고 있는 앨버트 J. 베버리지 상원의원은 이렇게 적었다. '링컨 부인의 크고 날카로운 목소리는 길 건너편에서도 들릴 정도였다. 근처에 사는 사람들은 누구나 끊임없이 화를 터뜨리는 그녀의 목소리를 들을 수 있었다. 말로만 끝나지 않는 경우도 적지 않았다. 그녀가 폭력을 행사한 적이 많다는 것은 의심할 여지가 없는 사실이다.'

한 가지 예를 살펴보자. 결혼한 지 얼마 되지 않아 링컨 부부는 제이콥 얼리 여사의 집에서 살게 되었다. 여사는 의사인 남편이 죽은 후 하숙을 쳐야 할 처지였다.

어느 날 링컨 부부가 아침을 먹고 있었는데 링컨이 아내의 화를 돋우는 어떤 행동을 했다. 그게 무엇이었는지 지금은 아무도 기억하지 못한다. 하지만 화가 난 링컨 부인은 뜨거운 커피를 남편의 얼굴에 확 끼얹어버렸다. 더군다나 그 자리에는 다른 하숙생들도 있었다. 주변이

링컨 가족 석판화

조용한 가운데 링컨은 아무 말도 없이 모욕을 당한 채 앉아 있었고, 얼리 여사가 젖은 수건을 가져다 그의 얼굴과 옷을 닦아주었다.

링컨 부인이 보여주었던 질투가 어찌나 어처구니없고 극심하고 또 믿을 수 없는 정도였는지, 이제 75년이 지난 지금 그녀가 공공연히 벌였던 슬프고도 볼썽사나운 장면들에 대해서 읽는 것만으로도 놀라 자빠질 지경이다. 그녀는 끝내 정신이상이 되고 말았다. 조금이라도 그녀에 대해 호의적으로 말하면, 그녀는 정신이상 초기 증상의 영향을 항상 받고 있었을지 모른다는 것이다.

그녀가 했던 그 잔소리와 비난과 호통이 링컨을 조금이라도 변화시켰을까? 한 가지 면에서는 그렇다고 할 수 있다. 그녀에 대한 링컨의 태도를 달라지게 했다. 링컨이 자신의 불행한 결혼에 대해 후회하게 만들고, 될 수 있으면 아내와 얼굴을 마주치지 않도록 만들었다.

스프링필드에는 변호사가 열한 명이 있었는데, 그들 모두가 그곳에서 먹고살 수는 없었다. 그래서 그들은 말안장에 짐을 싣고 데이비드 데이비스 판사가 재판하는 곳이면 어디든 따라다니며 법정에 서곤 했다. 이런 식으로 그들은 제8 순회 법정이라면 어느 시골 마을에서든 일을 잡을 수 있었다.

모든 변호사가 일요일이면 스프링필드에 있는 집으로 돌아와 가족과 함께 주말을 보냈지만, 링컨만은 예외였다. 그는 집으로 돌아가기를 두려워했다. 봄철 3개월, 그리고 다시 가을철 3개월 동안 그는 순회 법정을 따라 각지로 돌아다녔고 스프링필드 근처로는 절대 가는 법이 없었다. 이런 상태는 몇 년씩이나 계속되었다. 지방 호텔의 생활환경은 열악한 경우가 많았다. 하지만 링컨은 집으로 돌아가 끊임없이 잔소리를 듣고,

분을 못 이기고 미쳐 날뛰는 아내를 보는 것보다는 차라리 열악한 환경을 택하는 게 마음 편했다.

링컨 영부인이나 유지니 황후, 톨스토이 부인이 잔소리해서 얻은 결과는 이런 것들이었다. 그들은 단지 자신의 인생을 비극으로 만들었을 뿐이다. 그들은 자신들이 가장 아끼는 것들을 파괴했을 뿐이다.

뉴욕시 가정법원에서 11년간 일하면서 수천 건의 처자(妻子) 유기 문제를 살펴본 베시 햄버거에 따르면, 남편들이 집을 나가는 가장 큰 이유는 아내가 잔소리하기 때문이라고 한다. <보스턴 포스트> 지는 이런 관계를 다음과 같이 표현했다. '이 세상 아내들은 잔소리라는 삽으로 조금씩 결혼생활이라는 무덤을 파고 있다.'

그러니, 가정을 행복하게 만들고 싶다면 다음 방법처럼 해보라!

📋 행복한 가정을 만드는 비결 1

- **절대로 잔소리하지 말라.**
  Don't, don't nag!!!

II

상대를 바꾸려 하지 말라

LOVE AND LET LIVE

"살아가면서 바보 같은 짓을 많이 저지를지도 모르지만, 사랑 때문에 결혼하는 미련한 짓은 절대로 하지 않겠다."

이것은 영국의 재상 디즈레일리가 한 말이다. 그리고 실제로 그는 연애결혼을 하지 않았다. 그는 서른다섯이 될 때까지 독신으로 지내다가 자신보다 열두 살이나 연상인 과부 메리 앤에게 청혼했다. 50년의 세월이 흐른 그녀의 머리는 이미 희끗희끗해지고 있었다. 사랑 때문이었을까? 아니다. 그녀도 그가 자신을 사랑하지 않는다는 사실을 알고 있었다. 그녀도 그가 돈 때문에 결혼하려 한다는 것을 알고 있었다. 그래서 그녀는 딱 한 가지 조건을 내걸었다. 그가 어떤 사람인지 알 수 있도록 1년만 시간을 달라는 것이었다. 그리고 약속된 시간이 지났을 때, 그녀는 그와 결혼했다.

너무 밋밋하고, 너무 계산적이다. 그렇지 않은가? 하지만 매우 역설적으로 수없이 많은 불화와 싸움으로 얼룩져 있는 결혼의 역사에서 디즈레일리의 결혼은 가장 뛰어난 성공 사례로 알려져 있다.

디즈레일리가 선택한 부유한 과부는 젊지도 않았고, 아름답지도 않았으며, 똑똑하지도 않았다. 오히려 그 반대라고 할 수 있었다. 그녀는 문학과 역사에 대해 무식함을 드러내는 말을 해서 사람들이 웃음을 터뜨리도록 했던 적이 많았다. 예를 들면, 그녀는 그리스 시대가 먼저인지 로마 시대가 먼저인지도 알지 못했다. 옷을 고르는 취향은 천박했고, 집 안 가구를 고르는 취향도 이상스러웠다. 하지만 그녀에게는 결혼생활을 하는 데 가장 중요한 부분에서 그야말로 천재적인 면이 있었으니 그것은 남편을 다루는 기술이었다.

그녀는 지적인 면에서 디즈레일리와 자신을 견주려 하지 않았다. 그가 똑똑한 마나님들과 오후 내내 지겹도록 재치 있는 대화를 주고받다가 지쳐 집에 들어오면 가벼운 대화로 그가 편히 쉴 수 있도록 만들어주었다. 집은 그가 정신적 긴장을 풀고 메리 앤의 따뜻한 애정을 느끼며 편안히 쉴 수 있는 곳이었고, 시간이 흐를수록 그런 데서 오는 그의 기쁨은 더해갔다. 나이 들어가는 아내와 함께 집에서 보낸 이 시간이 그의 삶에서 가장 행복한 순간이었다. 그녀는 그를 도와주는 협력자였고, 비밀을 털어놓을 수 있는 믿음직한 친구였으며, 그에게 충고해주는 조언자였다. 매일 저녁 그는 하원에서 있었던 일을 아내에게 털어놓기 위해 집으로 달려갔다. 그리고 이 점이 중요한 부분인데, 그가 어떤 일을 맡건 간에 그녀는 그가 실패하리라고는 전혀 생각지 않았다.

30년이란 세월 동안 메리 앤은 오로지 그만을 위해 살았다. 그녀에게는 갖고 있던 재산조차도 남편을 편히 살 수 있게 해줄 수 있다는 이유로 가치가 있었다. 그런 대가로 그는 그녀를 우상으로 여겼다. 그는 그녀가 죽은 후 백작이 되었다. 하지만 그는 작위를 받기도 전에 자신의 아내도 자신과 같은 작위를 받을 수 있게 해달라고 빅토리아 여왕에게 간청했다. 그리하여 그가 백작이 되던 해인 1868년 그녀 역시 비콘스필드 백작 부인으로 봉해졌다.

그녀가 사람들 앞에서 아무리 바보처럼 굴거나 정신없이 행동하더라도 그는 절대 그녀를 나무라지 않았다. 그녀를 질책하는 말은 한마디도 꺼내지 않았다. 누구든지 감히 그녀를 비웃으려 하면, 그는 넘치는 애정으로 그녀를 옹호하고 나섰다.

메리 앤은 전혀 완벽하지 않았지만 30년 동안 끊임없이 자신의 남편을 자랑하고, 칭찬하며, 존경했다. 그 결과는 무엇이었을까? 디즈레일리는 이렇게 말했다. "우리가 결혼한 지 30년이 지났지만 나는 한 번도 권태기라는 것을 느껴본 적이 없다." (그런데도 역사에 대한 지식이 떨어진다는 것만으로 메리 앤은 틀림없이 멍청했을 것이라고 하는 사람이 있다는 사실이 놀라울 뿐이다)

디즈레일리는 자신의 삶에서 가장 중요한 것이 아내인 메리 앤이라는 사실을 결코 숨기려 하지 않았다. 그 결과는 어떤 것이었을까? 메리 앤은 친구들에게 늘 이렇게 말했다. "남편이 잘해줘서 내 인생은 행복의 연속이에요."

그들 사이에는 서로 주고받는 농담이 있었다. "내가 돈만 보고 당신과 결혼했다는 거 알죠?" 디즈레일리가 이렇게 이야기하면 메리 앤은 미소를 지으며 이렇게 대답했다. "물론이죠. 하지만 다시 결혼하게 된다면, 그땐 사랑 때문에 저랑 결혼하실 거죠, 그렇죠?" 그러면 그도 그녀의 말이 맞다고 인정했다.

메리 앤은 완벽하지 않았다. 사실이다. 하지만 디즈레일리에게는 그녀를 자신의 모습 그대로 놔두는 현명함이 있었다.

헨리 제임스는 다음과 같이 말했다.

다른 사람과 관계를 맺는 데 있어 무엇보다도 먼저 알아야 할 것은, 상대가 나의 행복 추구 방식을 억지로 바꾸려고 하지만 않는다면, 나도 상대의 독특한 행복 추구 방식을 그대로 인정해주어야 한다는 점이다.

헨리 제임스(Henry James)
미국의 소설가, 비평가로, 근대 문학의 사실주의를 대표한다.

이 말은 너무 중요하기에 다시 한번 적어보겠다. "다른 사람과 관계를 맺는 데 있어 무엇보다도 먼저 알아야 할 것은 상대의 독특한 행복 추구 방식을 그대로 인정해주어야 한다는 점이다."

『가족으로 함께 성장하기』라는 책에서 릴랜드 포스터 우드는 이렇게 말했다. "자신에게 꼭 어울리는 사람을 고른다고 해서 성공적인 결혼 생활이 되는 게 아니다. 그것은 또한 자신도 꼭 어울리는 사람이 돼야 한다는 것을 의미한다."

그러므로 행복한 가정을 꾸미고 싶다면, 다음 방법처럼 해보라!

📋 행복한 가정을 만드는 비결 2 ─────────────

• **상대를 바꾸려 하지 말라.**
  Don't try to make your partner over.

III

이혼 법정으로
가는 지름길

DO THIS AND YOU'LL BE LOOKING UP
THE TIME-TABLES TO RENO *

디즈레일리의 가장 강력한 정적은 바로 글래드스턴이었다. 두 사람은 대영제국에서 일어나는 모든 논란에서 서로 충돌했으나 한 가지 공통점이 있었다. 그것은 두 사람 다 가정생활에서는 행복을 누리고 있었다는 점이다.

윌리엄 글래드스턴과 그의 아내 캐서린은 무려 59년이라는 긴 세월 동안 서로 변함없는 애정을 주고받으며 함께 살았다. 나는 가끔 영국 총리 중에서도 가장 위엄 있는 글래드스턴이 아내 손을 잡고 난로 주변을 빙빙 돌며 아래와 같은 노래를 부르는 모습을 그려보곤 한다.

＊**Reno** 미국 네바다주에 있는 도시인데, 이혼 재판소로 유명하다.

덥석 부리 남편에 말괄량이 아내,

세상 어떤 고난도 두렵지 않다네.

글래드스턴은 정적에게는 무서운 사람이었지만 집에서는 결코 비판하는 법이 없었다. 아침을 먹으러 갔는데 집안 식구들이 아직 아무도 일어나지 않았을 때 그는 자신만의 온건한 방식으로 식구들을 나무랐다. 그는 뭔지 알 수 없는 노래를 목청껏 불러댐으로써 영국에서 가장 바쁜 사람이 혼자 식탁에 앉아 식구들을 기다리고 있음을 알리는 방법을 썼다.

러시아의 예카테리나 여제 또한 그랬다. 예카테리나 여제가 다스린 나라는 인류 역사상 가장 큰 제국 중 하나였다. 그녀가 생살여탈권을 쥐고 있던 국민의 수만 해도 수백만 명에 달했다. 정치적으로 종종 잔인한 폭군의 면모를 드러냈던 여제는 쓸데없이 전쟁을 일으키거나 수많은

윌리엄 글래드스턴과 그의 아내 캐서린(왼쪽), 예카테리나 여제(오른쪽)

정적을 총살하기도 했다. 하지만 요리사가 고기를 태웠을 때는 아무런 말도 하지 않고 웃으며 그냥 먹었다. 이런 참을성은 미국의 대다수 남편도 배울 만한 점이다.

가정불화의 원인에 관해 미국 최고의 권위자인 도로시 딕스는 전체 결혼의 50% 이상이 실패라고 단언한다. **그녀의 말에 따르면, 결혼의 달콤한 꿈이 이혼이라는 바위에 부딪혀 깨지는 이유 중 하나는 아무런 쓸모가 없는, 상대의 가슴에 상처를 주는 비난이다.**

자녀를 꾸짖고 싶은 마음이 들 때면, 여러분은 아마 여기에서 '하지 말라.'라는 말이 나오기를 기대했을 것이다. 하지만 틀렸다. 내가 말하려는 것은 꾸짖기 전에 미국 잡지에 실린 글 중 최고의 명작이라고 할 수 있는 '아버지는 잊어버린다.'라는 글을 읽어보라는 것이다. 그 글은 원래 〈피플스 홈 저널〉 지의 논설 형태로 첫선을 보였다. 작가의 동의를 얻어 〈리더스 다이제스트〉에 실린 요약판의 형태로 여기에 싣는다.

'아버지는 잊어버린다.'라는 글은 감정이 고조된 순간 써 내려간 짧은 글이지만 많은 독자의 심금을 울리면서 수많은 사람이 항상 가까이 두고 읽는 수작으로 인정받고 있다. 글의 저자인 W. 리빙스턴 라니드는 "약 15년 전 처음 나온 이래로 '아버지는 잊어버린다.'는 전국 각지 수백 종의 잡지와 사보, 신문에 실렸다. 또한 외국어로 번역된 경우도 그에 못지않다. 학교나 교회, 강단에서 내 글을 읽고 싶다고 해서 허락한 때도 수천 번에 이른다. 방송으로 나간 횟수도 셀 수 없을 정도다. 가끔 짧은 글이 이상하게 '잘나가는' 경우가 있는 것 같다. 이 글이 그런 경우이다."라고 밝혔다.

아버지는 잊어버린다.

아들아, 들어보아라. 너의 잠든 모습을 보며 이 말을 한다. 고양이 발처럼 보드라운 주먹이 너의 뺨을 받치고 있고, 땀에 젖은 이마에는 곱슬곱슬한 금발이 몇 가닥 붙어 있구나. 아빠는 네가 자는 방으로 혼자 살그머니 들어왔단다. 조금 전 서재에 앉아 서류를 보고 있는데 갑자기 후회스러운 감정이 물밀듯이 밀려왔다. 그래서 미안한 마음으로 네 침대로 왔단다.

아들아, 네게 화냈던 게 내내 마음에 걸렸단다. 학교 가려고 준비할 때 고양이 세수만 한다고 야단쳤지. 신발이 왜 그리 지저분하냐며 꾸짖고, 물건을 바닥에 내팽개친다고 화를 냈지.

아침 먹을 때도 잔소리를 했구나. 흘리지 말고 먹어라, 꼭꼭 씹어서 삼켜라, 팔 괴고 먹지 마라, 버터를 너무 많이 바르는 것 아니냐 하면서 말이다. 내가 집을 나설 때 너는 놀이하러 가다가 내게 손을 흔들며 "안녕, 아빠!" 했는데, 나는 인상을 쓰며 "어깨 펴고!"라는 대답만 하고 말았구나.

저녁에도 똑같은 일을 한 것 같구나. 집에 오는데 네가 무릎을 꿇고 구슬치기하는 걸 봤단다. 네 양말에는 구멍이 나 있었지. 집으로 오면서 너보고 앞장서 가라고 해 네 친구 앞에서 창피를 주고 말았구나. "양말이 얼마나 비싼데……. 네가 번 돈으로 양말을 산다면 이렇게 함부로 신지는 않겠지?" 이런 이야기를 했다니, 아들아, 아빠는 너무 부끄럽구나.

저녁에 서재에서 일하고 있는데 네가 상처받은 눈빛으로 살며시 서재로 들어왔던 거 기억하고 있지? 누가 방해하나 하고 짜증이 나서 내가 서류 너머로 쳐다보았을 때 너는 문가에서 망설이고 있었지. 아빠는 "그래, 원하는 게 뭐냐?" 하고 날카롭게 말했지.

너는 아무 말 않고 서 있다가 갑자기 달려와서 내 목을 끌어안으며 내게 입 맞추고는 조그만 팔로 나를 꼭 안아주었지. 네 가슴에 하느님이 주신 사랑이, 아무리 돌보지 않아도 절대로 시들지 않는 사랑이 가득 차 있는 게 느껴지더구나. 그러고 나서 너는 탁탁거리는 발걸음 소리를 남기고 네 방으로 갔지.

아들아, 네가 간 직후 아빠는 가슴이 저릴 정도로 무시무시한 두려움이 갑자기 밀려오는 바람에, 그만 서류를 떨어뜨릴 정도였단다. 아, 나는 습관적으로 무슨 짓을 하고 있었던 것일까? 습관적으로 꾸짖고 야단치고……. 우리 아들이 돼준 고마운 너에게 아빠가 주는 보상이 이런 것들 이었다니! 하지만 아빠가 너를 사랑하지 않기 때문에 그랬던 것은 아니란다. 단지 아직은 어린 너에게 너무 많은 것을 바랐기 때문이란다. 나는 어른의 잣대로 너를 재고 있었던 거란다.

아들아, 너는 정말 착하고 좋은 아이란다. 조그만 네 몸 안에 언덕 너머로 밝아오는 새벽만큼이나 넓은 마음이 들어 있다는 게 느껴졌단다. 네가 먼저 아빠에게 달려와 잘 자라고 입 맞춰줄 때 그것을 분명하게 느꼈단다. 아들아, 오늘 밤 내게 이보다 더 중요한 일은 없단다. 아빠는 불도 켜지 않고 네 머리맡에 무릎을 꿇고 앉아 있단다. 부끄러운 마음으로 말이다.

내가 지금 하는 건 아주 작은 속죄에 불과하겠지. 네가 깨어 있을 때 너에게 이런 이야기를 해도 네가 잘 이해하지 못하리란 것을 아빠도 안다. 하지만 내일 아빠는 진짜로 아빠다운 아빠가 되어주마. 네 친구가 되어서 너랑 함께 즐거워하고, 너랑 함께 아파할게. 혀를 깨무는 한이 있더라도 잔소리는 하지 않으마. 주문처럼 이 말을 입에 달고 있을게. "아직은 아이 일 뿐이다. 어린아이일 뿐이다."

아빠는 너를 어른으로 보고 있었던 것 같구나. 하지만 아들아, 이렇게 작은 침대에서 피곤한 듯 웅크리고 자는 네 모습을 보노라니, 네가 아이라는 걸 다시 느끼게 되는구나. 네가 엄마 어깨에 머리를 얹고 엄마의 품에 안겨 있던 게 바로 엊그제 일인데, 나는 너무 많은 걸 바랐구나. 너무 많은 걸 바랐구나.

그러므로 행복한 가정을 꾸리고 싶다면, 다음 방법처럼 해보라!

행복한 가정을 만드는 비결 3

- **비난하지 말라.**
  Don't criticize.

IV

순식간에 모든 사람을
행복하게 만드는 비결

A QUICK WAY TO MAKE
EVERYBODY HAPPY

남자들은 아내를 고를 때 기업 임원을 찾는 게 아니라, 자신들의 허영심을 채워주고 우월감을 느끼게 만들어 줄 의사가 있으며, 또 그럴 만한 매력이 있는 여자를 찾는다. 그러므로 여성 임원의 경우 한 번 정도는 점심 식사 초대를 받을 수도 있겠지만 대략 이런 일이 예상된다. 즉, 그녀는 아마도 자신이 대학에서 배운 '현대 철학의 흐름'이라는 이미 몇 번 써먹어 낡아빠진 메뉴를 접시에 담아 내놓고 나서는, 자기 밥값은 자기가 내겠다고 우기기까지 할 것이다. 그 결과, 그녀는 그 이후 혼자 식사하게 된다.

이와는 반대로, 대학을 못 나온 타이피스트는 점심 식사에 초대받으면, 자신을 에스코트하는 사람만을 열렬히 바라보면서 "당신에 대해 이야기 해주세요."라고 졸라댄다. 그 결과 그는 다른 사람들에게 "그녀가 엄청난 미인은 아니지만, 그처럼 즐거운 대화 상대를 만나 본 적이 없다네."라고 이야기하게 된다.

이 말은 로스앤젤레스 가족 관계 연구소의 소장으로 있는 폴 포피노의 말이다.

남자들은 여자들이 잘 차려입고 예쁘게 보이려고 하는 노력을 칭찬해야 마땅하다. 남자들은 여자들이 얼마나 의상에 진지한 관심을 두는지 잘 모르거니와, 알았더라도 곧 잊어버린다. 예를 들면, 남자와 여자가 다른 남자와 여자를 만난 경우, 여자는 상대 남자를 쳐다보는 경우가 드물다. 여자는 대개 상대 여자가 얼마나 잘 차려입었는지를 살핀다.

몇 년 전 내 할머니가 98세를 일기로 돌아가셨다. 돌아가시기 얼마 전, 30여 년 전에 찍은 할머니 사진을 보여드린 적이 있다. 시력이 안 좋으셨던 할머니는 사진을 잘 보실 수가 없으셨다. 그래서 하신 질문은 "내가 무슨 옷을 입고 있었니?" 단 하나였다. 생각해보라. 100년 가까운 세월이 남긴 흔적을 고스란히 몸에 지닌 채 침대에 누워 지낸 세월만으로도 지쳐버린, 이제 임종을 얼마 남기지 않은 나이 든 할머니가, 정신이 가물가물해 자신의 딸도 알아볼 수 없는 할머니가 30여 년 전에 자신이 어떤 옷을 입고 있었는지에 대해 관심이 있다니! 나는 할머니가 그 질문을 하셨을 때 침대 곁에 있었다. 그때 받은 인상은 앞으로도 영원히 잊히지 않을 것이다.

이 글을 읽는 남성 독자들은 자신이 5년 전에 어떤 옷을 입고 있었는지 기억하지 못할 것이다. 기억하고 싶은 마음 또한 조금도 없을 것이다. 하지만 여자들이라면 그렇지 않다. 우리 미국 남성들은 그 점을 깨달아야 한다. 프랑스의 상류층 남자들은 어릴 때부터 자신이 만나는 여성의 옷과 모자를 칭찬하도록, 그것도 한 번이 아니라 여러 번 칭찬하도록 교육받는다. 5천만 명이나 되는 프랑스 남성들이 그렇게 한다면, 옳은 이야기라고 보아도 되는 것 아닐까?

내가 수집해놓은 이야기 중에 실제 일어난 일은 아니긴 하지만, 진리를 담고 있는 우스갯소리가 하나 있어 소개하고자 한다.

어떤 농부의 아내가 고된 하루 일을 끝내고 돌아온 남편에게 저녁 식사로 산더미만 한 건초 묶음을 내어왔다. 남편이 화를 내며 당신 미쳤냐고 소리 지르자 그녀는 이렇게 대답했다.

"이런, 당신이 알아차릴 줄은 미처 몰랐네요. 지난 20년간 꼬박꼬박 요리를 해왔는데, 그간 당신은 건초를 먹고 있는지 맛있는 요리를 먹고 있는지 알고 있다는 것을 내가 느낄 수 있도록 해준 적이 전혀 없었거든요."

모스크바와 상트페테르부르크에서 아쉬움이란 걸 모르고 살던 러시아의 귀족들은 이런 점에서는 괜찮은 관습을 갖고 있었다. 제정 러시아 상류층에서는 훌륭한 요리를 즐기고 나면, 꼭 요리사를 식탁으로 불러내 요리에 대해 칭찬을 하는 것이 관행이었다.

제정 러시아 시대에 모스크바 총독을 기리는 기념 만찬을 그린 그림

여러분의 아내에 대해서도 이 정도의 배려를 하는 것이 어떨까? 만일 닭고기 요리를 하는데 닭고기가 아주 맛있을 정도로 노릇노릇 구워져 나온다면, 아내에게 맛있다는 말을 건네라. 여러분이 건초를 먹고 있지 않아 다행이라고 생각하고 있음을 아내에게 알려라. 아니면 금주법 시대의 여장부 '텍사스' 기넌이 클럽에서 늘 하던 말처럼 아내에게 '열렬한 박수'라도 보내기를 바란다.

칭찬할 때는 아내가 정말로 소중한 존재라는 것을 주저하지 말고 표현해야 한다. 우리가 이미 보았듯이 영국이 낳은 최고의 정치가인 디즈레일리도 '아내는 내게 정말 고마운 사람'이라는 사실을 세상에 드러내는 것을 부끄러워하지 않았다.

며칠 전 잡지를 보다가 이런 이야기를 읽게 되었다. 20세기 초 미국 최고의 유명 연예인 에디 캔터를 인터뷰한 글에 나오는 이야기다.

미국의 연예인 '텍사스' 기넌(왼쪽), 기넌이 출연한 영화 포스터(오른쪽)

"나는 이 세상 누구보다도 내 아내에게 감사하고 있습니다. 아내는 내가 어렸을 때 가장 가까운 친구였고, 내가 바르게 자랄 수 있도록 도와주었습니다. 결혼하고 나서는 동전 한 닢까지 아끼며 모은 돈을 굴리고 굴려서는 상당한 재산을 만들어주었습니다. 사랑스러운 아이들도 다섯이나 키워냈습니다. 내게 멋진 가정을 만들어주었습니다. 내가 만일 조금이라도 이룬 게 있다면, 그건 전부 아내 덕입니다."

할리우드는 런던의 로이드 보험사마저 고개를 가로저을 만큼 결혼 생활이 위태위태한 곳이다. 하지만 거기에서도 눈에 띄게 행복한 생활을 하는 부부가 몇 쌍 있는데, 워너 백스터 부부도 그중 하나다. 위니프레드 브라이슨이라는 이름으로 영화계에서 활약하던 백스터 부인은 결혼하면서 화려했던 배우 생활을 접었다.

하지만 그녀의 희생이 그들의 행복을 가로막을 수는 없었다. 워너 백스터는 이렇게 말한다. "아내는 화려한 무대에서 관객의 갈채를 받지 못하는 것을 아쉬워했습니다. 하지만 나는 내가 갈채를 보내고 있음을

에디 캔터 부부(왼쪽), 위니프레드 브라이슨(가운데), 워너 백스터(오른쪽)

아내가 알 수 있도록 노력했죠. 아내가 남편을 통해 행복을 맛보고자 한다면 그건 남편이 자신에게 헌신하고 있고, 자신을 칭찬해준다고 느낄 때가 아니겠습니까? 그런 헌신과 칭찬이 진심일 때 남편도 행복해질 수 있는 길이 생기는 거죠."

바로 이것이다.

그러므로 행복한 가정을 꾸미고 싶다면, 다음 방법처럼 해보라!

📋 행복한 가정을 만드는 비결 4

- **진심으로 칭찬하라.**
  Give honest appreciation.

작은 관심을 표시하라

THEY MEAN SO MUCH
TO A WOMAN

꽃은 아득한 옛날부터 사랑의 언어라고 여겨져 왔다. 꽃은 특히 제철이라면 값싸게 살 수 있고, 종종 길거리에서 할인 판매를 하기도 한다. 그런데도 보통의 남편들은 아내에게 수선화 한 다발 사다 주는 법이 없다. 그 희소성만으로 보자면 꽃이 난초처럼 비싸거나 구름 덮인 알프스의 절벽에서 피어나는 에델바이스만큼이나 구하기 힘든, 그런 것으로 보일 정도다.

왜 아내가 병원에 입원해야만 꽃을 사다 주려고 하는가? 왜 오늘 밤 당장 아내에게 장미 몇 송이라도 사다 주지 않는가? 여러분은 실험 정신이 있는 사람들이다. 한번 해보자. 무슨 일이 생기나 한번 보자.

조지 M. 코언은 '브로드웨이를 가진 사나이'라고 알려질 정도로 일이 많았지만, 어머니가 돌아가실 때까지 매일 하루에 두 번씩 전화를 드렸다.

그가 전화할 때마다 뭔가 커다란 소식을 전했을 것 같은가? 절대 그렇지 않다. 작은 관심이란 의미는 바로 이런 것이다. 그것은 여러분이 그녀를 생각하고 있고, 그녀를 기쁘게 만들어주고 싶고, 그녀의 행복과 안녕이 여러분에게 매우 소중하며 항상 마음속 깊이 간직하고 있다는 것을 사랑하는 그녀에게 보여주는 것이다.

여자들은 생일이나 기념일에 상당한 의미를 부여한다. 왜 그런지는 영원히 여성들만의 비밀로 남을 것이다. 보통의 남자들은 중요한 날을 기억하지 않더라도 그럭저럭 살아갈 수 있다. 하지만 잊어서는 안 될 날도 있다. 예를 들면, 콜럼버스가 아메리카 대륙을 발견한 1492년, 미국이 독립 선언을 한 1776년, 그리고 아내의 생일과 결혼기념일이다. 필요하다면 앞의 두 날은 잊어도 되나, 뒤의 두 날짜는 절대 잊어서는 안 된다.

시카고에서 4만 건의 이혼 소송을 진행하며 2천 쌍의 조정에 성공한 조셉 새버스 판사는 이렇게 말한다. "가정불화가 생기는 원인은 대부분 사소한 일에 있다. 아침에 남편이 출근할 때 아내가 손을 흔들어 배웅해주는 간단한 일만으로도 이혼을 피할 수 있는 경우가 얼마든지 있다."

로버트 브라우닝은 아내 엘리자베스 베럿 브라우닝과 가장 목가적인 결혼생활을 영위했다고 여겨지고 있는데, 그는 아무리 바쁘더라도 작은 칭찬이나 관심으로 끊임없이 애정을 북돋우는 것을 게을리하지 않았다. 그가 병든 아내를 배려하는 게 어찌나 극진했던지 아내는 자기 언니에게 보내는 편지에 이렇게 쓸 정도였다. '요즈음 나는 정말 남편의 말처럼 진짜 천사가 아닐까 하는 생각이 들기 시작했어요.'

수시로 보여주는 이런 작은 관심의 가치를 잘 모르는 남자들이 너무 많다. 게이너 매덕스는 <픽토리얼 리뷰> 지에 기고한 글에 이렇게 썼다.

'안 좋게 보일 수도 있겠지만 미국 가정은 정말 새로운 습관을 도입할 필요가 있다. 예를 들면, 침대에서 아침 식사를 하는 것은 많은 아내가 즐겨야 하는 귀여운 기분 풀이라 하겠다. 아내들에게 침대에서의 아침 식사는 남자들이 멋진 술집에 가는 것과 비슷한 역할을 한다.'

결혼이란 결국 사소한 사건들의 연속이다. 이런 사실을 무시하는 부부는 행복해지기 어렵다. 여류 시인 에드나 세인트 빈센트 밀레이는 언젠가 이런 사실을 다음과 같은 함축적이고도 짧은 운율로 표현했다.

내 하루하루가 고통스러운 건
사랑이 가고 있기 때문이 아니라
사랑이 사소한 일로 가버렸기 때문.
'Tis not love's going hurt my days.
But that it went in little ways.

에드나 세인트 빈센트 밀레이

이 구절은 기억해놓을 만하다. 네바다주에 있는 리노시에서는 토요일까지 이혼 소송이 진행되는데, 미국 전체로 보아 열 쌍에 한 쌍 정도가 이혼한다. 여기서 이혼하는 부부 중 얼마나 많은 부부가 실제로 비극이라는 암초에 부딪혔을 것으로 생각하는가? 장담컨대 정말 얼마 안 될 것이다. 만일 여러분이 몇 날 며칠 동안 그 법정에 앉아 불행한 부부들의 증언을 들을 수 있다면, 여러분은 사랑이 '사소한 일로 가버렸다.'라는 사실을 알 수 있을 것이다.

지금 바로 칼을 가져다가 이 구절을 오려내 모자 안쪽에 붙여놓아라. 아니면 거울에 붙여놓고 매일 아침 면도할 때마다 읽어보라.

"나는 이 길을 단 한 번만 지나갈 수 있다. 그러므로 내가 다른 사람에게 선행을 베풀거나 친절을 보여줄 조그마한 기회라도 생긴다면, 지금 바로 해야 한다. 미루어놓거나 게을리해서는 안 된다. 이 길을 다시는 지나갈 수 없기 때문이다."

그러므로 행복한 가정을 꾸미고 싶다면, 다음 방법처럼 해보라!

📋 **행복한 가정을 만드는 비결 5**
- **작은 관심을 보여라.**
  Pay little attentions.

VI

행복해지고 싶다면
이 점을 잊지 말라

IF YOU WANT BE HAPPY,
DON'T NEGLECT THIS ONE

월터 담로쉬는 미국 최고의 웅변가이자 대통령 선거에 출마하기도 했던 제임스 G. 블레인의 딸과 결혼했다. 오래전 스코틀랜드에 있는 앤드루 카네기의 집에서 만난 이래로 두 사람은 정말 행복한 삶을 누려왔다. 비결이 무엇이었을까?

담로쉬 부인은 이렇게 말한다. "배우자를 신중하게 선택하는 것은 물론 중요하지만, 그다음으로 중요한 것은 결혼 후에도 예절이 있어야 한다는 점을 꼽고 싶습니다. 젊은 아내들이 다른 사람에게 하는 것처럼 남편에게도 예의를 차린다면 얼마나 좋을까요? 어떤 남자라도 바가지나 긁어대는 아내로부터는 도망가려 할 것입니다."

무례함은 사랑을 집어삼키는 암이다. 누구나 이런 사실을 안다. 그런데도 대다수 사람이 가까운 사람보다 모르는 사람에게 더 예의 바르게 행동한다는 것은 참으로 안타까운 일이 아닐 수 없다.

우리는 결코 모르는 사람의 말을 가로막고 "세상에, 그런 낡아빠진 이야기를 다시 할 생각이세요?"라고 말하지 않는다. 우리는 결코 다른 친구의 편지를 허락도 없이 뜯어본다든가, 사적인 비밀을 훔쳐본다든가 하지 않는다. 사소한 잘못을 저질러 기분 나쁘게 하는 건 언제나 가장 가깝고 소중한 우리 가족의 경우일 뿐이다.

다시 한번 도로시 딕스의 말을 인용해본다면 "현실적으로 우리에게 비열하고 모욕적이고 상처를 주는 말을 하는 사람들이 가족밖에 없다는 것은 놀랍긴 하지만 분명한 사실이다."

헨리 클레이 리스너는 이렇게 말한다. "예의란 부서진 문보다는 그 문 너머 마당에 있는 꽃을 배려하는 마음 씀씀이다."

결혼생활에서 예의란 자동차의 윤활유 같은 역할을 한다.

월터 담로쉬 부부(왼쪽), 제임스 G. 블레인(오른쪽)

『아침 식탁의 독재자』의 저자로 유명한 올리버 웬델 홈스는 실제 자신의 집에서는 결코 독재자가 아니었다. 사실은 식구들에 대한 배려가 상당해, 슬프거나 기운이 없을 때도 다른 식구들에게 그런 사실을 숨기기 위해 애쓸 정도였다. 그의 말에 따르면 다른 식구들에게 자신의 감정을 전염시키지 않고 혼자서 견뎌내는 일은 정말 힘들었다고 한다.

올리버 웬델 홈스는 바로 그런 일을 해냈다. 하지만 대다수 사람은 어떻게 하고 있는가? 회사에 뭔가 안 좋은 일이 있다고 하자. 판매가 부진하거나 상사로부터 야단맞는 일이 생겼다. 머리는 깨질 듯 아프고 5시 15분에 출발하는 통근버스마저 놓쳤다. 그러면 그는 집에 돌아오자마자 집안 식구들에게 분풀이하기 시작한다.

네덜란드에서는 집에 들어가기 전에 신발을 벗어 현관 밖에 놓고 들어간다. 정말 우리는 네덜란드 사람들로부터 교훈을 배워야 한다. 밖에서 생긴 고민은 집에 들어가기 전에 벗어놓고 들어가자.

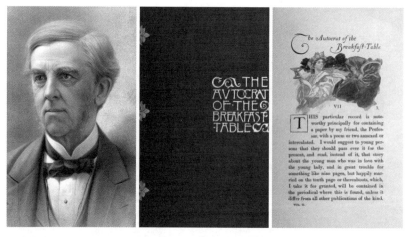

올리버 웬델 홈스(왼쪽), 올리버 웬델 홈스의 에세이 모음집인 『아침 식탁의 독재자』 표지(가운데), 삽화가 그려진 『아침 식탁의 독재자』의 본문(오른쪽)

윌리엄 제임스는 언젠가 '인간의 무지에 관하여'라는 글을 쓴 적이 있다. 가까운 도서관에 가서 한 번 찾아 읽어볼 만한 가치가 있는 글이다. 거기에서 그는 이렇게 말했다. "이 글이 다루고자 하는 인간의 무지는 우리와 다른 존재나 사람들의 감정과 관련해 우리가 모두 가진 무지다."

'우리가 모두 가진 무지.' 고객, 심지어 사업상의 파트너에게 절대로 날카로운 말을 할 수 없는 많은 남자가 아내에게는 아무렇지도 않게 큰소리를 낸다. 하지만 그들의 개인적 행복을 위해서는 사업보다 결혼이 훨씬 더 중요하고, 훨씬 더 필수적이다.

행복한 결혼생활을 하는 평범한 남자가 독신의 천재보다 훨씬 더 행복하다. 러시아의 위대한 소설가 투르게네프는 문명사회라면 어디서나 칭송받았다. 그런데도 그는 이렇게 말했다. "저녁 식사를 준비하고 나를 기다려주는 여인이 어딘가 있다면, 나는 내 모든 재능과 모든 책을 포기해도 아깝지 않을 것이다."

어쨌거나 오늘날 행복한 결혼생활을 할 가능성은 어느 정도일까? 이미 본 대로 도로시 딕스는 절반 이상은 실패라고 말한다. 하지만 폴 포피노 박사의 생각은 다르다. 그는 이렇게 말한다. "결혼에서 성공할 가능성은 다른 어떤 사업에서 성공할 가능성보다도 크다. 채소가게를 여는 사람 중 70%가 실패한다. 결혼에서는 70%의 남녀가 성공한다."

결론적으로 도로시 딕스의 말을 들어보자. 그녀는 이렇게 말한다.

결혼과 비교해보았을 때, 탄생은 에피소드에 불과하고 죽음도 사소한 일일 뿐이다.

남편들이 왜 사업이나 직업 방면에서 성공을 이루기 위해 노력하는 것만큼 가정을 지속시키기 위해 노력하지 않는지 아내들은 결코 이해하지 못한다.

아내를 만족시키고 평안하고 행복한 가정을 갖는 것이 백만 달러를 버는 것보다 남편에게 더 중요한 일이지만, 백 명의 남편 중 한 사람도 결혼생활을 성공으로 만들기 위해 진지하게 고민하거나 진심으로 노력하지 않는다. 그는 자신의 인생에서 가장 중요한 일을 그저 운에 맡기고는 운이 따라주느냐 아니냐에 따라 성공하거나 실패하거나 한다. 강압적인 방법 말고 부드러운 방법을 쓰기만 해도 모든 일이 술술 잘 풀릴 텐데, 아내들은 왜 남편들이 자신들을 부드럽게 다루지 않는지 이해할 수 없다.

남편들은 누구나 자신이 아내의 기분을 조금만 맞춰주기만 하면, 아내가 아무런 군소리 없이 어떤 일이든 해주리라는 것을 안다. 그리고 아내에게 '살림을 정말 잘한다.', '내조를 정말 잘한다.'와 같은 사소한 칭찬

소설가 투르게네프(왼쪽), 미국의 저널리스트·칼럼니스트 활동한 도로시 딕스(오른쪽)

몇 마디만 건네도, 아내가 있는 돈 없는 돈 다 털어서 내주리라는 것을 안다. 또한 아내에게 작년에 산 옷을 입으면 너무나 멋지고 예뻐 보인다고 말하기만 해도, 아내는 파리에서 들어온 최신 유행의 옷은 거들떠보지도 않으리라는 것을 안다. 그뿐 아니라 아내의 눈가에 입을 맞추기만 하면 아내는 모든 일을 눈감아주고, 아내의 입술에 가볍게 입술을 대기만 해도 입을 꼭 다물고 아무런 군소리도 하지 않으리라는 것을 안다.

모든 아내는 자신의 남편이 이런 것들을 알고 있음을 안다. 왜냐하면 자신에게 어떻게 해야 통하는지 자신이 직접 완벽한 도면을 제공해주었기 때문이다. 그러므로 남편이 아내의 기분을 약간 맞춰주며 아내의 바람대로 해주는 대신에, 아내와 다투고 나서 그 대가로 차가운 식사를 하고 아내에게 옷이며 차며 보석이며 사주느라 돈을 낭비하는 것을 보면, 아내는 화를 내야 할지 아니면 진절머리를 쳐야 할지 도무지 알지 못한다.

그러므로 행복한 가정을 꾸리고 싶다면, 다음 방법처럼 해보라!

행복한 가정을 만드는 비결 6

- **예의를 갖춰라.**

  Be courteous.

VII

결혼맹이
되지 마라

DON'T BE
"MARRIAGE ILLITERATE"

사회위생연구소의 총책임자인 캐서린 B. 데이비스 박사는 언젠가 기혼 여성 1천 명으로부터 내밀한 문제에 관해 솔직한 대답을 요구하는 조사를 한 적이 있다. 그 결과 평균적인 미국 성인의 성적 불만족에 대한 놀라운, 믿을 수 없을 만큼 놀라운 사실이 밝혀졌다. 1천 명의 기혼 여성으로부터 받은 답변을 검토한 데이비스 박사는 미국에서 일어나는 이혼의 중요한 사유 중 하나가 성생활의 부조화라고 단언했다.

G. V. 해밀턴 박사의 연구도 이런 발견을 입증하고 있다. 해밀턴 박사는 4년에 걸쳐 남성 백 명과 여성 백 명의 결혼생활에 관해 연구를 진행했다. 박사는 조사 대상 남녀 개개인에게 결혼생활에 관한 약 4백 개에 달하는 질문을 하고, 그들의 문제에 대해 자세하게 검토했다. 통틀어 4년에 걸친 상세한 연구였다.

이 작업은 사회학적으로 상당한 의의를 지닌 것으로 인정되었기 때문에 유명한 자선가들의 후원을 받을 수 있었다. G. V. 해밀턴 박사와 케네스 맥고완의 공동 저서인 『결혼생활의 문제』가 그 실험의 결과다.

그렇다면 결혼생활의 문제는 과연 무엇인가? 해밀턴 박사는 이렇게 말한다. "성적 부조화가 가정불화의 주요한 원인이 아니라고 말하는 사람은 대단히 선입견에 사로잡힌, 대단히 무모한 정신병 의사라고 할 수밖에 없을 것이다. 어찌 되었건 성생활 자체가 만족스럽다면 다른 이유로 발생한 불화는 상당히 많은 경우에 크게 문제가 되지 않는다."

로스앤젤레스 가족 관계 연구소의 소장 폴 포피노 박사는 수천 건의 결혼에 대해 검토했으며, 가정생활에 관해서는 미국 최고의 권위자로 인정받고 있다. 포피노 박사에 따르면 결혼생활의 실패에는 대략 네 가지의 원인이 있는데, 그가 제시한 순서에 따르면 다음과 같다.

1. 성적 부조화
2. 여가 활용에 관한 의견 불일치
3. 경제적 곤란
4. 심신의 이상

성 문제가 가장 먼저 나오고, 이상하게도 경제적 어려움은 세 번째로 나오고 있음을 주목해 보기를 바란다.

이혼 문제 전문가라면 누구나 결혼생활에는 조화로운 성생활이 절대적으로 필요하다는 데 동의한다. 예를 들면, 몇 년 전 수천 건의 이혼 소송을 처리한 경험이 있는 신시내티 가정법원의 호프먼 박사는 이렇게 단언했다. "이혼의 90%는 성적 불만족에서 비롯된다."

저명한 심리학자 존 B. 왓슨은 이렇게 말한다. "성이 인생에서 가장 중요한 주제라는 것은 누구나 인정하는 바다. 성은 분명히 남자와 여자의 행복을 침몰시키는 가장 중요한 원인이다."

나는 개업의들이 내 강좌에서 발표하면서 실제로 이와 똑같은 말을 하는 것을 자주 보았다. 그렇다면 이렇게 책과 교육이 넘치는 20세기에 들어서도 가장 원초적이면서도 자연스러운 본능에 대해 무지하므로, 결혼생활이 파괴되고 인생이 좌초된다는 게 참 불쌍한 일이 아니겠는가?

올리버 M. 버터필드 목사는 감리교 교단에서 18년간 봉사한 후 뉴욕 시 가정 상담 서비스 사무소에서 일하기 위해 교단을 떠났다. 그는 아마 생존한 사람 중 가장 많이 주례를 선 사람일 것이다. 그는 이렇게 말하고 있다.

"목사로 재직한 지 얼마 되지 않아 나는 결혼하러 오는 많은 젊은이가 사랑도 있고 선의도 있지만, 결혼의 성적 측면에 대해 무지한 결혼맹(盲)이라는 것을 깨달았습니다."

결혼맹이라니!

그는 계속해서 이렇게 말했다. "서로 맞춰 산다는 것이 정말 어려운 게 결혼이라는 점을 고려해본다면, 이런 문제를 운에 맡겨놓고서도 이혼율이 16%밖에 안 된다는 사실이 놀라울 뿐입니다. 진짜 결혼한 상태라기보다는 단지 아직 이혼하지 않은 상태인 부부가 셀 수도 없이 많습니다. 그들은 일종의 연옥에서 사는 셈이죠."

버터필드 박사는 "행복한 결혼은 운으로 되는 법이 없습니다. 행복한 결혼은 정교하게, 그리고 신중하게 계획돼야 한다는 점에서 건축물과 같죠."라고 말했다.

이런 계획을 돕기 위해 버터필드 박사는 결혼할 커플들은 그들의 장래 계획에 대해 자신과 솔직한 의견을 나누어야 한다고 주장해왔다. 이렇게 의견을 나눈 결과 그는 결혼할 당사자들이 '결혼맹'이라는 결론에 도달하게 되었다.

버터필드 박사는 "성은 결혼생활에서 만족시켜야 하는 여러 가지 요소 중 하나일 뿐이지만, 이 관계가 제대로 이루어지지 않으면 다른 모든 게 제대로 되지 않습니다."라고 말했다.

하지만 어떻게 제대로 이루어지게 할 것인가?

계속해서 버터필드 박사의 이야기를 들어보자. "감정적으로 입을 다무는 대신, 객관적이고도 초연하게 결혼생활의 자세와 행동을 주제로 토론하는 능력을 키워야 합니다. 이런 능력을 배양하는 데는 양식과 가치관을 갖춘 책을 읽는 것이 좋습니다. 저는 늘 제가 지은 『결혼과 성적 조화』와 함께 괜찮은 책 서너 권을 나누어줍니다."

성에 관해 책에서 배운다는 게 이상한가? 몇 년 전 콜럼비아 대학교는 미국 사회위생협회와 공동으로 교육계 전문가들을 초청해서 대학생의 성과 결혼 문제에 관해 토론을 벌였다. 이 토론에서 폴 포피노 박사는 이렇게 말했다. "이혼은 감소 추세에 있습니다. 그 이유 중 하나는 사람들이 성과 결혼에 관해 괜찮은 책들을 많이 읽고 있다는 점입니다."

그러므로 행복한 가정을 꾸미고 싶다면, 다음 방법처럼 해보라!

📑 행복한 가정을 만드는 비결 7 ─────────────

- **결혼생활의 성적인 것에 관해 좋은 책들을 읽어라.**
  Read a good book on the sexual side of marriage.

행복한 가정을 만드는 7가지 비결

1   절대로 잔소리하지 말라.

2   상대를 바꾸려 하지 말라.

3   비난하지 말라.

4   진심으로 칭찬하라.

5   작은 관심을 보여라.

6   예의를 갖춰라.

7   결혼생활의 성적인 것에 관해 좋은 책들을 읽어라.

MEMO